새로운 성경

한국어로 내려온
New Bible

제73권

5부 | 총10부

하얀마음

하나님 말씀 중에서

1. 사랑의 하나님

- 세상을 창조하신 하나님은 모두를 사랑하신다. 인간만 특별히 더 사랑하지 않고, 우주 만물을 다 똑같이 사랑하신다. 그러니 하나님이 창조하신 천지 만물과 화친하고, 미물까지도 소중히 대하라.

- 하나님은 특정 종파나 민족만을 더 사랑하지 않으신다. 자기 자신만 구원받겠다는 욕심을 버리고, 자기 종파만 구원받는다는 편협한 교리에서 벗어나야 한다. 종파를 초월해서, 모두를 사랑하라.

- 원수까지 사랑하라 했으니, 이 세상에 사랑하지 못할 자가 누가 있겠는가? 종파가 다르다고 해서 부모 형제와 원수처럼 지내는 자는 인간의 근본을 모르는 자다. 가장 가까운 가족부터 사랑할 때 남도 진심으로 사랑할 수 있다.

- 한 사람을 원수같이 생각하던 마음에서 사랑하는 마음으로 돌리면, 자기 자신의 마음이 가장 기쁘고 행복하다. 하나님께서는 인간의 마음속에 무거움이 없이 기쁘고 행복한 삶을 살기를 바라신다.

- 이웃을 "내 몸처럼" 사랑하라 했으니, 마지막 한 장 남은 천국의 티켓도 이웃에게 양보하라. 자기 중심적인 신앙에서 벗어나서 남을 위해 살아야 한다.

- 독초도, 약초도, 이단도 사탄도 천사도 다 필요하기에 존재한다. 독초일지라도 극소량을 사용해서 생명을 살릴 수 있고, 약초라 하더라도 남용하면 생명을 잃을 수 있다.

- 세상 모든 것을 명약으로 활용하는 것은 인간의 지혜에 달렸다. 어떤 것이든 어떤 사람이든 적재적소에 꼭 필요한 명약으로 승화시키라.

- 사탄도 이단도 천사도 모두 하나님의 주관하에 존재한다. 진정한 하나님의 백성은 사탄과 마귀까지도 감화시켜서 천사로 거듭나게 한다.

2. 기도

- 하나님은 인간의 생각까지 모두를 다 알고 계신다. 우리의 소원도 이미 알고 계시기에, 소원의 기도를 할 필요가 없다. 우리가 받을 자격이 되면 내려 주신다.

- 죄를 짓고 아무리 회개를 해도 용서받지 못한다. 도둑질한 자는 용서해 달라고 기도하고, 도둑맞은 자는 도둑을 잡게 해 달라고 기도하면, 공의의 하나님은 누구의 편에 서시겠는가?

- 자기가 잘못한 것은 그 사람에게 직접 갚고 용서를 구하라. 그가 용서하면 하나님도 용서하신다. 땅에서 매면 하늘에서도 매이고, 땅에서 풀리면 하늘에서도 풀리는 이치다.

- "회당에서 기도하지 말고 골방에서 기도하라" 했다. 눈에 보이는 골방이 아니라, 골방과 같이 고요한 마음이다. 잡념을 버리고 하나님을 향해 마음을 집중하며, 사랑하고 용서하는 아름다운 생각만 나오도록 하라.

- "두드리면 열릴 것이다." 하는 것은 육의 소원을 위해 두드리라는 것이 아니라, 진리의 깨달음을 얻기 위해 두드리라는 것이다.

- 기도하는 방법: 생활 속에서 수시로 기도하는 삶을 살아야 한다.

- "저의 죄를 용서하여 주옵소서." 하는 회개의 기도를 하라.
- 범사에 "하나님! 감사합니다." 하라. 현재 가진 것에 감사하며, 과욕하지 말라. 자기 노력 이상의 것을 더 갖고자 기도하는 것은 도둑놈심보다. 공의의 하나님은 각자 노력한 만큼 주신다.
- "하나님 뜻대로 살아가겠나이다." 하며 마음의 각오를 다지라.

- 기도는 하나님의 말씀을 받아서 "행하는 것"이다. 하나님이 계심을 굳건히 믿고, 하늘을 향하여 한 점 부끄럼 없이 사는 삶 자체가 가장 위대한 기도이며, 삶이 곧 예배다.

3. 지도자

- 똑같이 사랑한다는 말을 해도, 순수하게 하는 말은 천사의 말이지만, 사기 쳐서 재산을 가로채려고 하는 말은 사탄의 말이다.

- 종교 지도자가 아무리 훌륭한 설교를 해도, 신도의 재물을 거둬서 더 큰 교회를 짓고 자기의 부귀영화를 바라며 설교하면 사탄의 가르침이 된다.

- "저희 교회는 만원사례요, 믿음은 다 같으니 이웃의 개척 교회에 가서 예배를 드리시오." 하며, 이웃 교회의 부흥을 먼저 생각하여 제 신도를 보내는 종교 지도자가 있다면 그를 따르라. 그가 하나님의 사랑을 실천하는 자다.

- "부자가 천국에 들어가는 것은 낙타가 바늘구멍을 통과하는 것보다 더 힘들다" 하였거늘, 지금의 교회에서는 부자가 되기만을 기도하고 소원하니, 이는 곧 천국을 포기하고 지옥 행 열차의 티켓을 사는 것과 같다.

- 예수는 빈손이었다. 종교 지도자가 예수보다 더 호화롭고 편안하게 살아간다면 잘못된 것이다. 부귀영화와 명예를 바라는 자는 절대로 갈 수 없는 좁고 협착한 길이 종교 지도자의 길이다.

- 종교 지도자는 유리로 비춰 봐 한 점의 부끄러움이 없이 살아야 한다. 의식주도 직접 일해서 해결하고, 예수의 가르침과 행함을 그대로 따라야 한다.

- 종말은 없다. 지금의 잘못 가는 종교 집단에게만 종말이 있다. 보이지 않는 하나님은 보이는 육의 종말은 관여하지 않으신다. 환경 파괴로 인간이 스스로 멸망을 자초하는 것이다. 종파끼리 싸우기 전에, 무너진 인성을 바로잡고 지구의 몸살을 해결하는 데 뜻을 모으는 게 급선무다.

4. 성전이란

- 이 세상 자체가 하나님께서 만드신 성전이다. 자연보다 더 아름다운 성전이 있는가? 보이는 건물이 성전이 아니라, 성스러운 마음가짐이 성전이다.

- 반석 위에 교회를 지으라 했다. 지상의 단단한 돌은 인간이 쪼갤 수 있으나, 마음속의 굳은 결의는 세상 무엇으로도 쪼갤 수 없다. 바르고 굳건한 믿음으로 성경의 가르침을 실천하는 것이 마음의 반석 위에 교회를 짓는 것이다.

- 손으로 지은 건물의 교회에 모여서 복음을 전하는 것이 아니라, 교회를 개인과 가정에 심어 주어야 한다. 무너지고 부서지는 건물을 짓지 말고, 마음속에 영원히 불변하는 참진리의 교회를 지으라.

5. 십계명

▪ 십계명은 인간이 죽어서 반드시 통과해야만 하는 열 개의 관문이다.

- 부모를 공경하지 아니한 자는 “네 부모를 공경하라.” 하는 제5계명의 관문이 열리지 않으니 구원받을 수 없다.
- 살인, 간음, 거짓, 우상 등의 나머지 계명도 마찬가지다.

▪ 십계명은 하나님의 친필이다. 모기소리만 한 하나님의 음성이라도 들어 보겠다고 여기저기 찾아 헤매지 말고, 십계명부터 암송하고 지키라.

▪ 십계명은 영혼을 구원하는 양식이며, 십계명을 지키는 것이 구원을 받는 길이다. 인간이기에 지키고자 노력하고 또 노력한다면 지킬 수 있다.

▪ 십계명을 지키고 천사처럼 아름답게 살아가는 그 마음 하나면 세상에 이루어지지 않는 것이 없다.

6. 보물

▪ 하나님은 재물이 아니라 우리의 마음을 받으신다. 사랑을 실천하며 천사처럼 변하는 마음이 하나님께 바치는 보물이다.

▪ 보이지 않는 하나님께 재물을 바치려 하지 말고, 너희를 길러 준 부모에게 용돈 드리고, 찾아뵙고, 효성을 다하라. 그것이 하나님께 효도하는 것이다.

▪ 하늘에는 선과 악의 창고가 있다. 자기 창고에 선이 많으면 천국으로 구원을 받고, 악이 많으면 심판받아 지옥으로 간다. 그것이 바로 “선한 일을 행한 자는 생명의 부활로, 악한 일을 행한 자는 심판의 부활로” 나오는 것이다.

▪ “선악과를 따먹지 말라”는 것은 양심을 지키라는 것이다. 선과 악을 구분할 수 있는 양심을 최초에 인간에게 주셨다. 선한 열매는 취하고, 악한 열매는 버리며, 양심에 비추어 부끄럼 없는 삶을 살아가라.

▪ 가장 작은 거짓말을 하지 않고, 가장 작은 죄를 짓지 않으며, 가장 작은 선행을 하고, 가장 작은 악행을 멀리하는 것이 율법의 일점 일획도 빠뜨리지 말고 다 지키는 삶을 사는 것이다.

7. 우상

- 박물관에 있는 불상은 하나의 예술품이다. 그 조각품에 대고 제 소원을 빌 때 우상숭배가 된다. 십자가라 하여도 그 앞에서 소원을 빈다면 우상숭배하는 것이며, 하나님께 소원을 빈다면 하나님을 우상으로 전락시키는 것이다.

- 지금 기복신앙에 젖어 있는 모든 사람이 우상 앞에 절을 하고 있다. 조각품을 우상이라며 파괴하지 말고, 네 마음속에 있는 욕심의 우상을 무너트리라.

- 생수를 약초가 먹으면 약을 만들고 독사가 먹으면 독을 만든다. 같은 성경을 봐도 선한 지도자는 신도를 천사로 만드는 데 활용한다. 그러나 욕심이 가득한 지도자는 재물을 거두어들여 제가 부귀영화를 누리는 데 악용한다. 그가 바로 성경을 우상숭배의 도구로 전락시키는 거짓 선지자다.

- 성경을 한 획도 빼거나 더하지 말라는 것은, 그 가르침을 빠트리지 말고 온전히 지키라는 것이다. 성경 속에서 자기에게 유리한 구절만 보는 것은, 자기에게 불리한 구절들을 빼 버리는 것이다. 믿음이 제일이요, 행함은 구원과는 관계없다는 것은 자신에게 유리한 쪽으로 성경을 악용하는 것이다.

- 진정한 종교 지도자는 종파에 관계없이 어떤 종파든 어떤 책이든 접하고 보고 깨우쳐 견문을 넓히도록 인도한다. 참진리를 모르고 자신이 없는 자가 남을 이단이라며 배척하고, 신도들의 눈과 귀를 가린다.

8. 예수

- 예수의 재림은 없다. 예수가 다시 온다 해도, 과연 누가 그를 예수라고 믿겠는가? 예수와 같은 삶의 행함이 곧 예수의 재림이다. 각자 모두가 "재림 예수"가 되는, 차원 높은 믿음으로 가야 한다.

- 예수는 "주여 주여 하지 말고, 아버지의 뜻대로 행하라"고 했다. 예수가 전한 하나님의 뜻이 곧 "길이요, 진리요, 생명"이며, 그 가르침이 예수의 보혈처럼 소중한 것이다. 예수를 믿는 것은, 예수의 가르침을 믿고 따르는 것이다.

- 예수는 낮은 자로서 만백성을 섬기고자 했다. 만나는 모든 사람을 다 하나님이라 생각하라. 돈을 벌수록 겸손하고, 높은 지위를 얻을수록 낮아지라.

- 예수는 종파를 만들지 않았다. 인간이 만든 종교와 인간의 교리를 따르지 말고, 예수를 통해 전한 하나님의 참진리를 연구하고 따르라.

- 예수가 2천 년 전에 만백성을 위해 죽었으니, 지금 이 땅에는 예수의 가르침대로 사는 천사만 존재해야 한다. 예수가 죽어 가면서 바란 것은 만백성이 천사가 되어 예수의 자리를 채워 주는 것이지, 지금과 같이 재물을 바치면서 중언부언 제 소원만을 비는 백성들을 바란 것이 아니다.

9. 구원

- 천사가 사는 천국에는 천사만 갈 수 있으니, 천사 같은 마음을 길러야 한다.

- "천국 열쇠를 네게 주리니 땅에서 무엇이든지 매면 하늘에서도 매일 것이라" 했다. 땅에서 천사같이 사는 자가 하늘에서도 천사가 되어 천국에 들어간다. 모든 사람에게 천사같다는 말을 듣는 삶을 살아야 한다.

- 천사의 곱고 아름다운 마음은 부모를 공경하고 어른을 어른으로 대접하는 데에서 출발한다. 효도하는 자는 형제와 화목하게 지내기에 가정이 화목해지고, 이웃과 화목해지고, 국가가 화목해지고, 온 인류가 화목해진다.

- 그러므로 지상의 아름다운 소왕국은 가정에서부터 이루어야 한다.

- 선택된 14만 명만 구원받는 것이 아니라, 천사처럼 변하고자 하는 14만 명을 기초로 온 인류가 천사처럼 거듭나는 영적인 개혁이 시작되는 것이다.

- 천 년에 걸쳐서 하늘에서 이루어진 것같이 이 세상을 낙원으로 만들어, 만백성이 지상의 천국에서 살다가 죽어서 그대로 하늘의 천국으로 들어가는, 영원한 지상 낙원을 건설하는 것이 하나님의 계획이다.

- **이것이 구약과 신약에 이어 "새로운 성경"으로 역사하시는 하나님의 창조의 완성이다.**

- 지금의 믿음으로 구원받을 수 있다면 그 길을 가라. 그러나 자신이 없다면 하나님께서 직접 내리신 160권의 "새로운 성경"을 읽고 구원의 길을 보라!

하나님 머리말씀

이 새로운 성경을 읽는 너희 모두는
이 율법에 따라 행하면 영원히 구원받을 것이니라.

너희 인간이 수년, 수십 년, 평생
성서를 공부하고 기도하는 것은
하늘나라 나의 곁으로 오고 싶은 소망일진대,

몇천 년 전의 너희 인성과 생각이
지금의 너희와는 판이하게 다르니,

꺾여 가고 병들어 가는 너희를 고칠 수 있는 길은,
오늘 내가 선지자에게 내리는 새로운 성경과 같이
너희가 변화되는 것뿐이니라.

나의 예수가 태어난 것처럼
내가 아들 선지자를 선택하여
나의 새로운 성경을 온 세계에 전하고자 하니,

묵은 것은 버리고 새로운 것은 취하여,
너희 모두는
'여호와 하나님! 저의 죄를 용서하여 주옵소서.'
하는 기도문으로 기도하고, 죄를 뉘우치라.

이 새로운 성경은
수천 년간 내려온 성서를 요약한 것이니,
너희는 이 책을 정독하여 쉽게 깨달음을 얻고,
이대로 실천하여 하늘에 오르라.

대역자 머리말

■ 하나님의 율법을 지키는 선지자로 선택을 받도다.

저는 남들처럼 그저 열심히 살아온 평범한 사람이었습니다. 그러나 50대 중반에 사업에 실패하여 많은 부채에 시달렸으며, 건강도 악화되어 눈이 잘 안 보이고, 걷기도 어렵고, 두통이 심해서 잠을 이룰 수 없는 고통의 나날을 보냈습니다. 그때 제가 선택할 수 있는 것은 육의 삶을 끝내는 길뿐이었습니다.

죽기 직전에 그동안에 죄를 지은 이들에게 용서를 빌고 인생을 끝내기로 작정하였습니다. 어려서부터 지은 죄를 빌고 빌다 보니 끝이 없었고, 죽음으로도 그 많은 죄를 용서받을 길이 없다는 생각에 하염없이 눈물이 흘렀습니다. 그 순간 '재래식 화장실의 구더기는 죄를 짓지 않는데, 나는 인간으로서 구더기만도 못한 삶을 살았구나.' 하는 생각이 들면서 괴로움에 몸부림칠 때, 갑자기 하나님의 음성이 들렸습니다.

"나는 여호와 하나님이니라. 너는 십계명을 암송하고 내가 내려 주는 메시지를 받아 책으로 만들어 만백성을 구하라." 하시며, 제 눈을 손으로 문지르게 하시고, 아픈 머리와 다리를 손으로 두드리게 하셨습니다. 그러고 나니 눈도 잘 보이고 걸을 수 있었으며 머리의 통증도 말끔히 낫게 되었습니다. 그때부터 십계명을 암송하고 나면 들려주시는 말씀을 기록하였고, 1999년 8월부터 2004년 7월까지 권당 288쪽, 총 160권을 받아서 "새로운 성경"이라는 책으로 펴내게 되었습니다.

그러한 저에게 죽기보다도 힘든 길이 시작되었습니다. 모든 교인들이 저에게 사탄이요, 이단이요, 악마요, 마지막 시대에 온 거짓 선지자라 하면서 공격하였고, 저를 짐승을 보듯이 대하는가 하면, 편협한 종교 지도자들의 선동으로 신도들이 이 책을 직접 읽어 보고 평가할 기회마저 막아 버렸습니다. 그래서 하나님의 말씀을 세상에 내는 데 많은 어려움을 겪으며, 피를 토하는 심정으로 책을 전하고 있습니다.

그러나 아무리 인간의 힘으로 막으려 해도, 하나님의 뜻이 세상에 전해지는 위대한 역사는 계속될 것입니다. 책으로 전해지는 "하나님의 말씀"은 세상 끝날까지 항상 우리와 함께하실 것입니다. 사람은 죽어도, 책에 기록된 말씀은 영원히 남으니까요.

■ 따뜻한 실천

하나님께서는 어려운 사람들에게 삶의 터전을 마련해 주고, 미래를 열어 주는 것을 기뻐하십니다. 어려운 이웃이 스스로 자립할 수 있도록 이끌어 주는 것이 진정으로 이웃을 돕는 것이라고 말씀하셨습니다. 그래서 일자리가 없는 제자들에게 작은 사업장을 만들어 주는 "달란트 사업"을 하고 있습니다. 식당, 반찬 가게 등을 차려 주고, 기존의 어려운 사업장이 자립할 수 있도록 돕고 있습니다(커피숍, 미용실, 의상실 등).

하나님께서는 교회에 나와서 모든 시간과 재물을 쏟기를 원하지 않으시고, 그 시간과 재물을 교육에 투자하여 스스로 미래를 열어 가기를 원하십니다. 그래서 제때 공부하지 못한 제자들에게 학업을 이어 가도록 하였습니다. 중화요리 주방장을 하며 초등학교 검정고시부터 공부하여 2012년에 방통대를 졸업한 36세 남성, 만학도들의 2년제 중학교에 입학해서 2007년에 명지대학을 졸업한 38세 여성, 중학교 검정고시를 시작으로 숭의여자대학을 졸업한 47세 여성 등이 있습니다. 그밖에도 많은 제자들에게 나이를 초월하여 배우고 깨우쳐서 사회 속의 당당한 일원이 되도록 인도하고 있습니다.

학자금 대출로 힘겨워하는 젊은이들을 위해 "따뜻한 바람 장학회"를 발족하여(2016년 12월) 대출받은 학자금 전액을 매월 갚아 주고 있습니다. 또한, 다문화 가정을 위해 "다문화 가족 랜드"를 조성하여, 각종 시설을 무료로 활용하도록 하고 있습니다.

이러한 따뜻한 실천이 아직은 미약합니다. 그러나 책의 수입이 늘고, 저와 뜻을 같이하는 분들이 늘어나면 계속 확대할 것입니다. 지도자로서 신도의 재물을 헌금으로 거둬들여 착복하는 것이 아니라, 하나님께서 기뻐하시는 일에 사용하도록 중매 역할만 하며 살아가고자 합니다. 이런 제가 과연 사탄이고 이단인가요? 하나님께서 기뻐하시는 일이라면, 저에게 사탄이라 하든 거짓 선지자라 하든 굽히지 않고 실천해 나갈 것입니다.

끝으로, 일상의 삶 속에서 "지금 내가 하는 행동이 과연 하나님께서 기뻐하실까, 슬퍼하실까?" 생각하고, 매사에 하나님께서 기뻐하시는 길을 택하기 바랍니다. 교회에 모여서 집단적으로 예배 드리는 것이 아니라, 개인이나 가정 단위로 새로운 성경을 읽어 스스로 깨우치고 그대로 행하면 충분합니다. 그것이 마음속에 성전을 짓고, 신령과 진정으로 예배 드리는 길입니다. 그러면 천국의 문에 들어서게 됩니다.

2017. 2. 1.

하나님 말씀 대역자 김용철

차 례

십 계 명

이 책은 십계명을 암송하고 나면 내려 주시는 "하나님의 음성"을 듣고 그대로 받아쓴 기록입니다. 하나님께서 십계명을 모세에게 내려 주셨지만, 그것은 만백성에게 내려 주신 것입니다. 마찬가지로 이 책의 모든 말씀도 저에게 내려 주셨지만, 만백성 각자에게 들려주시는 말씀입니다. 여러분도 이 책을 접할 때마다 십계명을 암송하고 나서 정독해 주시기 바랍니다.

제일은, 너는 나 외에는 다른 신들을 네게 있게 말지니라.

제이는, 너를 위하여 새긴 우상을 만들지 말고, 또 위로 하늘에 있는 것이나, 아래로 땅에 있는 것이나, 땅 아래 물 속에 있는 것의 아무 형상이든지 만들지 말며, 그것들에게 절하지 말며, 그것들을 섬기지 말라.

제삼은, 너는 너의 하나님 여호와의 이름을 망령되이 일컫지 말라.

제사는, 안식일을 기억하여 거룩히 지키라.

제오는, 네 부모를 공경하라.

제육은, 살인하지 말지니라.

제칠은, 간음하지 말지니라.

제팔은, 도적질하지 말지니라.

제구는, 네 이웃에 대하여 거짓 증거하지 말지니라.

제십은, 네 이웃의 집을 탐내지 말지니라.

나 여호와가 존재함을 믿는 그 자체가 구원의 길에 들어서는 기본이요, 근본이며, 나의 새로운 성경을 가슴에 안고 정독하는 자, 반석 위에 서서 하늘에 오르는 찬란한 빛을 보게 되는 영광을 얻게 됨이니라. 진정 나를 따르고 믿는 자는 감히 사탄이나 마귀도 근접하지 못하느니라.

〈하나님 말씀〉

2003년 3월

5,364 번째 하나님 말씀

2003년 3월 6일 13시 59분

1 사랑하는 나의 아들아!
2 "네, 아버님! 말씀하옵소서."
3 모든 백성이 세상에 존재하며 그들이
살아가고 있으나, 노아의 방주의 역사
도 나의 명에 따라 그가 그 방주를 만
들어 세상의 한 역사를 지금 이어 가
도록 그리 만들었음이니,
4 이는 모두가 다 나의 명에 따라서 너
희들이 믿고 따르고 행하는 그와 같은
가르침이요, 믿음 속에서 모두가 이루
어지는 것이니,
5 그리하여 선택되지 아니한 백성은 그
길을 갈 수가 없다 함이니라.
6 계산하고 재고 따지는 자는 정녕 그
길을 갈 수 없느니라.
7 모세가 나의 백성을 구출하기 위하여
그는 80의 주름진 얼굴에 나의 음성
을 듣고,
8 나의 음성인지 아닌지 구분하기도 어
려운 그 상황에서 오로지 나 여호와의
뜻이라는 것을 알았고 믿었기 때문에
그는 제가 도망 나왔던 그 나라에 가
서 백성을 구하는 역사를 이루었음이
니,
9 그리하여 그와 내가 같이 역사하였음
이니라.
10 그리하여 그 모든 역사를 이루었음이
니, 그리하여 이와 같은 구약 시대가
지나왔음이니라.
11 또한, 신약 시대는 과연 어떠하던가?
12 나의 아들이 성령이요, 육으로써 세상
에 하늘에서 내려간 자요, 땅에서 난
자로서 세상에 나와 만백성을 깨우치
고자 그리 전하였음이니라.
13 모든 백성은 다 높고 낮음이 없으며,
나로부터 성령을 받아 나간 백성은 누
구나 다 소중하며 같다는 것을, 그 귀
한 것을 가르치고자 나의 아들은 그리
했느니라.
14 그러나 그를 그리 죽게 하였던 것이
그 시대의 백성이었음이니라.
15 그러면 너희들은 지금 그를 깨달아야
할 것이니라.
16 나의 아들 예수는 나로부터 성령을 받
아 만백성을 구하고자 하였으며,
17 오늘의 나의 아들은 과연 무엇 때문에
그가 160권이라는 법전을 이리 쓰고
가는가?
18 모세가 그 음성을 들으며 불빛을 봤으
며, 또한 노아가 나의 음성을 들었듯
이, 나의 아들이 세상에 내려가 만백
성을 구하는 나의 뜻이요, 그 대명을
이루었듯이,
19 지금 나의 아들은 과연 무엇 때문에
그가 이 길을 가고 있는가?
20 그는 단 한 가지이니라.
21 '나 여호와가 존재하며, 나 여호와의
뜻이니 너는 이를 기록하여 만백성에
게 전하라'는 나의 음성이요, 내가 명
한 그 한마디를 듣고 그는 두말없이
거절하지 아니하며, '예, 알겠습니다.'

대답하는 그것으로써 그는 기도하며
십계명을 외우기 시작하였으며, 오늘
의 역사를 이루었음이니라.
22 과연 누가 그 뜻을 알며 그를 누가 따
라갈 수 있다고 너희들은 생각하는가?
23 감히 누가 그와 같이 지금의 종교 지
도자요, 학문이 높이 가 있는 자요, 세
상사를 다 통달한 자라 하여도, 그 음
성이요, 그 뜻 한마디를 듣고 그 길을
역사할 수 있는 자가 과연 얼마나 있
다 생각하는가?
24 너희 종교 지도자들은 그리 말하느니
라.
25 어찌하여 아무것도 모르는 무지한 나
의 아들 너를 통하여 이 세상에 이 소
중하고 귀한 말씀을 이리 내려보내는
가?
26 그리하여 그들은 인정하지 아니하며
그들은 믿지 아니하려 하며, 사탄이
요, 사악한 자라 그리 말하느니라.
27 그러나 너희들은 여기서 깨우쳐라.
28 노아가 역사했듯이, 나의 모세가 역사
했듯이, 나의 아들 예수가 역사했듯
이, 그는 똑같은 그와 같은 뜻에서 역
사가 이루어짐을 너희들은 알아야 할
것이며,
29 그 시대와 지금의 그 역사의 방향이
과연 무엇이 다르던가?
30 내가 불러 쓰고자 하면 쓰는 것이며,
내가 명했을 때 그를 거절하지 아니하
며 그를 순종하며 따라간 백성이 나에
게 선택되었음이니, 그게 바로 선택된
자이니라.
31 지금 너희들은 나의 아들을 통하여 나
의 성령이 내려가는 것을 너희들이 받
지 못한 것을 원망하며 이를 믿지 않
으려 하나,
32 내가 너희들에게 나의 음성으로 내렸
을 때 너희들은 절대 이와 같은 역사
를 이루지 아니하며 하지 않을 자들이
니라.
33 혹시나 사탄이 내린 것이 아닌가를 생
각할 것이며, 착각으로 무엇을 들은
것이 아닌가 생각할 것이며,
34 지금의 성서와 구약을 덮고 새로운 성
경을 내려보낸다는 그 자체가 두려워
감히 그를 받으려 하지 아니하며 너희
들은 고개를 저으며, '이는 사탄이요,
사악한 자라, 물러가라, 사탄아!' 그리
하며 춤을 추며 찬송을 부르며 광란의
짓을 다 할 것이니라.
35 그리고 저의 귀를 의심할 것이며, 저
에게 들리는 그 음성을 거부하며, 잘
못 들은 것은 아닌가 하여 너희는 그
리 말할 것이며,
36 그저 기도할 것이니라. '사탄아, 물러
가라! 사탄아, 물러가라!' 그리 기도할
것이 뻔한 자들이니라.
37 누구도 그를 따르며 그를 행할 자가
한 사람도 없음이니라.
38 그러나 나의 아들은 그 단 한마디 나
의 명령에 따라 그는 무릎 꿇고 기도
하였으며, '하나님! 말씀하옵소서'라
하여 받아 그가 기록하였으며, 나에게
순종하고 따랐음이니라.
39 그것이 모세가 간 길이요, 나의 아들
예수가 간 길이요, 지금 나의 아들이
가는 길이니,
40 그게 너희들과 차별화며 다른 점이라
는 것을 알아야 할 것이니라.

41 너희들은 절대 가지 못함이니라.

42 그러한 너희들은 계산을 둘 것이며,

43 그리고 이와 같이 나의 음성이라 하여 책으로 만들며 내 뜻을 기록하여 만들 때, 모든 종교 집단이 너희들을 핍박하며 너희들을 무너트리며 너희들을 쓰러트리고자 하는 그 무서운 그들의 힘에 의해서도 너희들은 쓸 자신이 없으며,

44 나의 법전이요, 나의 성령을 받아쓸 만한 자격이 없으며, 그만한 배포가 없으며, 그리 갈 수가 없는 자들이니라.

45 세상사의 그 모두를 다 버리고 왔을 때, 너희들이 종교 집단으로부터 사탄이요, 이단이라는 소리를 들을 것이며,

46 지금 누리는 부귀와 영화를 다 버리는 것이 아까워서 너희들은 그 길을 선택하지 못할 것이니라.

47 너희는 설사 나 여호와가 너희에게 내리는 명령이라 하더라도, 지금 살아가는 그 모습이요, 그대로 나의 피조물 만백성에게 영수증 없이 세금을 받아들이며 제왕적인 부귀와 영화를 누리는 너희가 더 큰 성전이요, 더 많은 신도들을 모아 더 많은 헌금을 거둬들이고 살면 그것으로 행복한 것이라 그리 생각하니,

48 너희는 나의 음성을 절대로 듣지 아니하며, 그대로 행할 자가 없느니라.

49 지금의 너희가 처해 있는 그 부귀와 영화요, 그 육신의 행복을 버릴 자가 하나도 없기 때문이니라.

50 그러면서 나의 아들을 통하여 내가 내리며 그가 받아 기록하는 것을 너희가 시기하고 질투하는 마음이요, 그와 같은 시기와 질투하는 마음을 갖기 전에 너희에게 명했을 때 할 수도 없는 자들이 그를 욕하며 저주하지 말라.

51 너희는 절대 할 수 있는 자들이 못 됨이니라.

52 그리하여 선택된 나의 아들로서 지금 법전을 내려 세상을 다스린다는 걸 너희는 잊지 말라.

5,365 번째 하나님 말씀

2003년 3월 6일 21시 26분

1 사랑하는 나의 아들아!

2 "네, 아버님! 말씀하옵소서."

3 이 세상에서 너희들이 나에게 오르는 길은 어렵고 힘든 길이 아님이니라.

4 너희들이 일상생활을 하면서 남에게 누를 끼치지 아니하며 너희들이 말하는 도덕적이요, 질서를 파괴하지 아니하며 살아가는 그것이 바로 나에게 오르는 길이며, 너희들이 가장 갈구하는 영광된 길을 오게 됨이니라.

5 그와 같이 너희들이 살아가는 세상 속에 지키는 법도가 있으니,

6 남으로부터 받은 것은 배로 갚으라 하였으며, 남에게 은혜 진 것을 갚으라 내가 그리 말하였으며,

7 너희들이 살아가는 그 삶을 팽이를 반대쪽으로 돌리는 그와 같은 삶으로 사는 것이 나에게 오르는 길이라 하였음이니,

8 너희들은 이와 같은 뜻을 그저 들어서 넘기지 말고 그 이유가 어디 있으며 왜 그리해야 하는가를 생각해 봐야 할

것이니라.
9 그 팽이라는 것이 오른쪽으로 도는 것을 왼쪽으로 돌리려면 너희들이 무한한 노력과 연구와 생각을 하지 아니하면 그를 할 수 없지 않겠는가?
10 그와 같이 너희들이 사는 삶을 생각하고 너희들을 다스려 보고 또 깨우쳐 보고 하면 거기에서 참진리의 길이 무엇이며 나에게 오르는 길이 무엇인가를 깨닫게 됨이니라.
11 팽이가 오른쪽으로 도는 것을 왼쪽으로 돌릴 수 없으나,
12 너희들에게 그와 같은 삶을 살라 내가 명한 것은,
13 너희들이 그를 돌릴 수 있도록 연구하고 생각하는 그 속에서 진리를 깨닫고 얻으라 함이니라.
14 내가 너희들에게 하나를 받으며 둘을 주라 하였으며, 그와 같이 하는 것이 나에게 오르는 길의 그 기초라 내가 말하지 아니하였던가?
15 그와 같은 것을 그저 지키고 행하고 살아가면, 그것이 너희들이 나에게 올 수 있는 가장 위대한 깨우침이며 가장 참진리의 길을 오는 것을 너희들은 알아야 할 것이니라.
16 하늘에 오르는 길이 어려우며 하늘에 오르는 길이 정녕 힘들다는 그와 같은 생각을 너희 제자들은 버리도록 그리하라.
17 가장 편안한 것이라 하였음이니라.
18 내가 너희들에게 십계명을 지키고 사는 것이 얼마나 편안하고 간단한 길이라 말하였던가?
19 마음이 굳어져 있는 자는 아무런 불편이 없는 것과 마찬가지니라.
20 하늘에 오르는 길이 그와 같이 어렵고 힘든 길이라 하면 나 여호와가 너희들에게 그 길을 오라 하지 아니할 것이니라.
21 너희들이 세상을 살아가면서 어찌 훈련이 되었느냐 그것이 중요하니라.
22 어려서 학업을 좋아하는 아이는 커서도 학업을 좋아할 것이니, 장난을 좋아하는 아이는 커가면서도 그 장난이 계속 더 늘어 가지 않는가?
23 처음에 첫발을 어찌 들여놓고 어찌 시작하느냐 그것이 가장 중요한 것이니라.
24 여기서 너희들은 깨달아야 할 것이니라.
25 세상에는 너희들이 부모요, 선배요, 선생으로부터 배울 때 최초부터 나의 도덕적인 그 진리요, 내가 내린 가장 큰 성령의 뜻을 지키고 사는 것으로 훈련되었으며,
26 그대로 살아왔더라면, 너희들이 성인이 되어서 그것은 어렵고 힘든 것이 아님을 알아야 할 것이니라.
27 어려서부터 잘못 가르쳤으며 잘못 다스려 성장 과정부터 잘못되었음이니,
28 그리하여 너희들이 나이를 먹어 그를 바로잡는다는 것은 어렵고 힘든 것이요, 죽음의 길보다도 더 어려운 것이 그러한 것이 아니던가?
29 너희가 어려서부터 잘 기르고 잘 다스려 왔더라면 그와 같은 역사는 없을 것이니라.
30 이제 나의 피조물 만백성이 어린아이부터 저희들의 자식부터 그 길을 다스

리며 그를 잡아갈 수 있는 그와 같은
능력이 없음이니라.
31 제 자식이요, 제 가족이라는 이기적인
마음이요, 생각이 이루 말할 수 없는
것이니라.
32 아이들이 남의 것을 훔친다 해도 훔치
는 것을 그 어미가 잘못이라 보는 것
이 아니요,
33 그것을 나무라는 그 주인을 더 탓하고
대들며 시비하고자 하는 것이 지금 자
식을 기르는 엄마요, 아버지가 하는
형태며 살아가는 모습이니라.
34 제 자식이 하는 것은 어떤 것이든 정
당하며 제 자식이 아무리 잘못했다 해
도 그걸 남이 탓하는 것을 용납하지
아니함이니,
35 남의 것을 훔쳤다 하여 그를 나무라는
그 부모에게 배로 주면 될 것이며 사
주면 될 것이지, 어찌 제 자식을 그리
탓하느냐 하며 그와 같은 형국으로써
지금 자식을 길러 오니,
36 그와 같은 형국으로 살아온 자식을 나
이가 먹음으로써 너희들이 어찌 잡겠
느냐?
37 잘못된 부모 밑에서 배워 온 그 자식
이 성장하여 그를 잡으려 하니, 구부
러진 그 노송을 너희들이 바로잡을 수
없으며, 그를 잡는 것이 그렇게도 어
렵고 힘든 것이니라.
38 그러하니 그를 잡을 수 없기에, 내가
나의 법전을 세상에 내면서 너희들에
게 무어라 말하였느냐?
39 천년대계의 그 사업으로 어린아이들
의 손에 쥐여 주라 하였으며, 아이들
의 손에 쥐여 주어 이 법전을 읽을 수
있도록 그리하라 하였음이니,
40 지금의 육의 부모들이 잡을 수 없는
어려서부터 인성교육을 바로잡아 나
왔을 때, 그들이 이를 지키고 있음을
알아야 할 것이니라.
41 어려서 나의 법전을 읽은 그는 성장하
여 나의 법전을 접했을 때 그래도 깨
달으며 그 길을 갈 수 있는 것이니라.
42 어떠한 형국이든지 제 자식이요, 제
아들이요, 제 딸이 잘못한 것을 잘못
이라 인정하지 아니하려는 그와 같은
부모 밑에서 성장하는 아이들이 지금
의 너희 나이를 먹었을 때 이 세상은
말할 수 없이 험악한 그와 같은 세상
이 되며 이기주의가 팽배하게 됨이니
라.
43 아무리 잘못해도 그를 나무라지 아니
하며 그를 혼내지 아니하며,
44 그 상대방에게 용서를 비는 부모의 모
습이 아니요, 그 모두를 다 정당화시
키며 모두를 다 변상해 주면 되며 돈
으로 해결하면 된다는 그와 같은 생각
으로써,
45 제 자식의 잘못을 탓하지 아니하며,
남이 용서하지 않는 것을 용서하지 않
는 그와 같은 생활 속에서 살아오며
성장한 아이들이 커 가면서 무엇이
어렵겠는가?
46 부모의 품에서 부모가 도와주는 그 품
속에서 살 때 그와 같은 마음을 가지
고 사는 자,
47 제 가정을 이끌어 가며 저 자신을 지
켜 가는 사회의 일꾼으로서, 사회의
한 사람으로서 살아갈 때 그들은 남을
용서하고 이해할 수 있는 마음의 여유

가 전혀 없음이니라.
48 그리고 제 부모 밑에서 배우고 자란 것처럼, 그 자식 또한 그보다 더 강하게,
49 남에게 어떤 잘못을 했을 때라도 용서를 빌게 하지 아니하며, 사과를 하지 아니하며, 당당한 것이요,
50 제가 한 것이 옳은 것이요, 안 되면 금화로써 해결하면 된다는 그와 같은 마음을 배로 또 가르침이니, 이 세상이 어찌 되겠는가?
51 인성을 바로잡아야 하며 내가 내린 본성의 마음을 바로잡아야 하는 것이 너희들이 하늘에 오를 수 있는 기초요, 근본이니,
52 점점 멀어져 가며 지옥으로 떨어지는 그 사악한 생각으로 살아가며, 내가 너희들을 사랑하는 그 마음의 내 품에 오는 것이 아니요, 나를 등지고 떠나는 그와 같은 방법으로 너희들이 자식을 기르고 길러 가고 있음이니, 이를 내가 어찌하겠는가?
53 그리하여 내가 처음부터 기초를 다지며, 어려서부터 다스려 나올 수 있도록 나의 법전을 어린아이들에게 이를 전하라는 나 여호와의 뜻이 여기 있음을 깊이 깨우쳐 행하도록 그리하라.

5,366 번째 하나님 말씀

2003년 3월 6일 21시 31분

1 사랑하는 나의 아들아!
2 "네, 아버님! 말씀하옵소서."
3 내가 만든 이 지상이 무엇이라 말하였느냐?
4 바로 이게 성전이라 하였음이니라.
5 창조주 나 여호와가 만든 하늘의 성전이 지상에 이루어졌음이니, 바로 이 모든 것이 내가 만든 성전이요, 그리하여 이 세상보다도 아름답고 소중한 것이 없느니라.
6 그러나 너희들에게 내가 이를 내려 줄 때 내가 어떤 뜻에서 내려 주었겠는가?
7 사랑하는 만백성 너희들은 생각해 봐야 할 것이니라.
8 내가 이 성전을 너희들에게 만들어 내려 줄 때는 이 성전을 잘 지키고 관리하며 생명을 가진 모두를 다 사랑하며 더불어 같이 살아갈 수 있도록, 서로 돕고 의지하며 서로 협동하여 살아갈 수 있도록,
9 그리하여 이 지상의 성전을 아름답게 잘 다스리고 관리하도록 내가 너희들에게 내려 준 것이니라.
10 그러나 내가 내려 준 이 성전을 과연 지금 어찌 다스리고 이끌어 가는 형국이 되었는가?
11 우선 내가 하나만 너희들에게 말하고자 함이니라.
12 이 세상, 내가 만들어 놓은 이 성전 위에 너희 손으로 만든 그 성전을 지어 놓고 그 속에서 어떠한 형태를 하고 있는가?
13 너희들은 이 이치 하나를 깨우쳐 줘야 할 것이니라.
14 모든 백성이 내가 내려 준 이 성전을 잘못 다스리고 잘못 관리하는 것은 말할 것도 없으나,
15 믿음이라는 길이요, 나의 뜻에 따라

살아간다는 종교 집단 그들은 과연 이
성전을 어찌 지키는가?
16 그들이 가장 많이 오염시켰으며 그들
이 가장 많이 무너뜨린 그 역사를 하
고 있음이니라.
17 내가 지은 아름다운 이 성전에서 너희
들이 가르치고 깨우치며 각자가 믿음
의 길을 갈 수 있도록 지도하고 인도
하면 될 것을,
18 너희들이 나의 성전에 못을 박듯이 그
두꺼비집 같은 성전을 수없이 지어 놓
았음이니,
19 그곳에 오는 자는 구원을 받으며 그곳
에 오는 자만이 영광이 있다 하여 나
의 백성을 이끌어 가고 있음이니,
20 거기서 오는 혼동으로 인하여 지금같
이 사악한 형국이 되었음을 너희들은
알아야 할 것이니라.
21 이제 내가 너희들에게 말하느니라.
22 모세의 시대도 실패를 했으며, 예수의
시대도 실패를 했으나,
23 제3의 시대는 나 여호와가 직접 임하
여 이를 통제함이니,
24 이제는 이 길을 가지 아니하며 이 뜻
을 따르지 아니하는 자는 정녕 구원의
빛을 볼 수 없다는 것을 알아야 할 것
이니라.
25 내가 나의 법전에 기록하여 전하느니
라.
26 모든 종교 집단이요, 종교 지도자요,
그리고 구원을 받는다 하여 따라가는
그 신도 너희들은 이제 그 문을 먼저
닫고 뛰쳐나와 나의 법전을 들고 만백
성에게 전하는 그 역사를 이루는 자에
게 축복이 있을 것이니라.
27 너희들이 끝까지 그를 버티며 나의 법
전을 이단이요, 사탄이라 하며 나의
사랑하는 백성을 우롱하여 제왕처럼
군림하는 그것을 버리지 못한다면, 너
희들은 나로부터 용서를 받을 수 없음
을 알라.
28 너희들이 한 번 단 것을 빠는 그 꿀맛
에 의하여 영원히 살 수 있는 그를 버
리는 어리석은 삶을 살지 말라.
29 너희들이 사는 삶은 지구의 역사요,
나 여호와가 존재하는 것에 비춰 볼
때 그저 잠깐 비쳤다 꺼지는 그 불빛
만큼도 못한 것이 너희들의 생명이라
하였으니,
30 그곳에서 단 꿀을 빨아먹으려고 구원
을 받는 가장 소중한 역사요, 영원히
사는 축복의 길을 버리는 어리석은 사
람이 되지 말라.
31 이제 모든 종교 지도자 너희들은 그
문을 닫고 뛰쳐나와, 나의 법전을 들
고 만백성에게 전하는 변화되는 개혁
을 이루지 아니하는 자는 정녕 축복이
없음을 알아야 할 것이니라.

5,367 번째 하나님 말씀

2003년 3월 6일 21시 40분

1 사랑하는 나의 아들아!
2 "네, 아버님! 말씀하옵소서."
3 구약 시대 모세의 역사에 너희들이 내
뜻을 따르지 아니하고 거역함으로 2
천 년 전 내가 예수를 세상에 내보냈
음이니, 그를 과연 누가 죽였던가?
4 나를 존경한다며 나를 따른다는 그리
스도인들이 나의 아들 예수를 죽였음

이니라.
5 믿음이라는 길을 가는 그리스도인들
이 없었더라면 지금의 지상은 천국이
되었을 것이며,
6 오늘과 같이 험악한 세상이요, 말세
요, 거짓이 이 세상에 난무하며 도둑
이 들끓으며 부모가 자식을 돈으로 계
산하며 자식이 부모를 돈으로써 계산
하는 이와 같이 험악한 세상은 이루
어지지 아니하였을 것이니라.
7 2천 년 전에 나를 믿고 따른다는 그
그리스도인들이 있었기에 그들이 나
의 아들 예수를 죽임으로 하여 이 지
상의 천국이 지옥과 같은 이와 같은
형국으로 변해 있음을 너희들은 알아
야 할 것이니라.
8 그들의 행패요, 그들의 작태요, 기득
권을 지키기 위한 그들의 그 사악한
행위로 하여 예수를 죽인 것이 바로
그리스도인이라는 것을 너희들은 잊
어서는 아니 될 것이니라.
9 그들은 그리 생각했느니라.
10 그 당시 저희들이 예수를 죽이는 것만
이 나의 뜻을 살리는 것이며, 그리스
도인으로서 저희들의 믿음의 길을 살
리는 것이며, 나에게 모든 충복이요,
충성을 다하는 것이라, 나 여호와의
뜻에 살아가는 것이라 그리 착각하는
정신병자 같은 자들이 존재했음이니
라.
11 차라리 그와 같이 광란의 짓을 하는
정신병자 같은 자들만 있었더라면, 그
들은 감히 그와 같이 나의 아들 예수
를 죽음으로 몰아가지는 아니하였을
것이니라.
12 그 정신병자 같은 착각 속에서 나의
아들 예수를 죽임으로써 그리스도인
들이 그 길을 바로 세우며 나 여호와
의 뜻에 충실한 것이라 착각하여 광
분하는 그들 뒤에서,
13 교묘히 이용하며 그들을 잘 활용하여
나의 아들을 죽일 수 있도록 모든 간
교함을 부린 사악한 지도자들이 있었
음이니라.
14 그 간교한 지도자들의 그 교묘한 수법
에 의하여 저희들이 그리스도인의 그
길을 가며 나 여호와에게 기쁨을 주는
것은 예수를 없애 버려야 한다는 그와
같은 정신병자 같은 자들을 이용하여
그 사악한 짓을 저질렀음이니,
15 그 지도자는 얼마나 사악한 자들이며
얼마나 간교한 자들인가?
16 너희들은 그 죄를 알고 있을 것이니라.
17 너희들이 죽어 왔을 때 그들이 어떠한
고통 속에서 어떠한 죄의 대가를 치르
는 것인가를 보게 될 것이니라.
18 진실한 그리스도 교인이요, 율법을 전
하며 복음을 전하며 모든 나의 뜻에
따라 전하고자 했던 나의 아들을 죽게
한 것이 바로 그들이라는 것을 너희들
은 절대 잊어서는 아니 될 것이니라.
19 예수의 뜻을 따라 지금 그대로 실천하
였으며 그 그리스도인들이 예수를 죽
이지 아니하였다면, 지금은 이 지상에
천국이 이루어졌을 것이며,
20 그렇다면 그렇게도 흉물스러운 교회
라는 것이 이렇게 지어지지도 않았을
것이며,
21 그 속에서 사악한 행위가 이루어지지
도 아니하였을 것이며,

22 성전이라는 그와 같은 건물이요, 법당
이라는 건물이 내가 만든 이 지상의
아름다운 성전에 들어서지도 않았을
것이니라.
23 그와 같은 건물이 감히 자리를 잡지
못하였을 것이며,
24 그들이 지금같이 그 속에서 진리를 가
르친다면서 그들이 어떤 것을 행하고
있는가 그 뜻을 너희들은 알아야 할
것이니라.
25 그 모두는 2천 년 전에 그리스도인들
이 존재했기 때문에 그와 같이 나의
뜻을 이루는 것이라 하여 행했듯이,
26 2천 년이 흐른 지금의 모든 종교 집단
그들은 과연 어떠한 행위를 하고 있는
가?
27 2천 년 전 그리스도인들이 그리스도
인의 그 자세를 익히며 나의 뜻이라
하며 나를 기쁘게 하려고 나의 아들
예수를 죽이도록 했던 그와 같은 방법
이 2천 년이 흐른 지금에도 그와 같은
역사며 그와 같은 형국이 자행되고 있
음이니,
28 이를 보는 나 여호와의 마음이 얼마나
저려 오는가를 너희들은 알아야 할 것
이니라.
29 이제는 내가 그를 용서하지 아니할 것
이니라.
30 지금 또한 2천 년 전과 같은 형국을
자행하고자 하며 그와 같은 만행을 저
지르고자 하나,
31 내가 너희들을 다스리기 전에 너희들
의 성전의 그 문을 닫는 역사부터 시
작할 것이니 너희들은 그리 알라.

5,368 번째 하나님 말씀

2003년 3월 6일 21시 46분

1 사랑하는 나의 아들아!
2 "네, 아버님! 말씀하옵소서."
3 진정한 믿음의 길을 가는 종교 집단이
요, 지도자는 제일 먼저 그들이 행하
고 실천하는 것이 무엇이더냐?
4 사랑이라는 것이니라.
5 사랑이라는 것은 어찌하는 것이라 말
하였느냐?
6 너희들이 끝이 없이 용서하고 용서하
는 것이 사랑이라 하였음이니라.
7 내가 나의 아들을 통하여 사랑이라는
그 용서함을 어찌 기록하였던가?
8 너희들이 몇백 번을 용서해도 그것은
끝이 없는 것이라 그리 말했듯이,
9 사랑이라는 것은 영원히 용서하며 영
원히 이해하며 더불어 살아가는 것이
사랑이라는 것을 너희들은 알아야 할
것이니라.
10 그리고 그 사랑을 가장 몸소 실천한다
는 그와 같은 종교 집단이 이 세상이
잘못 가며 잘못된 모든 백성의 흘러감
을 과연 그들은 어찌 봐야 하겠는가?
11 그 모두를 사랑으로 봐야 할 것이니라.
12 그러나 믿음이 다르며 저희들과 생각
이 다르며 뜻이 다르다 하여 다른 종
교 집단을 파괴하는 행위는 과연 그것
이 사랑으로써 가는 집단이 할 수 있
는 것이며, 사랑을 부르짖는 종교 집
단이 할 수 있는 행위라 너희들은 생
각하는가?
13 종교 집단이 사랑을 베풀며 인도한다
는 자들이 다른 종교 집단이요, 그와

같은 것을 파괴하며 그것이 세상에 존
재하는 것을 용서하지 아니하는 것은
사랑을 모르는 사악한 자라는 것은 두
말할 것도 없으며,
14 나 여호와가 존재하는 하늘의 무서움
을 모르며 하늘의 두려움을 모르는 그
와 같은 자이니라.
15 저희들이 살아남으려고 남의 재물을
강탈하고 강도질하는 강도 집단과 다
를 것이 없는 것이 그 믿음의 집단이
라는 것을 너희들은 알아야 할 것이니
라.
16 남의 집단을 인정치 아니하며 그를 파
괴하는 행위는 강도의 집단이지 믿음
의 집단이 아님을 너희들은 여기서 알
고 가야 할 것이니라.
17 그러한 집단 속에서 구원을 받겠다 신
도라 하여 울부짖는 자, 그리고 내가
너희들이 편히 쓰고 살라 내리는 그
재물을 갖다 바치는 자들은 그와 같은
강도 집단에 힘을 실어 주며 거기에
재정을 심어 주며 강도 집단이 계속
사악한 짓을 할 수 있도록 에너지를
실어 주는 그 죄가 얼마나 무서운 것
인가를 알라.
18 앞에서 행하는 자보다도 뒤에서 조종
하는 자의 그 죄가 더 무섭듯이 너희
들이 그와 같은 죄를 자신도 모르고
스스로 짓고 간다는 것을 잊어서는 아
니 될 것이니라.
19 너희들이 진정한 믿음의 길을 가는
종교 지도자라 하면 이 세상의 그 모
두를 경원시하지 않으며 적으로 삼지
아니하며, 가슴으로 끌어안으며,
20 그들이 가는 것을 들여다보며 그들을
인정하며 그들을 인내로써 기다리는
것이 진정한 믿음으로 가는 길이니라.
21 다른 집단이 잘못되어 있으며 잘못 갔
을 때 무력으로 파괴하는 그와 같은
행위를 하는 것이 아니요,
22 그들이 깨우쳐 올 수 있도록 인내하는
마음으로 사랑하는 마음으로써 그들
을 다스리고 기다리는 그와 같은 믿음
의 길로 가는 것이 진정한 나의 뜻이
요, 나에게 오르게 하는 그 진실한 믿
음의 길을 가는 집단이라는 것을 너희
들은 알려 줘야 할 것이니라.
23 잘못 가르친 자를 깨우쳐 바로 설 수
있는 그 시간과 인내를 가지고 가는
것이 진정한 나의 백성이 가는 길이라
는 것을 너희들은 알아야 할 것이니라.
24 그리하여 너희들이 그들을 들여다봤
을 때 그들이 가는 것이 너희들보다
옳은 믿음을 간다 하면, 너희들이 지
금 잘못 가는 것을 시인하며 잘못 가
는 것을 고치며,
25 너희들이 봐서 그들이 너희들보다 위
에 있다 하면 그들을 따라 배우는 것
이 진정한 믿음을 갈 수 있는 자요, 마
음을 비운 자라는 것을 알아야 할 것
이니라.
26 너희들이 무조건 옳고 그름을 따지지
아니하며, 어떤 것이 진리에 근접하여
가는 것인가에 관계없이,
27 그저 너희 것이 아니라 해서 파괴하고
자 하며 무너트리고자 하는 그와 같은
생각을 하는 집단은 진정한 사랑이요,
나 여호와가 이끄는 종교 집단이요,
지도자가 이끄는 것이 아니라는 것을
만백성 너희들은 알아야 할 것이니 그

리 알라.

5,369 번째 하나님 말씀

2003년 3월 6일 21시 59분

1 사랑하는 나의 아들아!
2 "네, 아버님! 말씀하옵소서."
3 사랑을 실천하며 선행을 함에 이 세상에 수천수만 가지의 사악한 것들이 공격하여 너희들이 그 공격에서 고통스러워 견디지 못한다 해도, 그 모두를 인내하며 굳건히 가는 것이 참진리요, 참사랑의 길을 가는 백성임을 너희들은 알아야 할 것이니라.
4 수천수만 가지의 어떠한 공격과 너희들을 무너트리고자 하는 그 힘 앞에 굳건히 인내하는 그 자세가 소중함을 알아야 할 것이니라.
5 이 세상을 살아가면서 너희들은 원수는 반드시 원수로 갚는 것, 그것을 당연한 것으로 생각하며, 그것은 꼭 이루어져야 하며 그건 하나도 부끄러울 것이 없다 그리 생각하며, 그를 꼭 시행하고 지키려는 것이 너희들의 마음이나,
6 원수를 원수로 갚는 그 자체에는 정녕 선함도 사랑이라는 그 마음도 없음을 너희들은 알아야 할 것이니라.
7 그와 같은 마음을 가진 자, 너희들은 그와 같은 생각을 가져서는 아니 되며,
8 아무리 미워하는 자도 복수하려는 마음을 가져서는 아니 되는 것이 사랑을 실천하는 백성임을 알아야 할 것이니라.
9 사랑을 실천하며 선을 행하는 백성, 나에게 선택된 너희들은 미워하는 눈길을 남에게 주어서도 그것이 선이 아니라는 것을 알아야 할 것이니라.
10 진정한 아름다운 길을 가며 사랑을 실천하며 선행을 베푸는 너희들은 아무리 모두가 다 쓰러져 만신창이가 된다 해도, 네 인생의 종말이 와 네 그 모두가 무너진다 해도 변하지 않는 그와 같은 마음으로써 가는 것이 정녕 나의 뜻에 따라 사랑을 실천하며 선행을 하고 가는 백성이 지켜야 할 길임을 알아야 할 것이니라.
11 그리고 악을 악으로 가장 미워하는 행위를, 그리고 너희들이 자신 있게 행동할 수 있는 자, 그와 같은 마음을 가진 자가 정녕 사랑이요, 선함을 실천하는 백성임을 알아야 할 것이니라.
12 그러나 지금 진정한 믿음의 길을 가지 못하도록 모든 종교 집단이 사랑하는 나의 백성을 그리 유혹하여 끌고 가고 있으며,
13 또한 너희들과 같이 가는 그 길에 오는 것만이 구원의 길이요, 복음이라 하여 강요하여 끌어가는 자,
14 길거리를 헤매며 '예수 천국이요, 불신 지옥'이라 악을 쓰고 소리치는 자,
15 그와 같이 행하는 너희들이 얼마나 잘못되어 있는가를 보아야 할 것이니라.
16 너희들을 따르지 않으면 구원을 받지 못한다며 너희들의 행동이요, 하는 일을 따르도록 강요하는 그와 같은 행위를 하는 자들이 얼마나 지금 사랑의 실천이요, 선행을 파괴하는 장본인인지를 알아야 할 것이니라.

17 너희들이 존재하기 때문에 나의 피조
물 만백성이 구원의 길을 보지 못하며
지옥의 길로 끌려가는 오늘 같은 이
사악한 형국이 이루어졌음이니,
18 나의 피조물 만백성, 그리고 신도라
하여 지금의 믿음의 길을 가는 백성,
19 나의 모든 선택된 백성 너희들은 오늘
의 종교 집단이 흘러가는 그 형태와
그들의 행함을 깊이 파고들어,
20 그를 깨달아 너희들 스스로 이제는 단
죄할 때가 되었음을 알아야 할 것이니
라.
21 진정한 사랑이라는 것은 죽음 직전에
서도 무너지지 않는 그것이 진정한
사랑이라 내가 말했으며, 선행을 베풀
며 살아가는 자들이 행하는 길이라 하
였음이니라.
22 그리 살아가는 것이 너희들이 하늘에
오르는 길이요,
23 남을 미워하며 집단으로 나의 착하고
아름다운 백성을 끌어들이려고 혈안
이 된 자들, 그리고 '불신 지옥'이라
소리 지르고 다니는 자들, 그와 같은
행위를 하는 것이 나의 피조물 만백성
을 구하는 것이 아니요,
24 너희들이 선행을 모르며 사랑을 모르
며 나의 피조물 만백성을 지옥으로 이
끌어 가는 사악한 행위를 하고 있다는
그 엄연한 사실을 깨달아야 할 것이
며,
25 그들의 행동이 사랑이요, 선행을 실천
하는 것이 아니라 나의 백성을 지옥
불로 이끌어 가는 사악한 행위를 하고
있다는 것을 알라.
26 나의 백성이요, 그 믿음 속에 그저 '옳
소, 맞습니다' 소리 지르는 신도 너희
들은 이제 가던 발길을 멈추며,
27 '옳소, 맞습니다' 소리 지르는 그와 같
은 너희들이 그 자신에서 무엇이 진정
한 믿음이요, 참진리인가를 깨우쳐 하
늘에 오르는 빛을 보도록 그리하라.

5,370 번째 하나님 말씀

2003년 3월 6일 22시 25분

1 사랑하는 나의 아들아!
2 "네, 아버님! 말씀하옵소서."
3 너희들이 전하기를 부자는 천국에 가
기 어렵다 그리 말하며, 나 여호와가
부자는 사랑하지 아니하며 부자보다
는 가난한 자를 더 사랑한다고 그리
전하고 깨우쳐 줌이니,
4 이는 정녕 나의 뜻을 몰라도 너무나
모르는 것이며,
5 나와는 관계없는 그와 같은 가르침으
로 나의 피조물 만백성을 혼동하게
하는 작태를 부리는 것이 너희들임을
알아야 할 것이니라.
6 내가 너희들에게 무어라 깨우쳐 주었
는가?
7 모든 백성은 나의 아들딸이며 다 소중
하며 다 귀하며 차등이 없다 내가 그
리 말하였느니라.
8 그리고 내가 귀한 자, 귀하지 않은 자
가 없으니 너희들이 어찌 사느냐가
가장 중요한 것이거늘,
9 어찌하여 너희들은 어찌 사는 것이 구
원을 받는 길이며, 아름답고 선한 삶
을 살도록 그리 가르치는 것이 아니라,
10 그저 너희들은 무조건 부자는 내가 그

들을 사랑하지 아니하며 가난한 자를
더 사랑한다고 그리 가르침이니,
11 그 부자가 열심히 노력하여 남부끄럽
지 않은 삶을 사는 것이 과연 무엇이
죄가 되며, 내가 어찌 그 자식을 사랑
하지 않는단 말이던가?
12 그와 같은 방법으로써 너희들이 나의
백성을 현혹하여, 그 부자로부터 재물
을 거둬들여 더 큰 성전, 더 아름다운
성전을 꾸미는 데 이용하려는 그와 같
은 사악한 마음의 발상에서 나온 것이
니,
13 너희들은 나의 피조물 만백성은 속일
수 있으나, 나 여호와는 속이지 못함
이니라.
14 너희들의 그와 같은 작태는 거기서부
터 시작함이니, 얼마나 사악한 자며
간교한 자며 가장 추한 자인가를 너희
스스로 깨우쳐야 할 것이니라.
15 인간 세상의 부모와 자식 사이도 어
찌 가는가?
16 인간의 부모도 자식에게 차등을 두지
아니하며 다 똑같이 사랑함이니라.
17 그리하여 너희들의 말이 있지 않은가?
18 열 손가락을 깨물어서 아프지 않은 손
가락이 없듯이, 덜 아프고 더 아픈 손
가락이 없이 모든 자식은 다 똑같이
사랑하며, 차등을 두지 아니하며 그리
소중히 생각하거늘,
19 어찌하여 그중에서 열심히 살아가는
자식, 부모의 뜻을 따라 남에게 미움
받지 아니하며 능력 있는 삶을 살아가
는 그런 자식을 부모가 왜 더 미워하
며 저주하는 그와 같은 마음을 가지
고 산다 말하는가?
20 너희들도 그와 같은 마음을 가지고 사
는 부모는 아무도 없을 것이니라.
21 열심히 사는 자식을 사랑할 것이며,
열심히 살아가는 자식을 나무라는 부
모는 없을 것이니라.
22 이것이 인간관계이거늘, 어찌하여 감
히 나 여호와가 능력 있게 사는 자를
미워하며,
23 가난하게 사는 자가 무슨 특권인 양
내가 그를 사랑한다 너희들은 그리 왜
곡되게 가르치는가?
24 이러한 왜곡된 방법으로써 나의 피조
물 만백성을 현혹하며 그들을 가르쳐,
가르친다는 그 미명 아래 부자로부터
재물을 거둬들이고자 하는 그와 같은
안일한 방법을 쓰지 말라.
25 부지런하며 열심히 살며 근면 검소함
을 생활의 바탕으로 하여 열심히 살아
가는 자, 남들에게 사랑을 베풀며 남
을 용서하며 살아가는 그와 같은 부자
가 과연 무엇이기에 내가 그들을 미
워하며,
26 내가 부자는 생각하지 아니하며 부자
는 감히 하늘에 올 수 없는 그 고통의
길을 겪어야 하는 것이라 그리 말하
는가?
27 너희들이 가난이 무슨 자랑이던가?
28 게으르게 사는 자, 주정뱅이, 또는 방
탕한 생활이요, 자기 인생을 가누지
못하는 잘못된 삶을 살아가 가난하며
어렵게 사는 자가 무엇이 그게 자랑이
라는 말이던가?
29 잘못 살아가는 그와 같은 형국이 자랑
이라 생각하지 말라.
30 너희들이 주색잡기 같은 너희들 인간

의 작태에 의해서 못 사는 것을, 어찌
하여 내가 그들을 더 사랑하며,
31 열심히 살아가고자 노력하는 자, 근면
검소를 바탕으로 하며 열과 성을 다하
여 살아가는 자식을 내가 왜 미워하고
누구는 예뻐한다 그리 편을 가르는가?
32 너희들은 알아야 할 것이니라.
33 나 여호와의 뜻대로 삶을 살며 나에게
순종하며 사는 것이 나에게 중요함이
니, 그와 같이 사는 자를 내가 더 기억
하고 사랑함이니라.
34 너희들이 이와 같은 나의 뜻을 깊이
안다 하면, 나의 뜻과는 관계도 없는
그와 같은 말로 나의 사랑하는 백성,
열심히 살아가는 자, 근면 검소를 바
탕으로 살아가는 그들에게 너희들이
왜 고통을 주는가?
35 열심히 살아가는 것이 무엇이 죄며,
그가 열심히 살아온 것이 무엇이 잘못
됐단 말인가?
36 너희들은 그 말 한마디가 아무것도
아닌 것 같으나, 이 세상 나의 피조물
만백성을 혼동하게 함이니라.
37 너희들은 재물이나 금화를 부자에게
서 거둬들이고자 그가 노력하여 이룬
것을 영수증 하나 없이 그저 갈취하기
위해서 얕은꾀를 쓰고 있으니,
38 너희들의 그 교묘하고 간교한 방법으
로써 모든 백성이 부자 되기를 거부
하며, 가난한 자가 축복받는다 하여
노숙자로 길거리에서 잠자며, 남에게
얻어먹으며, 가난하게 사는 것을 자랑
으로 생각하며 영광으로 생각하며,
39 지상에서 육의 삶의 그 짧은 세월을
얻어먹고 거지같이 빌어먹는 그와 같
은 못된 습성을 가지고 사는 그들이
천국을 가며,
40 근면 검소하게 열심히 사는 자들이 지
옥으로 간다 하여 가난하게 사는 것을
근본으로 살아가는 백성이 이 세상에
나온다면,
41 너희들은 과연 무엇으로써 그를 책임
질 것이며 무엇으로써 너희들이 지은
죄를 다 갚으려 하는가?
42 너희들이 재물을 거둬들이려는 그 교
묘하고 사악한 방법으로써 나의 피조
물 만백성을 혼동하게 하지 말며,
43 일하며 노력하는 자를 방해하지 말라.
44 그리하여 사람들이 무어라 말하느냐?
45 저는 여호와 하나님으로부터 선택된
자이기에 일할 필요가 없으며, 그저
얻어먹으며 천막에서 잠을 자며 그리
사는 것이 축복이라 생각하는 자들이
있음이니라.
46 저 자신이 어떠한 형태인지도 모르면
서, 나에게 선택받았기 때문에 나 여
호와가 일하지 말라 하였다, 그저 놀
고먹으라 했다 해서 그와 같은 형국으
로 살아가는 백성도 있다는 것을 너희
들은 잊지 말라.

5,371 번째 하나님 말씀

2003년 3월 6일 22시 32분

1 사랑하는 나의 아들아!
2 "네, 아버님! 말씀하옵소서."
3 이 세상 나의 피조물 만백성 너희들은
나에게서 성령을 받아 나갔으니, 너희
들은 살아가는 모습이 다르며 형태가
달라도 다 하나라 하였음이니라.

4 그러나 너희들이 살아가는 그 모습은
수천수만 가지로 갈라져 있는 것이 오
늘의 삶이니라.
5 지금 나의 피조물 만백성이 나에게서
멀리 달아나고자 하는 백성의 삶이 있
는가 하면,
6 너희들 나름대로 그 믿음이 있으며,
7 나 여호와를 찾기를 거부하며 나 여호
와가 존재함을 믿지 아니하여 나에게
서 멀리 달아나는 그 종교 집단에 속
해서 살아가는 백성도 있으며,
8 나 여호와를 의식하지 않으며 그저 열
심히 살아가는 그와 같은 백성의 집단
이 있으며,
9 또 나에게 다가오지 않는 백성이 있느
니라.
10 또 나 여호와가 존재함을 알며 나의
뜻에 의해 살고자, 성전이라는 것을
찾지 아니하며 나에게 다가오고자 하
는 백성의 무리도 있느니라.
11 또한, 나에게 선택된 백성이요, 모든
백성이 나를 생각하며 내가 원하는 그
삶을 따라서 살아가고자 노력하는 그
와 같은 행동을 하는 백성의 무리가
있느니라.
12 또 나에게 다가온다고 말하면서 나에
게 오르며 나의 뜻에 따라 하늘에 오
른다고 생각하고 사는 그러한 삶을 사
는 백성의 집단도 있느니라.
13 그러나 너희들은 여기서 내가 어떠한
백성을 가장 싫어하며, 어떠한 백성을
내가 생각하는 것인가를 알아야 할
것이니라.
14 나에게 오른다는 그 백성이요, 내가
명하며 지키라는 것을 행하지 아니하
며 순종치 않는 그러한 백성이 이 세
상을 이렇게 험악하게 만들었으며,
15 바로 종말의 시대요, 사악한 시대요,
도둑이 들끓으며 거짓이 난무하는 이
와 같은 세상을 만든 것이 지금의 종
교 집단들의 행동임을 너희들은 알아
야 할 것이며,
16 내가 그 백성을 제일 싫어하며 그들을
내가 버리고자 한다는 엄연한 사실을
너희들은 알아야 할 것이니라.
17 그곳에서 벗어나지 못하는 백성, 그저
저희들만이 살아가며 나의 아들 예수
를 부르며 나에게 부르짖기만 하면 구
원을 받는다 그리 말하면서,
18 그 행동은 나에게 오는 백성이 아니라
나로부터 점점 멀어져 가는 그와 같은
행동을 하고 사는 백성,
19 그들이야말로 이 세상을 가장 험악하
게 만든 백성이며, 가장 사악한 자들
이니라.
20 이제 이 모두를 하나하나 우리 안에
몰아넣고자 함이 나의 뜻이니라.
21 나를 믿지 아니하고 사는 백성, 나에
게서 도망가고자 하는 백성, 나의 이
름을 팔아 하늘에 오르는 길이라 하면
서 행동은 그리하지 않는 백성,
22 그와 같은 모두를 다 내가 한 우리 안
에 한 쇠고리로써 다 묶고자 함이니,
23 내 품에 올라올 수 있도록 그와 같이
하고자 하여 내가 그 뜻을 법전이라
기록하여 그 방법과 내가 역사하는 것
에 몰아넣음이니,
24 이제 내가 내리는 새로운 성경이요,
법전의 그 울타리 속에 너희들이 들어
와야 함을 잊지 말라.

25 내가 법전이라는 큰 울타리를 지어 놓
고 누구나 다 들어오기를 바라며,
26 모든 생각이요, 모든 집단으로써 가는
그 백성을 한 울타리에 몰아넣고자
하는 것이 나의 뜻이니라.
27 그리하여 깨우침을 가르치며, 하늘에
오르는 참진리가 무엇이며 내가 원하
는 길이 무엇인가를 너희들에게 깨우
치고자 내가 법전이라는 그 큰 울타리
안에 이런 백성, 저런 백성, 그 모두를
몰아넣고자 하며 내가 몰아놓고 너희
들을 교육하려는 것이 나의 뜻임을 너
희들은 알아야 할 것이니라.
28 나의 법전이라는 그 울타리에 들어오
지 않는 자, 나의 법전의 뜻대로 살아
가지 않는 자, 그대로 행하지 아니하
는 자, 너희들이 죽어 내 앞에 왔을 때
그것이 얼마나 무서운 죄인가를 깨달
을 것이니, 그때는 이미 늦었음이니
너희들에게 그 기회는 없으며,
29 이를 통곡해도 다시는 그와 같은 역사
의 기회가 없다는 것을 너희들은 알라.
30 그때 얼마나 두려우며 얼마나 험악한
그 죄의 대가를 치러야 하는가?
31 그건 너희들이 당해 봤을 때, 그때만
이 알 것이니라.

5,372 번째 하나님 말씀

2003년 3월 7일 06시 26분

1 사랑하는 나의 아들아!
2 "네, 아버님! 말씀하옵소서."
3 너희들이 살아가며 변하는 그 길은 내
가 한도 끝도 없다 그리 말하였느니라.
4 나의 진리는 바다를 먹물 삼고 하늘
을 두루마리를 삼아서 전하고 전해도
그 끝이 없다 말했듯이,
5 이는 바로 진리를 깨닫는 길은 끝이
없으며 너희들이 죽을 때까지 그 모든
길을 달려와도 그를 다 알 수 없느니
라.
6 이는 곧 무엇이냐?
7 너희들은 완벽한 사람으로 설 수 없으
며, 완벽한 인간으로서 하늘의 천사와
같은, 나 여호와의 심성과 같은 그러
한 마음의 경지에 오를 수 없다는 것
이니라.
8 아무리 오르려 하고 또 오르려 해도
오를 수 없는 것이 너희들이니라.
9 다만, 너희들이 얼마만큼 노력을 하며
얼마만큼 나의 뜻에 따라 순종하며 그
길을 오느냐 하는 마음의 자세에 달
린 것이 너희들의 한계이니라.
10 너희들이 진정한 마음, 진실한 마음으
로써 오르고자 한다면 그것으로써 너
희 직분을 다하는 것이니라.
11 그리고 오르고 못 오르는 것은 내가
평가를 하며, 너희들의 손을 잡고 안
잡고 하는 것은 내가 너희들을 향해서
함이니,
12 오로지 진실한 마음으로써 모두를 행
하며, 이중적인 마음을 가지고 살아가
는 그와 같은 너희들의 삶을 버리는
길만을 가면 되느니라.
13 속과 겉이 다른 삶을 사는 자, 그리고
이중적인 마음을 가지고 사는 자, 그
와 같은 자는 영원히 변할 수가 없음
이니라.
14 그와 같은 자는 항상 제가 계산을 하
게 되며 제 이해타산을 따지게 되며

제 손익을 따지는 그와 같은 마음이
있기에 항상 이중의 마음을 버리지 못
함이니,
15 그저 진실한 마음으로써 나의 존재함
을 믿으며 내가 나의 아들을 통하여
내리는 나의 법전을 읽고 깨우치는 나
의 선택된 아들딸 너희들은 법전의 내
용을 믿으며 그대로 살아가는 것이 구
원의 길이니라.
16 이 세상 어느 종교 집단도, 어느 종교
지도자도 내가 너희들에게 내린 이와
같은 아름다운 하늘의 진리요, 하늘의
뜻을 가르치는 자가 없으며, 그걸 강
론하는 자가 없음이니라.
17 그것이 너희들과 일반 백성이 차별화
되는 것이며,
18 그리하여 너희들이 나로부터 선택된
위대한 백성이며 변해 갈 수 있다는
것이 나 여호와의 뜻임을 알라.
19 내가 일찍이 나의 아들을 통하여 너희
들에게 전했으니, 나의 법전은 나의
아들을 통하여 나의 성령을 기록하고
전하는 글이요, 책이라 인간 세상의
사람들이 쓰는 것과 같을 것이라 생
각하나, 그 내용이 문제이니라.
20 어떠한 그릇에 무엇이 담겨 있느냐
하는 것이 중요하니,
21 그 그릇이 중요한 것이 아니라, 그 그
릇 속에 담겨 있는 내용이 중요한 것
이니라.
22 똑같은 그릇이라도 그 속에 무엇을 담
아 놓았으며 담겨 있느냐 하는 것이
다르듯이,
23 너희들이 똑같은 책이요, 똑같은 글로
써 읽고 깨우쳐도 그 내용이 과연 누
가 내린 것이며 누가 기록한 것이냐가
중요한 것이니,
24 이는 하늘의 법도요, 하늘의 진리를
내가 너희들에게 직접 가르치고 깨우
침이니 너희들은 하늘의 공부를 하는
것이니라.
25 누구도 넘을 수 없는 길이요, 누구도
오를 수 없는 것을 공부하기에, 너희
들은 내가 구원을 받게 할 것이며 너
희들 이름은 낙원에 기록됐다는 것이
거기에 있음이니라.
26 나의 법전을 읽지 아니하면 너희들은
심판대에 설 수 없으며, 나의 법전을
읽지 않는 자는 깨우침을 얻을 수 없
다는 것은 바로 그것이니라.
27 나의 법전을 접하는 그 순간이요, 나
의 법전을 정독하는 그 순간에 인간
세상에서 살아가는 공부가 아니요, 하
늘의 공부요, 하늘의 뜻을 깨우친다는
것을 너희들은 여기서 알아야 할 것이
니라.
28 내가 너희들에게 이와 같은 말을 할
때,
29 모든 종교 집단은 '저희들 것만이 최
고라는 말을 하지 않는 것이 도리라
그리하면서, 어찌하여 제 것만이 하늘
에 오르는 길이요, 나 여호와의 뜻이
요, 그리고 너희들이 하늘나라를 공부
하는 것이라 하는가?' 그리 말하며 그
들은 너희들을 사탄이요, 이단이라 말
할 것이니라.
30 그러나 여기서 답이 있음을 알라.
31 나의 법전을 읽고 공부하고 깨우친 백
성은 이 세상을 살아가는 사람들이 아
니요, 바보천치와 같은 자가 되며,

32 너희들이 이야기하는 이 세상에 존재
할 수 없는 그와 같이 어리석은 자며,
도무지 이 세상에서는 살아갈 수 없는
그와 같은 마음이요, 생각을 하고 살
아가는 자라는 것을 그들은 스스로
알 것이니라.
33 그리고 너희들과 더불어 대화하고 살
아가다 보면 '이 사람은 이 세상에 살
수 있는 사람이 아니라' 그리할 것이
니라.
34 너희들이 목숨보다도 더 소중히 생각
하는 재물을 그저 낙엽 하나 놓듯이
생각하며,
35 그 재물이라는 것이요, 육의 부귀영화
를 생각하는 것이 아니요,
36 깨달음의 길이요, 나 여호와의 성령의
가르치는 한마디를 더 들으려고 모두
를 다 바치고 가고자 하는 그와 같은
사람을 보면서 그들은 어리석은 자요,
바보요, 이 세상에 살 자격이 없는 사
람이라 말하니,
37 그게 바로 너희들이 증거함이며 나의
법전을 읽고 깨우친 자는 이 세상에
살 수 없는 바보요, 천치 같은 사람이
라 그리 생각하는 그 자체가 하늘의
공부를 함을 너희들은 알아야 할 것
이니라.
38 나의 법전을 읽고 깨우친 제자요, 나
에게 선택된 아들딸 너희들이 스스로
그리할 것이니라.
39 이 법전과 저와 같이 사는 사람은 세
상의 바보요, 모두를 다 잃고 사는 어
리석은 사람이라 너희들이 생각할 것
이니,
40 그게 바로 하늘의 공부요, 하늘의 뜻
이요, 하늘의 문턱에 들어와 있는 자
이니라.
41 그와 같은 너희들이 증거함이며, 너희
들이 나로부터 선택된 백성이요, 너희
들이 공부하는 것이 지상의 것이 아니
요, 나의 성령을 보고 읽고 깨우쳐 공
부함이니,
42 너희들이 바보요, 천치처럼 변하는 그
와 같은 삶을 사는 것, 그게 바로 하늘
나라에 와서 공부하는 자요, 하늘의
뜻을 배우는 증거임을 너희들 스스로
알도록 그리 전하라, 사랑하는 나의
아들아!

5,373 번째 하나님 말씀

2003년 3월 7일 06시 36분

1 사랑하는 나의 아들아!
2 "네, 아버님! 말씀하옵소서."
3 믿음이 무엇인지 아무것도 모르는 너
를 내가 어느 날 '나는 여호와 하나님
이니라. 너는 나의 뜻을 받아 기록하
여 만백성을 구하는 책을 만들어 이를
전하라' 그 말 한마디를 듣고 네가 고
개 숙여 '예' 대답한 그 후로부터 나의
성령을 받아 기록하기 시작하였음이
니,
4 그 말 한마디에, 그 명령이요, 그 음성
에 따라 네가 나를 부르며 받아써 기
록하기를 이제 70여 권이라는 나의
법전을 세상에 내는 대장정의 역사를
하고 있음이니,
5 이를 바라보는 나 여호와의 눈시울이
뜨거움을 너는 알겠는가?
6 그저 어린아이처럼 아무것도 모르는

너를 내가 '나는 여호와이니라. 너는
내 말을 들어 기록하여 만백성을 구하
는 책을 만들어 전하라.' 그 한마디에
네가 기도하며 '예'라는 대답 외에는
아무런 거부함이 없이 기도하며, 나의
성령을 받아 오늘의 이 역사를 이루었
음이니라.
7 네가 그 말을 받아 명을 순종하기 시
작하면서부터 너는 쉬지 않고 이 역사
의 대장정의 길을 이와 같이 가고 있
지 아니한가?
8 그리하여 감히 누구도 생각할 수 없는
288쪽의 책을 지금 70여 권을 써서
세상에 낼 준비를 하고 있음이 아니
던가?
9 이를 어찌 알아 누가 그 일을 할 수 있
으며, 종교 지도자들이 과연 이 일을
할 수 있겠는가?
10 그 누구도 이를 할 수 없음이니라.
11 어떠한 백성도 이 길을 갈 수 없음이
니라.
12 모세도 광야에서 나의 음성을 들으며
나의 불꽃을 보면서도 의혹하며, 그도
수없이 할 수 없다 말하였느니라.
13 그러나 너는 그저 내가 한마디 전하는
그 명에 '예'라고 대답하고 오늘날까
지 지금 쉬지 않고 달려가고 있음이니,
14 이 세상의 모든 종교 집단의 우두머리
라는 자, 지도자라는 자, 그리고 평생
을 구원을 받겠다고 울부짖는 그와 같
은 신도라는 백성, 그리고 지식 있는
자, 너희들이 그 한마디를 듣고 과연
이와 같은 역사를 할 수 있겠는가?
15 저 자신을 다 바쳐 갈 수 있는 자가 있
다면 누가 한번 나와 보도록 하라.
16 믿음의 길을 가는 종교 지도자, 그리
고 모든 종교 집단은 내가 그리 말했
을 때, 너희들의 귀를 의심할 것이니
라.
17 그리고 너희들은 이것이 사탄의 장난
이요, 그리고 이건 사탄이 너희들을
현혹한다 하여 성경책을 열어 놓고 너
희들 마음대로 몇 시간씩 기도를 하면
서 시부렁댈 것이니라.
18 그리고 말로써 수없이 수다를 떨 것이
니라.
19 너희들은 막상 나의 음성이라 하여도
그 길을 가지 아니할 것이니라.
20 나의 아들처럼 지금 나의 법전을 70
여 권을 썼으며, 이제 160권을 마무리
지어 세상에 낼 때, 너희들은 그와 같
은 책을 쓰는 그 고통스러운 것을 가
기 싫어서 못 갈 것이며,
21 또 하나는 새로운 성경이요, 나의 법
전이라 하여 너희들이 지금 가는 믿음
에 반대되는 그와 같은 내용을 세상에
펴냈을 때,
22 너희들은 공격을 받는 것이며 어떠한
형태로써 그들로부터 괴로움을 당할
것인가 하는 그와 같은 공포와 두려움
때문에도 이를 하지 못할 것이며, 이
역사를 하지 못할 것이니라.
23 그리고 너희들은 계산을 할 것이니라.
24 그리고 수없는 계산 속에 내가 명한
그 길을 가는 것이 아니라,
25 이는 사탄이요, 이단이 너희들을 현혹
한다 하며, 그저 기도를 드리면서 오
늘 이 재물을 거둬들일 수 있으며 많
은 백성 앞에서 제왕적인 대우를 받는
그와 같은 삶을 너희들은 버릴 수가

없을 것이니라.
26 그리하여 기도하고 또 기도하면서 너
희들은 더 큰 성전을 짓는 방법을 연
구할 것이며,
27 많은 백성을 모아 재물을 거둬들이는
그것만이 나에게 오르는 길이요, 나의
뜻이라 하여 거기에다 그와 같이 이
루어 달라 기도할 것이며,
28 또 기도하며 나 여호와에게 너희들에
게 임하는 그 사탄이요, 사악한 생각
을 뽑아 달라, 지워 달라 그리 기도를
할 것이니라.
29 그리고 너희들은 애원을 할 것이지,
절대 이 길을 갈 수 없느니라.
30 그러한 너희들이 내가 아무것도 모르
는 나의 아들을 선택하여 지금의 대장
정의 역사를 이루는 것을 갈 수도 없
으며 하지도 못하는 주제에, 어찌하여
이를 사탄이요, 이단이요, 사악한 것
이라 그리 말하는가?
31 너희들은 아무런 믿음도 모르며 나
여호와가 존재함도 모르며 성서를 읽
어 본 적도 없는 그가 하늘에서 들리
는 나의 음성 단 한마디를 듣고 '예,
하나님! 알겠사옵나이다.' 하고 여호
와 하나님, 나를 부르면서 그가 오늘
의 대장정의 역사를 이루었으나,
32 너희들은 들리는 나의 음성을 듣고 사
탄이 너희들을 현혹게 하며, 제가 믿
음이 강하여 이 세상의 모든 백성을
깨우칠 수 있는 지도자로서 선정된
저를 사탄이요, 사악한 자가 무너트리
려 한다 하여,
33 너희들은 거기에 넘어지지 않는다며
그 수다 떠는 기도로써 일관할 것이니,
34 이것이 나의 아들과 너희와의 차이점
이니라.
35 그러니 너희들이 갈 수 없는 길을 가
는 나의 아들이요, 기록해 변할 수 없
는 나의 법전이 세상에 나오는 것을
사탄이요, 이단의 장난이라 하여, 만
백성을 구하는 그 빛을 보지 못하게
하는 그 사악한 짓을 해서는 아니 됨
을 너희들은 알라.
36 너희들은 정녕 계산 때문에 할 수 없
느니라.
37 이해타산의 계산 때문에도 못 하며,
두려움 때문에도 못 하며, 너희들이
잘못됐다 하여 지금까지 이루어 온 그
집단의 그 많은 종파 속에 싸우며 대
적할 능력이 없음이니,
38 이는 곧 나를 믿는다는 너희들의 그
믿음이 얼마나 약하며 얼마나 자신이
없으며 용기 없는 백성인가?
39 얼마나 계산적인 육의 삶을 위해 가는
믿음인가?
40 정녕 너희들이 나를 믿으며 나를 따른
다 할 때, 내가 하늘에서 너희들에게
음성으로써 '너는 나의 뜻을 받아 법
전이라는 책을 만들어 만백성에게 전
하라' 그리 명했을 때, 너희들은 지금
의 성경에 위배되는 이야기가 단 한
마디만 나와도 끓는 물에서 손을 빼듯
이, 달궈진 쇠에 살이 닿듯이 놀라서
도망갈 것이며 놀라서 물러날 것이며,
41 그리고 사탄에게서 구원해 달라는 그
수다의 기도만 계속 드리는 그와 같은
형국이 될 것이 뻔하니,
42 그리하여 너희들이 나에게 선택되지
못했으며, 나에게 법전을 받아 세상에

내지 못하며, 만백성을 구하는 그 대
역사의 길을 가지 못하는 것임을 알라.

5,374 번째 하나님 말씀

2003년 3월 7일 06시 45분

1 사랑하는 나의 아들아!
2 "네, 아버님! 말씀하옵소서."
3 너희들은 눈물로 울고불고하며 너희
들의 손으로 지은 성전에 가 기도하고
소원하며 무엇을 이루어 달라 말하느
니라.
4 그러나 나 여호와의 뜻에 사는 백성,
너희들 모두를 다 사랑하며 다 같이
소중히 생각함이니라.
5 울고불고한다 해서 내가 더 사랑하는
자식이요, 나를 찾지 아니한다 해서
나에게서 멀어지는 그와 같은 백성이
아님이니라.
6 내가 이 세상을 창조할 때 너희들이
지키고 살아갈 수 있는 모든 법도를
미리 내렸음이니,
7 그걸 듣지 못했든, 기록으로 보지 못
했든, 너희들이 질서를 파괴하지 아니
하고 남에게 누가 되지 아니하는 아름
다운 모습으로 사는 것, 그리고 제가
양보하는 마음, 제가 그저 남보다 손
해 본다 생각하는 그와 같이 미덕을
가지고 사는 그것이 내가 내린 구약이
요, 신약이요, 율법보다도 더 위대한
가르침을 먼저 세상에 내려보낸 것이
라 하였음이니,
8 그를 지키고 사는 것이 바로 나에게
선택된 백성이요, 나는 그들을 사랑함
이니라.
9 너희들이 눈물로써 기도하며 광란의
짓을 하며 무엇을 소원한다 하여 이루
어진다는 그와 같은 생각을 하지 말라.
10 나는 모두를 다 사랑하느니라.
11 그러나 너희가 어렵고 힘들 때 기도한
다 하여 무엇이 이루어진다는 그와 같
은 생각을 오늘 이후부터 버려야 함을
너희들은 잊지 말라.
12 너의 제자들은 절대로 그와 같은 생각
을 하며 작은 것에서 나의 뜻에 이루
어졌다 그리 말하지 말라 전하라.
13 너희들이 기도한다 하여 소원이 이루
어진다 하면,
14 공의의 하나님이요, 모든 질서를 정리
하고 관리하는 나 여호와가 하늘의 질
서를 파괴하는 것을 바라는 것이 아니
던가?
15 너희들이 기도할 때마다 내가 내려 준
다면 너희들이 달라는 대로 그것이 이
루어진다 하면, 이 하늘나라는 질서가
없으며 그저 뒤죽박죽이 되지 않겠는
가?
16 너희들이 이루어 달라는 대로 해결된
다는 그와 같은 생각을 하지 말라.
17 소원하고 울고불고하는 것으로써 이
루어진다 생각하면 그 혼잡을 누가 다
스릴 것이며 그 질서를 어찌 지켜 나
가겠는가?
18 다만, 너희들의 믿음이요, 행함이 얼
마나 진실한 것이며, 나 여호와의 뜻
에 사는 것이며 속과 겉이 다르지 않
은 아름다운 마음으로 살아가는 그와
같은 백성, 나 여호와가 선별하며 선
택하여 내가 준비한 상을 너희들에게
내려 줌을 알라.

19 그와 같은 것이 하늘의 이치며 하늘의
뜻이거늘, 너희들이 달라 하며 소원한
다 하여 이루어진다는 생각을 앞으로
절대 하지 말라.
20 너희들의 계획대로 무엇이 이루어진
다 하여, 또 너희들이 생각했던 것이
역사한다 하여, 너희들의 작은 소망이
이루어진다 하여 그것이 너희들이 나
에게 기도하여 이루어졌다는 그와 같
은 생각은 하지 말라.
21 너희들이 받을 수 있는 아름다운 마음
으로 살았기 때문이며,
22 너희들의 달라는 기도를 위하여 내가
소원하는 거기에 맞춰 너희들에게 축
복을 내려 준 것이 아니며, 내가 축복
을 내리지 아니한다는 것을 알라.
23 그와 같이 생각하며 사는 것은 너희들
이 허황된 것을 생각하게 되며, 더 얻
고자 더 바라고자 하며 그와 같은 달
라는 기도라는 것을 벗어나지 못하며,
이루어 달라는 소원의 기도를 벗어나
지 못하는 것이 너희들이니라.
24 아름다운 마음으로 살기 시작하면 아
름다운 마음이 너희들에게 축적되어
쌓이니, 너희들이 무엇이 이루어졌다
하여 나 여호와가 이루어 준다 생각하
며 나에게 기도하여 이루어진다 그리
생각하지 말라.
25 모든 질서를 파괴하는 행동이요, 질서
를 파괴해 달라는 그와 같은 짓임을
알라.
26 거짓말하는 자, 강도질하는 자, 남의
것을 강탈하는 자, 그리고 도둑질하는
자들이 제가 성취하고 그 뜻이 이루어
졌다 해서 그들이 나의 이름을 부르며
나의 아들 예수의 이름을 부르며 축복
을 달라 하여 주었다고 이야기한다면,
나는 도둑이고 강도고 그저 부르짖는
대로 다 내려 준다는 뜻이며 그것을
들어준단 말이던가?
27 세상에 그와 같이 갈 수는 없느니라.
28 강도질하며 거짓 하며 도둑질하는 자
가 제 뜻이 이루어졌다 해서, 남의 물
건을 무사히 탈취했다고 해서 그것이
나의 축복이요, 내가 내려 준 은혜라
생각한다면 이는 어찌 되겠는가?
29 너희들은 세상에서 진실하게 사는 것,
진실하게 그 길을 가는 것만이 나에게
상을 받는 것이요, 너희들이 소원하며
달라 하는 것은 내가 이루어 주지 아
니하며 그를 들어주지 아니한다는 것
을 알라.
30 진실한 길을 가는 자, 정녕 나 여호와
에게 오는 길을 깨우치는 백성, 나의
법전을 읽고 공부하는 너희들은 감히
나에게 무엇을 이루어 달라는 기도를
두려워서 하지 못할 것이니라.
31 나의 법전을 읽고 강론을 들어 깨우치
는 백성 너희들은 스스로 지난날 살아
온 그 죄가 두려우며 앞으로 죄를 짓
지 아니하고 살아가야 하는 너희 자신
이 두려우며, 너희 자신이 나약한 자
며 너희 자신이 버티지 못할 것이 불
안하며 그를 나 여호와에게 죄송스럽
게 생각하는 너희들은 절대 나에게 그
와 같은 달라는 기도요, 소원하는 기
도를 하지 아니할 것이며, 두려워서도
못 할 것이니라.
32 그것이 나의 길을 가는 백성이요, 나
에게 선택된 백성이니,

33 참진리요, 나로부터 선택된 백성이요, 나의 뜻을 아는 백성은 감히 무엇을 달라, 이루어 달라는 그와 같은 기도를 못 하는 것이니,
34 나의 뜻도 모르며 나와는 관계도 없는 자들이 그저 말로써 수다를 떨며 달라는 것이 얼마나 어리석은 것인가를 이제 세세히 알았을 것이니,
35 너희 제자들과 이 법전을 읽는 백성 너희들은 그와 같이 지키고 살아가도록 그리하라, 사랑하는 나의 아들딸들아!

5,375 번째 하나님 말씀

2003년 3월 7일 06시 53분

1 사랑하는 나의 아들아!
2 "네, 아버님! 말씀하옵소서."
3 너희들이 육의 세상에서 살아가는 그 삶은 어렵고 힘든 것을 이기며 노력하며 그리고 시련을 견디고 일어서며 무엇인가를 이루고자 너희들이 노력한 만큼 그 대가를 반드시 얻게 되어 있으며,
4 거기에 따라 너희들이 또 행복을 느낄 수 있는 것이 이 세상에서 살아가는 길이니라.
5 그리하여 너희들은 부단한 노력을 하며 또 성취하기 위하여 많은 시간을 소비하며 그리 살아가지 않는가?
6 그리하면 반드시 그 대가를 얻을 수 있으며 그와 같은 것을 취할 수 있는 것이 너희들이 살아가는 길이니라.
7 그러나 나에게 선택된 나의 아들딸이요, 나의 아들을 따르는 제자 너희들은, 그 참진리의 믿음이요, 진리의 길을 가는 자요, 나에게 진정한 지도자로서 선택되어 만백성을 구하는 전사로 가는 너희들은 그와 같은 기대를 해서도 안 되며, 그와 같은 계산법에서 믿음의 길을 달려가도 아니 된다는 것을 알아야 할 것이니라.
8 진정한 믿음이요, 진정한 지도자가 가는 길은 너희들이 그 진리의 깊이를 깨우치면 깨우칠수록 더 깊은 깨우침을 위해 달려가며 그를 향하여 부단히 노력하는 그 길밖에 없음이니, 너희들은 고통과 시련의 연속임을 알아야 할 것이니라.
9 너희들이 노력하는 그 고통만큼 이 지상에서 얻어지는 것이 없으며 너희들의 손에 잡히는 것이 없음이니라.
10 다만, 볼 수도 없고 들을 수도 없는 나의 나라에 와 너희들이 어찌 살았느냐에 따라 그때 그 상을 받을 뿐이니, 너희들이 얼마나 어렵고 힘든 길을 가는 것인가를 알아야 할 것이니라.
11 오로지 너희들이 깊이 갈수록 깊으며 넓게 갈수록 넓은 것이 그 진리요,
12 너희들 앞에 펼쳐지는 그 위대한 진리 속에 너희들은 그 일부분인 백사장에 있는 하나의 모래알만도 못한 것을 깨닫게 되며,
13 그 모래알이 백사장을 모두 다 덮을 수 있는, 그 모든 백사장의 모래가 움직이는 그를 다 보고 깨닫는 그 길을 가야 한다는 것을 너희들이 느끼며,
14 네 앞에 보이는 것만이 진리요, 네 앞에 있는 것만이 나의 뜻이라는 것을 너희들은 생각하지 아니하며,

15 멀고 가까이 있는 그 모두 속에서 나
의 뜻이 있으며 나의 진리가 있다는
것을 깨달으며 그를 보고 깨우치고자
달려가는 너희들이 얼마나 어렵고 힘
든 길을 가야 하는가?
16 그것이 참진리의 길을 가는 백성이요,
나에게 선택된 지도자가 가야 할 길이
라는 것을 잊지 말라.
17 너희들이 육의 세상에서 노력하는 만
큼 행복을 추구하며 얻어지는 것처럼,
18 나의 길을 가는 것이요, 나의 법전을
읽고 깨우침으로 하여 거기서 무엇인
가 대가가 얻어질 것이며 얻을 수 있
다는 것, 그리고 얻어야 한다는 그와
같은 계산법으로써 너희들이 믿음의
길을 가면 아니 됨이니,
19 이를 너희 제자들은 읽고 깨우치도록
그리해야 할 것이니라.
20 나의 율법이요, 법전이 시키는 대로
너희들이 안 한다고 하여 당장 무엇이
무너지는 것처럼 그리 생각할 것이며
그를 이루지 못한다 하여 불안하게
생각할 것이나,
21 너희들은 서서히 깨우쳐 가도록 그리
하라.
22 하나하나 깨우쳐 가다 보면 너희들이
갈 수 있는 그 길이 있음이니라.
23 너희들이 나의 율법이요, 법전대로 행
하지 못하고 지키지도 못한다는 것을
너무 불안해하지 말라.
24 서서히 다스려 갈 수 있는 것이 나에
게 선택된 백성이니라.
25 너희들이 하나만 알고 가도록 그리하
라.
26 너희들처럼 어렵고 힘든 길을 가는 사
람이 없다는 것, 그리고 모든 진정한
종교 지도자요, 진리를 깨우친 자들은
그 죽음마저도 남처럼 편안히 맞이할
수 없었다는 것,
27 다 고통과 시련 속에서 죽음을 맞이했
던 그것이 바로 참진리를 가르치고자
하며 나의 뜻을 가르치고자 했던 백성
이 갔던 길이니라.
28 너희들이라 하여 그 길을 가지 않는다
생각하지 말라.
29 내가 너희들에게 무어라 말하였느냐?
30 나는 육이 존재하지 아니한다 하였음
이니,
31 나의 성령이 너희들 몸에 임하면 곧
너희들이 나요, 나와 너희들이 하나라
내가 일찍이 깨우쳐 주지 아니하였던
가?
32 곧 너희들이 나와 같이 하나가 되는
것은 나의 뜻을 전함이니,
33 너희들이 세상에 나가 무엇을 전할 때
어떠한 희생이 따른다 해도 만백성을
구하는 그 길을 나 여호와는 갈 것이
니라.
34 나의 아들 예수를 희생시켜 너희들을
깨우치고자 했던 그와 마찬가지로, 바
로 너희들이 나이니라.
35 나를 대신하여 행하는 너희들이 나의
뜻을 전하면서 굴복하지 말며,
36 너희 스스로 참진리를 알며 하늘의 뜻
을 아는 나 여호와가 어찌 그 잘못된
자요, 사탄이요, 사악한 자들 앞에 굴
복하며 그들의 뜻이 맞다 그리 말하겠
는가?
37 너희들은 절대로 그리 가서는 아니 되
며 그 길을 선택해서도 아니 됨이니라.

38 목숨을 내놓는다 해도 너희들이 나를
지키며 나를 대신하는 것이며,
39 너희들 입에서 나오는 것이 진리요,
지도자로 나오는 것이 만백성을 구하
는 길이니,
40 거기서 너희 자신을 포기하고 저버리
며 인간의 생각으로써 모두를 굴복하
며 사악한 사탄들이 시키는 그 말에
너희들이 '예'라고 대답하는 순간에
너희들은 나의 자식이 아니요, 나의
형체가 아니며, 내가 아니요,
41 지옥 불로 간다는 것을 잊지 말라, 사
랑하는 나의 아들딸들아!

5,376 번째 하나님 말씀

2003년 3월 7일 07시

1 사랑하는 나의 아들아!
2 "네, 아버님! 말씀하옵소서."
3 내가 너희들에게 몸이 불편한 자요,
지능이 떨어지는 그와 같은 백성을 보
고 그와 같은 신체 구조로 불편하게
세상에 태어나지 아니한 것을 감사드
리며,
4 불구가 된 사람을 보고 너희들이 아름
답고 착한 마음으로 세상을 살아가야
겠다는 생각을 한다 하면,
5 그들이 너희들을 가르치고자 나로부
터 세상에 나갈 때 그와 같이 선택되
어 나갔음이니,
6 그 자신도 모르고 그리 살아가는 그들
이 얼마나 억울하고 불쌍한 나의 백
성이던가?
7 그러니 그들을 보는 너희들의 마음이
그들의 마음이 되어 그를 보라 하였음
이니라.
8 아무것도 모르는 그 백성이 나에게 선
택되어 만백성에게 봉사와 희생을 하
며, 많은 백성을 가르치고자 신체의
부족한 부분을 가지고 세상에 나가 평
생을 불편하게 살아가는 그들이야말
로 얼마나 봉사요, 희생이 위대하던가?
9 너희들이 과연 그리 갈 수 있는가?
10 그들은 그와 같은 삶을 이해하지 못할
것이며 그들은 자신이 왜 그리 태어났
는지도 모르며 살아감이니라.
11 그러나 너희들은 여기서 깨우쳐야 할
것이니라.
12 지금 나의 아들의 제자로서 선택된 자
들이요, 나의 법전을 읽고 깨우친 선
택된 나의 아들딸들은, 나 여호와의
참진리요, 내가 가르치는 것이 무엇이
며 내가 역사하려는 것이 무엇인지 알
며, 나 여호와가 존재함을 알며,
13 너희들이 죽어 와 심판을 받는 것이
며, 지금 잘못 살아가는 모든 나의 백
성을 구원하고자 하는 그 명을 받았다
하는 너희들이 과연 얼마만큼 희생을
감수하면서 너희 자신을 버리면서 만
백성을 구하고 가겠는가?
14 아무것도 모르는 그 백성이 불구의 몸
으로 세상에 나가, 또 생각이 부족한
자로 태어나, 그들은 보는 사람들을
고쳐 주며 보는 사람들을 깨우쳐 주는
그와 같이 자신을 희생하며 산다 하였
음이니라.
15 너희들은 수만, 수억의 백성을 깨우치
며 인도해야 하는 자요,
16 지금 잘못 가는 나의 백성 앞에 직접
가서 그들을 인도하고 깨우치는 대명

을 받은 자들이며, 그리고 그와 같이
역사하는 전사로서 나에게 명받은 것
을 아는 자들이니라.
17 어떠한 임무를 수행해야 할 것인가를
아는 너희들이 과연 어떠한 자세로 가
야 하겠는가?
18 몸이 불편한 자, 생각이 부족한 자, 그
들이 그와 같은 자세로써 만백성을 위
하여 자기도 모르고 봉사하고 희생하
는 삶을 산다면, 그들은 과연 그다음
의 길은 무엇이던가?
19 죽음이라는 것밖에는 더 없을 것이니
라.
20 불편한 몸으로써 너희들에게 선생으
로서 가르치고자 살아가는 그들이 다
음에 더 봉사하고 희생을 한다면 그들
은 죽음이라는 것밖에 없음이니,
21 아무것도 모르고 그와 같이 살아가는
백성과, 건장한 몸이요, 건강한 신체
요, 온전히 생각할 수 있는 자세를 가
지고 나의 뜻을 행한다는 너희들이 과
연 그들보다 어떠한 길을 더 가야 하
는가?
22 너희들은 죽음을 두려워해서도 아니
될 것이며 너희 자신의 버림을 두려워
해서도 아니 되거늘,
23 어찌하여 그와 같이 너희들 자신이 변
하는 데 두려워하며, 역사하면서 그리
변하지 못하는가?
24 너희들 스스로 변하지 못했을 때 만백
성을 구할 수 없느니라.
25 너희들은 알아야 할 것이니라.
26 나의 뜻을 알며 내가 이루고자 하는
역사를 알며 가는 길을 알며 선택된
것을 아는 백성 너희들은 목숨 하나
던지는 것을 두려워해서도 아니 될 것
이며,
27 너를 던져 만백성을 구하는 그와 같은
봉사와 희생 정신으로 가야만 하며,
28 아무것도 모르면서 만백성이 보고 깨
우치도록 불편한 몸으로 나에게 선택
되어 살아가는 그 봉사와 희생하는 자
들보다 너희들이 더 위에서 더 높이
더 깊이 봉사하고 희생하는 자세로 살
아가야 한다는 것을 잊지 말라.
29 그들이 너희들을 대신하여 지금 존재
하며, 너희들이 깨우치고자 하는 그
만백성이 선한 마음을 가지며, 나 여
호와를 찾으며, 저희들이 건강한 몸으
로 세상에 태어난 것을 감사하며 기도
할 수 있는 그것을 위해 그들이 봉사
하고 희생을 하고 있음이니,
30 만백성을 직접 구원하는 너희들은 과
연 어떠한 희생이 따랐을 때 너희들이
그를 감내해야 할 것인가, 등을 돌리
고 포기할 것인가,
31 그리고 한 점의 부끄럼이 없는 삶을
사는 나의 백성으로 가야 할 것인가,
하늘을 향하여 부끄럼을 갖는 그 삶을
살면서도 당연한 것처럼 그 죄를 짓는
것을 모르면서 짓고 또 짓는 그와 같
은 험악한 삶을 살아갈 것인가?
32 이제 너희들이 결정할 때가 왔음을 알
라.

5,377 번째 하나님 말씀

2003년 3월 7일 07시 25분

1 사랑하는 나의 아들아!
2 **"네, 아버님! 말씀하옵소서."**

3 너희들은 이 세상을 살아가는 삶이 무
엇이라 말하느냐?
4 연극배우라는 자들이 무대에 서서 연
기를 하듯이 이 지상의 무대에 너희들
은 배우라 그와 같은 말을 하지 아니
하는가?
5 너희들이 살아가는 삶을 그리 비유하
느니라.
6 너희들이 믿음의 가는 길 또한 그러
함을 알아야 할 것이니라.
7 지금의 모든 연극이라는 그 단체가 성
공이요, 실패하는 것은 각자가 맡은
배역에 최선의 노력을 다했을 때 그
연극이라는 배는 무사히 항해를 하지
않겠는가?
8 그 연극 무대에도 주역이 있으며 조역
이 있으며 각자의 맡은 역할이 있는
것이니라.
9 그러나 각자가 맡은 그 역할에 충실치
못하며 너희들이 주역의 자리에 서고
자 하는 생각을 하며 주역과 같은 대
우를 바라며,
10 제가 하는 그 능력이요, 한계를 모르
면서 많은 것을 더 얻고자, 많은 것을
이루고자 한다면 과연 그것이 그대로
이루어질 수 있다고 생각하는가?
11 지금 나의 피조물 만백성 너희들이 믿
음의 길을 가며 나의 법전을 읽고 깨
우쳐 한 길을 달려가며 이곳에 와 강
론을 들으며 나의 법전을 공부하며 있
다 떠나는 그와 같은 백성 그들이 과
연 어떠한 마음인가 너희들은 알겠는
가?
12 그들이 맡은 것이 단순히 무대에 잠깐
얼굴만 스쳐 가는 그와 같은 역을 맡
는다 하여 그를 소중하다 생각지 아니
하는 백성이니라.
13 그리하여 그들은 주역을 맡고자 하며
주역의 대우를 받고자 하는 욕심 때문
에 스스로 자기 자신을 포기하고 가는
그와 같은 백성인 것을 너희들은 알아
야 할 것이니라.
14 모두가 맡은 그 배역에 대해서 최선을
다할 때 하나의 연극이라는 그 배는
순탄한 항해를 할 수 있거늘, 자기가
맡은 역할을 소중히 생각하지 못함이
니라.
15 나의 법전을 세상에 전하며 만백성을
구하는 그와 같은 역사를 이루는 것도
각자 너희들이 맡은 임무가 작다 하여
소중하지 아니하며 크다 하여 소중한
것이 아니거늘,
16 자기 자신을 모르면서 주역을 맡고자
하는 그와 같은 욕심의 마음을 버리지
못하여 너희들이 그리 떠나며 흩어지
게 되어 있는 것이니, 얼마나 너희들
이 불행한 삶을 사는가?
17 연극 배우라는 것은 관중이 있는 그
무대 앞에 서는 것으로써 우선 최대의
영광이라 생각하며 거기서 착실히 노
력하고 제가 변해 갈 때, 주역을 할 수
있을 것이며 좋은 역할을 할 수 있을
것이며 많은 시간을 무대에서 설 수
있는 그와 같은 기회가 이루어지지 아
니하겠는가?
18 그러나 저 자신을 모르며 제가 맡은
배역을 모르면서 제가 그와 같은 주역
보다도 더 나은 역할이요, 주역보다
많은 시간을 무대 위에 서고자 하는
그 욕심을 버리지 못한 자들이 떠나는

것이며, 그들이 나의 성전에 왔다가
다 흩어지는 것임을 너희들은 알아야
할 것이니라.
19 나의 법전이라 하는 이 배가 출범하여
가려면 연극 무대에서 많은 배우가
역할을 하듯이 많은 나의 백성이 자기
자리를 지키며 그를 역사해야 한다는
것을 알아야 할 것이니라.
20 그리하여 그 주역만이 하늘에 오르는
것이 아니요, 각자 자기의 역할을 맡
은 자가 다 같이 더불어 하늘에 오르
는 것이지, 너희들이 오늘의 무대에서
어떠한 역할을 하는 것이 중요한 것이
던가?
21 나의 법전이라는 이 배가 출범하여 감
에 너희들이 어떠한 부분에 서 있느냐
하는 것이 중요한 것이 아니니라.
22 너희들이 어떠한 부분에 서 있다 하여
하늘에 오르고 못 오르는 것이 아니
요, 내 품에 오고 못 오는 것이 아니라
는 것을 알아야 할 것이니라.
23 작든 크든 나의 법전이라는 이 배가
순항할 수 있도록 모든 부분에서 일한
사람들은 그 배가 오게 되면 같이 오
는 것이 아니던가?
24 그리하여 너희들이 그 임무를 하지 아
니할 때 그 배는 순항하지 못함이니,
떠나는 자 버려두며 다른 사람으로서
그 역할을 맡게 하는 것이 나 여호와
의 뜻임을 너희들은 알아야 할 것이니
라.
25 너희들이 자리를 지키고 안 지키는 것
은 너희들의 뜻이요,
26 지금의 말은 그 역할을 소중히 생각
하며 나의 법전이라는 그 배에 너희들
이 같이 편승하고 있으며 같이 일부를
역사하고 있다는 그것이 소중한 것이
며, 그리하여 너희들이 소원하는 구원
의 길을 같이 올 수 있는 것이니라.
27 주역이라 해서 특별히 내 옆에 오는
것이 아니요, 조역이라 해서 너희들이
나에게서 멀어지는 것이 아니요, 일부
분을 맡았다 하여 멀어지는 것이 아니
라는 그 이치를 알라.
28 너희들이 모든 목적을 위한 것이 아니
요, 그 목적을 향해 가는 그 과정에서
서로 협력하고 협조하는 그것이 중요
하며 그 목적을 이룰 수 있다는 것을
잊어서는 아니 될 것이니라.
29 너희들이 하나의 목적을 이루고자 모
두가 최선을 다했을 때 이루어지듯이,
그 공헌도가 작고 큰 것이 아니라 똑
같이 자기의 직분을 다했기 때문에 그
목적을 이룰 수 있음이니, 나의 법전
이라는 배를 타고 있으며 그를 관장하
는 너희들은 똑같으니라.
30 너희들이 똑같이 그 자리를 지켰을 때
나의 법전이 하늘에 오를 수 있으며
너희들을 태우고 올 수 있으니,
31 높고 낮음이요, 자리에 연연하지 말며
지금의 직분에 따라 너희들의 마음을
평가하지 말며 너희 자신을 다스리지
말라.
32 아무 역할이든 묵묵히 말없이 하는 제
자들이 있지 않은가?
33 그 어떤 역할도 주역의 역할을 바라보
지 아니하며 주역을 하고자 하지 아니
하며 화려한 옷을 입고 무대에 서고자
하지 아니하고도 자기 직분을 다하는
백성이 있으며 묵묵히 가는 백성이 있

지 않은가?
34 그와 같은 제자들이 있음을 들여다봐
야 할 것이며, 그들이 살아가는 방법
이요, 그들의 행함을 너희들이 봐야
할 것이니라.
35 오로지 주역이요, 화려한 옷을 입고
다 서고자 한다면 과연 한 사람밖에
할 수 없는 그 주역을 어찌하겠는가?
36 이것이 하늘에 오르는 길이요, 그 진
리를 깨닫는 백성이 가야 할 길임을
너희들은 알아야 할 것이니라.
37 이 이치를 깨닫지 못하는 백성 너희들
은 나의 성전에 와 나의 법전을 읽고
또 읽어도 떠나게 되어 있으며 다 흩
어지게 되어 있음이니라.
38 말없이 어떠한 임무든지 최선을 다하
며 하늘에 오르는 길을 가겠다 하여
진리를 바라보고 오는 그와 같은 백성
만이 여기에 남게 됨이니,
39 너희 제자 중에 그와 같은 길을 가는
자들이 지금 있으니, 그들이 살아가는
모습과 그들의 생각을 본받도록 하여
너희들이 깨달음을 얻도록 그리하라.

5,378 번째 하나님 말씀

2003년 3월 7일 07시 38분

1 사랑하는 나의 아들아!
2 "네, 아버님! 말씀하옵소서."
3 나 여호와의 존재함을 먼저 알라 하였
음이니라.
4 너희들이 나 여호와의 존재함을 알 수
없거든, 이 자연이요, 세상이 움직이
고 돌아가는 그 오묘함 속에서 공부하
고 그를 들여다보고 연구할 때 과연
너희들은 어떤 결론을 내리겠는가?
5 인간으로서는 이리 할 수 없으며, 그
누군가 무서우리만큼 정밀하게 이 세
상을 관장하며 지도하며 이끌어 가는
분이 있다는 것을 너희들은 알게 될
것이니라.
6 거기에서 너희들은 아무리 연구하고
또 알려 해도 알 수 없는 것이 이 세상
이 돌아가며 존재하는 것이라 말하지
아니하였던가?
7 내가 너희들에게 나의 법전에 기록하
여 전하였느니라.
8 아무리 똑똑하고 영특한 백성이라 하
여도, 너희들의 모든 지혜를 다 모은
다 해도, 바닷속에 사는 그 모든 생명
체의 이름이요, 살아가는 방법을 알
수 없는 것이며,
9 모든 식물을 안다 해도 그 식물의 가
짓수요, 그 이름을 아는 자는 세상에
단 한 명도 없으며, 그 약효가 과연 어
디에 있는지 그것 하나도 모르고 사는
것이 너희들이며,
10 땅속에 사는 미물의 살아가는 그 숫자
를 아는 자 없으며 그들이 왜 존재하
며 그 특성이 무엇인가를 모르는 것이
너희들이라 내가 하였음이니, 과연 그
걸 아는 자 있거든 말해 보라.
11 이 세상에 움직이고 살아가는 그 모두
를 다 완벽히 알지 못하며 파악하지
못하고 그 특성이 무엇인지도 모르고
살아가는 것이 너희들이거늘, 인간은
인간일 뿐이니라.
12 너희들이 그 속의 하나로 살아가는 그
것뿐이니라.
13 사자가 너희들을 연구하는지 아는가?

14 그리고 식물이 또한 너희들이 식물을
연구하듯이 인간을 연구하는지 과연
알고 있는가?
15 바닷속에 있는 물고기를 너희들이 연
구하듯이 그 물고기가 인간인 너희들
을 인간으로서 연구하는지 과연 아는
가?
16 너희들은 모르는 것이니라.
17 이 세상의 생명을 가진 모두는 서로
연구하며 서로 생각하며 살아가는 지
혜를 가지고 있음을 너희들은 알아야
할 것이니라.
18 그 모두를 모르며 인간은 인간일 뿐인
너희들이 얼마나 오만하고 자만한 생
각을 하고 세상을 살아가는가?
19 너희들의 오만하고 자만함은 이루 말
할 수 없음이니라.
20 그러니 너희들이 이 세상을 알지 못하
거든, 이를 관장하고 이에게 생명을
주며 이들이 살아갈 수 있는 모두를
역사하는 분은 과연 누구일까 생각해
보면,
21 너희들이 한계에 부딪혔을 때 나 여호
와가 존재함을 알 것이며 두려움을 알
것이며, 이 세상을 관장하는 그 능력
앞에 너희들은 아무것도 아니라는 것
을,
22 너희들 스스로 좁쌀만도 못하며 개미
허리만도 못한 너희들이 가지고 있는
능력이요, 역사를 가지고 세상에 제일
이라 했던 것을 너희들은 죽어 갈 때
그리 알 것이니라.
23 그리하여 모두를 깨우치려 도를 닦고
자 고생했던 사람들이 죽어 가면서 뭐
라 말하였느냐?
24 '무(無)다, 아무것도 없다, 무다.' 무라
그리 말하였으며,
25 '물은 물이요, 산은 산이요, 사람은 사
람이요'
26 제자리를 지키는 그 존재니, 그 존재
의 깊이를 하나도 알지 못하고 가는
것이기 때문에 그가 말하였느니라.
27 그가 물이라는 것을 하나 놓고도 그
물의 성능이요, 특성이요, 그것이 가
진 그 모두를 알 수 없으니, 그가 시시
비비를 할 자격이 없다는 것을 표현
한 것이니,
28 그냥 물은 물로 보는 수밖에 없는 것
이 너희 인간의 능력이요, 한계가 그
것뿐이라는 것을 거기서 부르짖었다
는 것을 너희들은 모르는가?
29 그저 '물은 물이요, 산은 산이요.' 하니
그저 물을 보고 물이요, 산을 산이라
하는 그것으로써 깨달음이 없다 생각
하나,
30 그는 물을 놓고 평생을 연구하였으나
그를 알 수 없으며 산을 알고자 평생
을 연구했으나 그는 산을 알 수 없음
이니,
31 인간은 그저 산은 산이요, 물은 물인
대로 무식하고 아무것도 모르는 자니
그대로 보고 살라, 그리고 알려 하지
말라는 그 애절하고 처절함이 거기에
있는 것을 너희들은 알겠는가?
32 바로 그와 같으니라.
33 평생을 바쳐 무엇을 꿰뚫고 연구한
사람도 물 하나를 연구하지 못했으며
산 하나를 연구하지 못했음이니, 그
모두를 관장하고 다스리며 역사하는
것은 나 여호와뿐이라는 것을 너희들

이 알게 될 것이니,
34 그리하여 나 여호와가 존재함을 너희
는 알게 될 것이니라.
35 그렇다면 너희들이 죽어 나에게 와 벌
을 받으며 그 죄의 대가를 치른다는
것을 너희들은 알게 될 것이며 그 길
이 어떤 것인가를 알게 될 것이니라.
36 여기서 너희들이 하나 짚고 넘어가야
할 것이 있지 않은가?
37 나 여호와가 존재함을 믿는다면, 너희
들이 죽어 와 나로부터 심판을 받는다
는 것도 엄연한 사실이라는 걸 알 것
이니라.
38 그렇다면 너희들이 나의 법전을 읽고
깨우쳐 가는 그 변화되는 삶이 과연
악한 쪽으로 변화되는가, 선한 쪽으로
변화되는가 너희 제자들은 이제 자신
을 점검해 볼 때가 되었음이니라.
39 너희들이 수십 년 동안 교회요, 성전
이라는 곳을 다녀도 변하지 못한 마음
을 나의 법전을 접하여 아름답게 변하
기 시작한다면 손해 가는 장사가 아
니며 손해 가는 삶이 아니지 않은가?
40 너희가 내 앞에 와 심판을 받으며 나
에게 그 죄의 대가를 치를 때, 착하고
아름답고 선하게 산 것은 선한 상을
받게 될 것이며, 악하게 산 것은 악한
상을 받아 지옥 불로 감이니,
41 너희가 악함을 행하지 아니하고 선함
을 행하고 살아왔다면, 나의 법전을
공부하며 나의 아들을 따르며 내가 그
아들을 통하여 내리는 강론을 들으며
오늘의 변화되는 삶은 손해나는 것이
없으며, 세상에서 가장 값진 장사를
하는 것이 너희라는 것을 알라.
42 이와 같은 이치를 깨닫는다면 오늘의
고달픔이요, 오늘의 힘듦이요, 그 모
두가 축복이요, 영광이라는 것을 알게
될 것이니라.
43 너희들은 이 세상의 어떤 것도 아는
것이 없으며 아무것도 알지 못함이니
라.
44 그저 무(無)요, 무라 하였음이니, 그
말이 얼마나 의미가 깊은 말인지 알
겠는가?
45 '아무것도 모른다, 아무것도 알 수가
없다, 이 세상의 위대함은 아무것도
모른다', 너희들이 말하는 석가의 제
자요, 고승이라는 자들이 하고 간 말
이니,
46 그들이 그때야 나 여호와가 존재함을
알며 나 여호와의 신비함을 아나, 그
때는 돌아서서 나를 따를 수 없으며
내 진리를 깨우칠 시간이 없었으며
그 명이 기다려 주지 아니하였음이니,
47 만백성을 위해 그가 남기고 간 말은
'아무것도 없느니라. 아무것도 없느니
라. 아무것도 알 수 없느니라. 아무것
도 깨달을 수 없느니라.'
48 수억, 수십억 가지 나 여호와가 존재
하는 그 속에서 열 가지, 만 가지를 알
았다 해서 아는 체하지 말라.
49 물도 물로 분석하지 못하며 산도 산이
무엇인가를 알지도 못하고 가는 것이
너희들이니, 겸손하게 살라, 그리고
낮은 자세로 살라, 그리고 나 여호와
가 존재함을 알라 그를 전하고, 그들
은 나에게 용서를 받는 마음으로 그
말을 남기고 장렬히 죽어 왔음을 너희
들은 알라, 사랑하는 나의 아들딸들아!

5,379 번째 하나님 말씀

2003년 3월 7일 07시 46분

1 사랑하는 나의 아들아!

2 "네, 아버님! 말씀하옵소서."

3 너희들은 청개구리라는 그 개구리를 비유하여 말하지 않느냐?

4 부모의 말을 듣지 않고 거역하니, 그 부모가 청개구리를 가르치려고,

5 산에 묻으라 하면 강에 묻을 것이며, 강에 묻으라 하면 산에 묻을 것 같아서, 마지막으로 냇가에 묻어 달라 그리하고 부모가 죽으니,

6 청개구리가 깨달아 마지막 그 소원을 들어주려, 그것으로써 효도하는 것이라 하여 개울에 저희 부모를 갖다 묻었으니,

7 비가 내릴 때 그것이 떠내려갈 것 같아 그가 애절하게 울며 통곡하는 것이라 청개구리를 비유하여 만백성에게 가르치는 그와 같은 깨달음을 갖고 있느니라.

8 그러나 너희들은 여기서 하나 깊이 깨우쳐야 할 것이니라.

9 그 청개구리만이 청개구리가 아니요, 인간이 청개구리처럼 사니, 인간이 청개구리처럼 살고 있음을 알아야 할 것이니라.

10 청개구리가 청개구리 같은 심사를 하고 살며 인간이 청개구리 같은 마음으로 산다면 과연 너희들은 여기서 어떠한 결론이 나오겠는가?

11 청개구리는 제 부모의 말을 듣지 아니하여 그와 같은 비유를 하여 너희들을 깨우치고자 했으나,

12 이 세상을 창조한 나 여호와요, 내가 성령을 주어 세상에 태어난 인간이요, 가장 아름다운 모습이요, 가장 지혜를 높게 만든 너희들이 인간 청개구리로서 산다면 그것은 무엇이던가?

13 이는 곧 나 여호와를 능멸하며 나의 뜻을 거역하고 사는 것이니, 이 두려움을 과연 너희들은 아는가?

14 청개구리의 그 무지함과 불효함을 깨닫지 말고, 창조주인 나 여호와의 뜻을, 청개구리 같은 마음으로 살아가는 백성 너희들이 과연 어떠한 길을 가게 되며 어떠한 벌을 받게 되며 어떠한 대가를 치르는가 그 무서움을 너희들은 여기서 깨달아야 할 것이니라.

15 그저 너희들이 부모의 말을 듣지 아니하면 아니 된다는 그와 같은 깨달음 하나로 깨달아서는 아니 될 것이며,

16 창조주인 나 여호와요, 너희들이 아버지라 말하는 나의 뜻을 거역하며 내가 가라는 그 길을 가지 아니하며 인간 너희들이 청개구리 같은 삶을 살고 있음이니, 얼마나 무서운 결과를 초래하는 것인가를 너희들은 먼저 깨우쳐야 할 것이니라.

17 영원히 구원받을 수 있는 그 길을 청개구리 같은 심성으로 지금 가는 것이 너희들이니라.

18 내가 계명을 지키라 했을 때 계명을 지킬 수가 없다 하니 그것이 인간 청개구리요,

19 죄를 짓지 말고 살아야 하며 그리 살아야 한다 할 때, 인간이기 때문에 죄를 짓지 않을 수 없다 그리하고 사는 바로 청개구리로 만드는 것이 너희들

의 교육 방법이니,
20 이와 같이 험악하고 무서운 짓을 하는 것이 지금의 종교 집단임을 너희들은 알라.
21 인간을 바로 세우는 것이 아니라 인간을 청개구리로 만드는 이와 같은 것이 오늘의 종교 집단이요, 지도자들이 가는 그와 같은 무서운 현실임을 너희들은 알아야 할 것이니,
22 청개구리는 죽은 제 부모를 개울가에 묻었으니 그를 통곡하나, 너희들은 영원히 천년만년 살 수 있으며 죽지 않고 존재하는 나의 나라에 올 수 있는 그것을 거역함이요,
23 그 길을 오고자 하는 만백성까지 죽이는 그와 같은 행위를 하고 있음이니라.
24 바로 청개구리 같은 그 심리가 만백성을 죽이고 있으며 나의 사랑하는 만백성을 지옥 불로 인도하는 그 무서움을 알라.
25 이제 인간 청개구리 같은 삶을 사는 너희들이 바로 섰을 때, 너희들이 통곡하지 아니하며 지옥으로 가지 아니한다는 것을 이 대목에서 깨우치도록 그리하라.

5,380 번째 하나님 말씀

2003년 3월 7일 10시 22분

1 사랑하는 나의 아들아!
2 "네, 아버님! 말씀하옵소서."
3 인간은 생각하는 동물이요, 그렇기에 너희들은 생각하기에 따라서 모두가 다 다름이니라.
4 세상을 아름답게 보는 마음에는 그 아름다움이 보이는 것이며, 세상을 고통스러운 것으로 보면 그 모두가 다 고통스럽게만 보이는 것이 아니던가?
5 네 마음이 천사와 같은 마음이면 모두가 천사로 보이며, 네가 악하면 악함이 세상에 보이는 것이니라.
6 나의 피조물 만백성 수십억 인구가 세상에 나와 살아가면서 이루고자 하는 그와 같은 욕심이 있으며 꼭 하고자 하는 인생의 목표가 있음이니라.
7 연극배우가 되고 싶은 사람, 정치를 하는 자가 되고 싶은 사람, 그리고 많은 사람을 가르치는 사람이 되고 싶은 사람, 그리고 노래를 부르는 사람, 너희들이 그 목표를 두고 평생을 살아가나, 그를 이루지 못하고 사는 백성이 더 많고 많음이니라.
8 그리하여 너희들은 좌절하며 또 인생에 실패하며 너희 자신을 비관하는 그와 같은 삶을 사느니라.
9 그리고 자기가 세웠던 인생의 목표를 이루지 못할 때 슬프고 괴로우며 그 삶은 고통스러운 삶이라 그와 같이 생각하는 백성이 수없이 있음이니라.
10 그러나 너희들은 그리 생각하지 말라.
11 그와 같이 너희들이 살아가는 모든 것이 중요함이 아니니라.
12 노래를 하는 자, 무대에 서서 연극을 하는 자, 정치를 하며 권력을 휘두르는 자요, 그것은 영원히 변하지 아니하는 것이 없음이니라.
13 한때는 대중 앞에 섰던 사람이 언젠가는 이름 없이 사라지는 그와 같은 인생을 사는 것이 너희들이 아니던가?
14 그 육의 삶에서 목표를 달성하지 못해

서 괴로워하며 고통스러워하며 너희
들이 오늘의 삶을 비관하며 괴로움 속
에서 사는 그와 같은 삶을 살아서는
아니 되느니라.
15 이제 나의 법전을 들고 전하는 나에게
선택된 백성 너희들은 그 모든 마음
을 달래 주며,
16 그들이 모두 법전을 접하여 인생의 목
표가 실패했다 하여, 그것을 이루지
못하였다 하여 실패한 것처럼 생각하
며 인생을 잘못 산 것처럼 생각하고
후회하는 그와 같은 백성에게,
17 나 여호와가 존재하며 영원히 사는 하
늘나라가 존재함을 알고 그들이 희망
과 꿈을 가지고 살아갈 수 있도록 그
와 같이 그들의 마음을 달래 주는 역
사를 해야 함을 잊지 말라.
18 그리고 그들에게 깨우쳐 주라.
19 너희들이 권력이라는 것은 영원히 지
속하는 것이 없으며, 그 한순간을 위
해서 그를 이루지 못했다 해서, 또 이
루었다 해서 인간으로서 성공이요, 실
패라 그리 생각하지 말라 이르라.
20 내가 너희들에게 인간의 기준은 무엇
이라 말하였더냐?
21 인간의 세상은 인간이 사는 그 기준이
있으며 모든 동식물은 동식물대로 그
기준이 있으나,
22 그것이 다 하나로 되는 것은 나의 영
혼의 세상이요,
23 내가 생명을 내려보내며 너희들에게
가르치고 깨우쳤던 나의 법도가 있음
이니,
24 그 법도에 의해서 너희들이 얼마나
어긋나지 아니하는 삶을 사느냐 그것
이 가장 소중하며 위대한 것이요, 그
것으로써 너희들이 인생의 실패와 성
공을 좌우하는 것이지, 육의 세상에서
너희들이 소원했던 것을 이루지 못했
다 하여, 노래하는 사람이 되고 싶다
하여 그걸 못했다 하여 너희들이 후회
하며 낙심하며 비관하는 그와 같은 삶
을 살지 말라.
25 모든 백성은 인간 세상에서 목표하고
이루고자 했던 것에 실패하는 사람이
얻은 사람보다 더 많으니라.
26 그 많은 사람이 괴로워하며 고통 속에
산다면 그게 말이 되는가?
27 그들에게 깨우쳐 주라.
28 인간의 목표는 일순간이며, 영원히 사
는 나 여호와의 나라가 있으며 나와
더불어 천국에서 사는 그 삶의 목표를
위해 너희들이 최선의 노력을 다하는
것이며,
29 그리고 거기에 오느냐 못 오느냐, 너
희들이 단 일분의 숨을 거두는 그 순
간에 천국이요, 지옥으로 가는 길의
선택이 인간의 성공이요, 실패라는 것
이니,
30 아무리 재물을 가지고 권력을 가진 자
라 해도 내가 최초에 내려보낸 법도에
어긋나는 삶을 사는 자는 결국 실패자
임을 알아야 할 것이니라.
31 나의 법도대로 살아가는 자가 승자요,
바로 거기에서 패자가 아닌 영원한 승
자라는 것을 만백성에게 깨우쳐 주도
록 그리하라.

5,381 번째 하나님 말씀

2003년 3월 7일 10시 25분

1 사랑하는 나의 아들아!
2 "네, 아버님! 말씀하옵소서."
3 너희들이 나의 법전을 가지고 공부하
며 깨우치는 것은 바로 무엇이라 말하
였더냐?
4 인간 세상으로부터 배움이 아니요, 나
여호와 창조주에게서 직접 듣고 배우
는 것이며,
5 그리하여 인간 세속에서 너희들의 스
승이 가르치는 교육이요, 선배가 가르
치는 교육이 아니라,
6 하늘나라의 교육이요, 법도를 너희들
이 배우는 것이라 그리하였음이니,
7 내가 너희들을 그리 선택하여 나의 법
전을 너희들 가슴에 심어 줌은 만백성
을 구하는 전사요, 나의 아들딸로서
대명을 수행하게 하고자 함이니라.
8 그러니 너희들이 여기서 깨우쳐야 할
것이 있음이니라.
9 너희들이 인간 세상에 살아가는 사람
들처럼 육의 향락이요, 육의 즐거움에
사는 것에서 벗어나지 못하며, 그들의
기쁨을 너희들이 같이 느끼는 그와 같
은 삶을 산다면,
10 재물을 모았을 때 기쁘며, 명예를 얻
었을 때 기쁘며, 남들보다 앞에 가는
것이 기쁘며 이와 같은 인간 세속에
사는 것으로써 너희들이 만족하며 그
기쁨을 같이 얻는다면,
11 너희들은 만백성을 구하는 지도자로
서 자질을 갖추지 못한 자라는 것을
알아야 할 것이니라.
12 하늘의 법도요, 나 여호와의 가르침을
받는 너희들은 육의 세상에 사는 삶과
정신적인 세상의 삶이 엄격히 구분되
어 있으며 분리되어 있어야 함을 알
아야 할 것이니라.
13 너희들이 육의 세상에서 허덕이는 그
와 같은 삶을 산다면 너희들은 지도자
로서 자격이 없음이니라.
14 그러니 육의 삶에 허덕이지 아니하며
정신세계요, 내가 나의 아들을 통하여
내리는 나의 법전이요, 깨우침의 그
높은 경지를 바라보며 그 경지에 도달
해야만 나의 피조물 만백성을 지도하
는 자요, 깨달음의 길로 인도한다는
것을 너희들은 알아야 할 것이니라.
15 그러니 너희들이 육의 세상에 삶이니
육의 세상을 바라보며, 정신세계는 하
늘의 나의 뜻을 공부하며 내가 가르치
는 강론을 직접 들으니,
16 너희들의 그 경지가 하늘의 이치요,
하늘의 뜻을 아는 그와 같은 깨달음을
갖고 너희들의 육을 다스려 가느니라.
17 그리하여 너희들을 남들이 볼 때 배울
것이 있으며, 너희들을 볼 때 그들이
깨달음이 있으며,
18 너희들이 살아가는 것을 보고 그들이
따라서 살아갈 수 있는 그와 같은 모
습을 보여 주는 것이 가장 중요함이니,
19 이는 육과 정신의 세계를 분리하는
그와 같은 높은 경지의 깨달음이 있어
야 함을 잊지 말라.

5,382 번째 하나님 말씀

2003년 3월 7일 10시 29분

1 사랑하는 나의 아들아!
2 "네, 아버님! 말씀하옵소서."
3 너희들은 지금까지 살아온 삶에 대하여, 오늘에 나의 법전을 읽고 깨우치며 나의 아들의 제자들이요, 내가 선택한 백성이요, 나의 강론을 듣고 깨닫는 너희들은 그리 생각할 것이니라.
4 나 여호와요, 나의 아들이요, 그리고 나의 법전이 세상의 만백성을 구하는 진정한 법전이라면, 너희들의 어렵고 힘든 그 가시밭길을 왜 거둬 주지 아니하나 그리 말할 것이니라.
5 그러나 너희들은 깨우쳐야 할 것이니라.
6 나 여호와는 공의의 하나님이요, 만백성을 똑같이 통제하며, 이 세상 그 모두가 다 법도에 어긋남이 없음이니라.
7 인간 세상사의 너희들은 정에 쏠리며 환경에 쏠려 법을 그릇되게 집행하며 판결을 그릇되게 할 수 있으나,
8 나 여호와 창조주는 그와 같은 역사가 있을 수 없으며 그와 같은 형태가 있을 수 없음을 알아야 할 것이니라.
9 너희들이 세상에 나올 때 나에게 생명을 받아 나간 것은 너희들이 지은 죄요, 잘못 산 것을 깨닫고 반성하고 회개할 수 있는 그와 같은 기회를 주었다 하였음이니라.
10 그리고 너희들이 오늘의 나이를 먹어 주름진 얼굴의 형태까지 살아온 삶이 과연 천사와 같은 아름다운 삶을 살아왔으며 너희들이 그와 같이 행하고 살아왔는가?
11 너희들이 스스로 살아오며 선과 악을 놓고 엄격히 그를 다스릴 때 과연 선함이요, 착함이 더 무겁다 말할 수 있는 자가 누가 있는가?
12 오늘날까지 살아온 너희들의 그 뒷모습을 바라볼 때, 너희들 자신이 나에게서 상을 받을 수 있으며 나에게 축복을 받을 수 있는 자격이 과연 있는가?
13 너희들은 그리 말하였느니라.
14 너희들이 죄지은 자를 돌팔매로써 벌하고자 할 때, 그보다 죄를 짓지 아니한 자 던질 수 있으면 던지라 할 때 그를 던진 자가 없듯이, 너희들의 마음이 그와 같은 형국이요,
15 그와 같은 마음을 씻지 못했으며 너희들이 오늘날까지 살아오며 그 마음을 다스리지 못한 그 속에서 무엇을 이루고자 하며, 너희들의 뜻이 이루어지지 아니한다 하여 나를 원망하지 말며 나의 법전을 읽고 깨우치며 공부하는 것을 고통스럽다 생각하지 말라.
16 너희들의 오늘의 삶이 더 아름답다고 생각할 때, 그리고 완벽하게 섰다고 생각할 때, 자신도 모르게 너희들이 원하는 그 모두가 이루어져 있는 그와 같은 형국이 될 것이니,
17 이루어지지 아니하는 자는 그 역사가 바로 서지 못하며, 소원하는 것이 이루어지지 아니하였을 때는 나에게서 상을 받을 수 있는 자격이 갖춰지지 아니한 너희들이라는 것을 깊이 깨달아,
18 너희들이 믿음의 길에 어떠한 것도 생

각하지 말며 오로지 믿음의 길이요,
변화되는 믿음이요, 나의 율법이요,
나의 법전이요, 나의 십계명대로 변해
가는 삶, 그것만을 생각하라.
19 앞을 보고 달려가는 그와 같은 삶을
살았을 때, 언젠가는 그 모든 것이 너
희 앞에 이루어지는 역사의 그 찬란함
을 얻게 될 것이며, 나의 은혜요, 나의
축복이 무엇인가를 알게 될 것이니라.
20 생각하지 말며 계산하지 말라.
21 그와 같은 마음은 너희들이 나에게서
점점 멀어지는 것이며,
22 너희들이 소원하는 것을 이루고자 하
는 것이 아니요, 그를 저버리는 행동
이라는 것을 잊지 말라.

5,383 번째 하나님 말씀

2003년 3월 7일 13시 12분

1 사랑하는 나의 아들아!
2 "네, 아버님! 말씀하옵소서."
3 지금 사랑하는 나의 피조물 만백성이
과연 어떠한 형태요, 어떠한 길로 가
고 있는가?
4 너희들이 생각할 때는 수천 년 동안
흘러오는 그 믿음이요, 그 종파의 무
리가 이 세상을 지배하며 물질적인 능
력이요, 또한 그 성전의 숫자를 헤아
릴 수 없어 이 세상을 다 지배한다 그
리 생각하고 있을 것이니라.
5 그러나 그렇지 아니함이니라.
6 지금 믿지 아니하며 사람답게 살고자
하는 나의 백성이 수없이 많이 있으며,
7 또한 지금 믿음의 길을 가는 백성 그
들의 70퍼센트 이상이 저희들이 가는
길이 진정한 믿음인가, 정말 하늘에
오르는 길인가, 그리고 저희들의 종교
지도자가 가르치는 것이 과연 맞는가
하여,
8 그리 의구심이 드는 자가 그만큼 많
은 숫자가 지금 불안해하며 정서불안
으로 가고 있음이니라.
9 다만, 그들이 그것을 하는 것을 보고
뛰쳐나오고 싶으며 지금의 믿음이라
는 길을 가고 싶지 아니하나,
10 그들을 대체하여 다시 끌어주고 이끌
어 줄 것이 없기에 그들이 그저 어쩔
수 없이 그곳에 있음이니,
11 그리하여 그 종교 지도자요, 집단들이
하는 그 형태를 보고 스스로 불안과
공포에 젖어 있는 백성이 수없이 많이
있음이니라.
12 그러니 이 세상을 믿음의 길을 가는
그 백성이 통제하고 지배하는 것같이
생각한다 해도, 실질적으로 그 믿음의
길을 가는 자가 그렇게 많지 아니함이
니,
13 곧 이는 그들이 무너질 수 있다는 의
미임을 알라.
14 지금 그들이 가진 마음이 정서불안이
요, 믿지 못하는 그와 같은 마음을 가
진 그 백성에게 나의 법전을 전해 주
고,
15 그들이 지금 배우고 깨우치는 구약과
신약의 성서가 아니요, 새로운 성경의
나의 뜻이 내려와 이를 가지고 공부하
고 깨우치는 길이 여기에 있다 하면
그들은 물밀듯이 모여들 것이니라.
16 그리하여 그들이 저희들 집단에서 개
혁을 이루며 변화를 이루는 그와 같은

대변혁을 이루지 아니하면 이 세상에
서 무너지며 문을 닫기가 그리 쉽지가
아니함을 너희들은 알아야 할 것이니
라.
17 그들의 굳어진 그 믿음의 자세는 너희
들이 무엇으로도 깰 수 없을 만큼 그
리 굳어져 있다 하지 않았는가?
18 그러나 그 속에서 지금 불안해하며 공
포에 떨며 의심하며 의혹하며 이것은
아니라 고개를 흔들면서도 구원이라
는 그 무서운 테두리 때문에,
19 지옥이라는 것을 알고 있기에, 지옥에
가면 어떤 것이라는 것을 알기 때문에
어쩔 수 없이 끌려가는 그와 같은 형
국의 백성에게 법전을 전해서,
20 그들이 읽고 깨우쳐 그들로부터 변화
를 이루는 역사를 이루어야 함을 잊지
말 것이며, 그 일을 위해 너희들이 최
선의 노력을 다해야 하는 것을 잊지
말라.

5,384 번째 하나님 말씀

2003년 3월 7일 13시 18분

1 사랑하는 나의 아들아!
2 "네, 아버님! 말씀하옵소서."
3 너희들이 나의 법전을 지키고 사는 것
이며 내가 내린 십계명이요, 율법이
요, 계명대로 산다는 것은 편안한 길
이요, 영광의 길이 아니라,
4 고통의 길이요, 인간으로서는 정녕 견
디고 지켜 나가기가 어렵고도 힘든
길이며
5 인간으로서 보통의 정신력과 의지력
을 가지고는 이 힘든 싸움에서 이기기
가 어렵고 힘든 그와 같은 고난의 길
이라는 것을 너희들은 알아야 할 것이
니라.
6 그러나 너희는 여기서 하나 깨우쳐야
할 것이니라.
7 내가 뭐라 말하였느냐?
8 이 세상의 모든 백성은 나의 법전을
읽지 아니하며 그를 보지 아니하고 나
의 아들을 통하여 내리는 그 강론의
뜻을 듣지 아니하고는 선택될 수 없다
하였음이니라.
9 이는 곧 무엇을 의미하는가?
10 내가 내리는 법전을 읽고 십계명을 지
키고 사는 백성만이 영원한 구원의 길
에 올 수 있으며, 지옥의 길에서 새 생
명이요, 새로 태어나는 그와 같은 삶
을 사는 길로 돌아서는 것이라 내가
그렇게까지 너희들에게 전하였음이
니라.
11 새로 내리는 나의 법전이요, 나의 성
경이요, 그리고 이를 받쳐 주는 십계
명이요, 그 모두를 지키고 사는 나의
백성만이 나에게 오를 수 있으며 나에
게 심판을 받을 수 있으며 구원을 받
을 수 있는 기초가 된다 그리 말하였
음이니라.
12 그러나 너희들은 이를 믿지 아니하며,
사탄이요, 사악한 자가 나의 피조물
만백성 너희들을 현혹하기 위하여 하
는 말이라 그리 말함이니,
13 너희들은 너희 자신이 진리의 길을 가
르치지도 못하면서 바른길로 가려는
그 백성까지 그 길을 막는 것이 너희
들이 지금 하는 행위라는 것을 알아야
할 것이니라.

14 나의 법전을 읽지 않는 자, 깨우치지
않은 자는 영원한 지옥의 고통 속에서
살아야 한다는 것을 알아야 할 것이니
라.
15 나의 법전을 읽는 자는 이를 면할 수
있다 너희들에게 말하는 것은 과연 어
떠한 의미에서 나 여호와가 그와 같이
너희들에게 전하는 것인가?
16 나의 법전을 읽고 깨우치고 정독하는
자는 첫째, 내가 너희들에게 말했듯이
하늘나라의 진리요, 하늘나라의 뜻이
요, 나 여호와가 원하는 것을 보고 배
우는 것이며,
17 지상의 법도를 배우는 것이 아니라 하
늘의 뜻을 배우며 하늘의 뜻에 따라
살아가는 그와 같은 삶을 시작하는
것이 하나의 변화요,
18 두 번째는 이 세상에 살아가는 그 형
태요, 육의 세상에 사는 그 높이에서
그 누구도 바라볼 수 없는 그와 같은
것을,
19 나의 법전을 읽고 깨우치는 백성은 하
늘의 공부를 함으로 인하여 인간의
세상에서 높이 하늘에 올라와 세상을
내려다보는 그와 같은 눈을 뜨게 되는
것이니라.
20 다른 백성이 살아가는 모습을 너희들
이 볼 수 있으며 너희들이 살아온 삶
을 볼 수 있는 그 눈이 뜨이는 것이 바
로 나의 법전을 읽고 깨우쳐 가는 너
희들이 다른 백성과 차별화되는 점임
을 알아야 할 것이니라.
21 그리하여 너희들이 이처럼 나의 법전
을 읽고 또 읽어 깨우칠 때 심판의 역
사가 있다는 것을 알게 되며,
22 내가 원하는 그 진리요, 내가 원하는
가르침에 순종하며 내가 원하는 대로
내가 법전에 기록한 대로 너희들이 아
름다운 삶을 살아가고자 그리 변하며
너희들 스스로 달라진다는 것을 알게
될 것이니라.
23 너희들은 일순간의 고통과 고난과 그
어려운 시련을 견디지 못하여 모두를
다 버리는 그와 같은 어리석은 삶을
살지 말라.
24 순간의 고통 때문에 영원히 사는 다
음 세상의 삶을 버리는 그 어리석은
삶의 길을 선택하지 말라는 것이 내가
나의 아들을 통하여 전하는 나의 뜻이
요, 내가 법전에 기록하여 너희들에게
전하는 것이니라.
25 너희들은 나의 법전이요, 나의 십계명
을 지키고 사는 것만이 심판을 받는
길이요, 구원의 길이라 그리 말하며,
26 그를 지키고 사는 자는 어디서 기도를
하든 나에게 경배하는 마음이요, 정성
들인 기도를 할 때 내가 들어준다 그
리하였음이나,
27 너희들이 이를 믿지 않으려 하기에 내
가 다시 한 번 너희들에게 전함이니라.
28 나의 법전을 읽고 공부하는 것은 지상
의 공부가 아니요, 하늘의 공부라는
걸 가슴 깊이 새겨야 할 것이며,
29 나의 법전을 읽고 세상을 깨우치는 눈
을 뜸으로 너희들이 인간 세상에서 높
이 올라가 그 높은 경지에서 보는 너
희들의 눈이야말로 인간들이 살아가
는 그 세속의 삶을 볼 수 있으며,
30 지금까지 자신이 살아온 삶에 대하여
그것이 무엇이 잘못되었으며 무엇을

아름답게 살았는가 그를 깨달아 너희
자신을 다스릴 수 있는 그와 같은 변
화의 역사가 이루어지는 것이니,
31 그리하여 내가 나의 법전을 읽는 것만
이 구원의 길이요, 심판을 받을 자격
이 있다는 뜻이 여기에 있음을 너희들
은 알라.

5,385 번째 하나님 말씀

2003년 3월 7일 13시 27분

1 사랑하는 나의 아들아!
2 "네, 아버님! 말씀하옵소서."
3 이 세상의 피조물 만백성 너희들을 다
사랑하며 사랑하지 않는 백성이 없음
이니라.
4 그러나 내가 너희들을 사랑하기에 이
세상에 살아갈 수 있는 그 모든 역사
를 이루어 주었건만,
5 어찌하여 너희들은 나의 뜻에 순종하
지 아니하며 내가 원하는 그 길을 가
지 않는가?
6 그와 같은 너희들을 재앙으로 다스리
지 아니하며 손을 놓지 아니하고 살아
가게 하며 너희들이 나의 품에 돌아오
는 그날을 기다리는 나 여호와의 마
음의 깊이가 과연 어디에 있다 너희들
은 생각하는가?
7 나 여호와가 이 세상에 잘못 살아가며
나의 뜻을 거역하고 살아가는 너희들
에게 마음을 열어 놓고 기다리는 그
이유는 무엇인가 알고 가야 할 것이니
라.
8 너희들은 그리 생각할 것이니라.
9 지금 믿음의 길을 가는 자요, 울고불
고 광란의 짓을 하는 자요, 그와 같은
너희들이 나 여호와를 찾으며 나의 아
들 예수의 보혈로써 구원을 받았다 말
하는 그 백성 때문에 내가 너희들에게
재앙을 내리지 아니하며 세상을 벌로
써 다스리지 않는다 그리 생각할 것이
나,
10 너희들은 그 착각에서 깨어나야 할 것
이니라.
11 내가 이 세상을 벌하지 아니하고 너희
들이 나의 품에 돌아오기를 기다리는
것은,
12 믿지 않으며 때 묻지 않은 그 백성 때
문이요,
13 정녕 나를 찾지 아니하며 나의 아들
예수의 보혈로써 구원을 받았다는 그
런 말을 하지 아니하면서도 내가 내린
법도에 의해 살아가고자 하며 정말 때
묻지 않고 순수한 나의 백성 그들이
있기 때문에 내가 지금 너희들에게 재
앙을 내리지 아니하는 것이며,
14 아래로는 작게 지금 나의 뜻을 따라
나의 만백성에게 나의 법전을 전하고
자 하는 선택된 나의 백성이 지금 서
서히 자라가는 그 시간을 기다림이니,
15 그리하여 내가 이 세상에 너희들을 재
앙으로 다스리지 아니하며 내가 이 세
상을 암흑으로 만들지 아니하는 것이
여기에 있음이니라.
16 지금 모든 종교 집단은 구원의 길이
요, 저희들이 가는 것만이 구원의 길
이라 말하며 그 속에서만이 내가 존재
하며 너희들만을 내가 기억한다 생각
하나,
17 너희들로 하여금 내가 이 세상을 다

재앙으로써 덮고자 한다는 것을 너희
들은 알아야 할 것이니라.
18 너희들은 믿음이라는 세월을 오래가
면 갈수록 아름다우며 나의 심성이요,
천사와 같이 변화되는 백성이 아니라,
19 오래 믿고 믿을수록 그 죄목이 더 두
꺼우며 너희들이 가진 죄만이 누덕누
덕 쌓여 있음이니, 그것이 너희들의
오늘의 형국이니라.
20 종교 집단에서 믿음의 세월이 길면 길
수록 너희들은 구원을 받을 수 없이
수많은 죄를 지고 있으며 그 죄는 이
루 말할 수 없는 것이 너희들이니라.
21 너희들은 재물을 거둬들이며 저 자신
을 보호하려는 그와 같은 삶 속에서
인간의 사는 요령만을 터득하고 살아
온 것이 너희들의 삶이니,
22 그 이상도 그 이하도 아무것도 없는
것이 너희들이니라.
23 지금 종교 지도자들은 너희들에게서
재물을 거둬들이고자 수단과 방법을
가리지 아니하며,
24 너희들은 그 종교 지도자가 거둬들이
는 그 재물에 너희 자신을 보호하겠다
는 그와 같은 생각에서, 믿음이 아니
라 서로 이기적인 그 어둡고 사악한
분야에서 훈련되고 훈련되어 너희처
럼 사악한 쪽으로 그와 같이 훈련된
자가 없음이니라.
25 재물을 영수증 하나 주는 것 없이 그
저 뺏으려는 종교 지도자들과, 그 앞
에서 뺏기지 아니하며 믿음이라는 길
에서 그저 너희들 자신이 구원을 받겠
다는 그와 같은 얕은 생각으로써,
26 뺏으려는 자와 뺏기지 않으려는 자가
서로 싸우고 치고받고 물고 물리는 그
와 같은 세월이 몇천 년 동안 흘러오
는 동안에,
27 뺏으려는 자는 온갖 뺏는 방법을 연구
했으며, 거기서 지키려고 연구한 너희
들은 그 모두를 지키려고 서로 교활
한 그 수법 속에 치고받고 싸우는 그
것만이 지금까지 몇천 년 동안 흘러온
것이 너희들의 믿음의 역사라는 것을
알아야 할 것이니라.
28 뺏고자 하는 교활한 자들 앞에서 너희
들이 살아남기 위한 기술을 배웠으며,
29 그리하여 너희들이야말로 그 평범한
백성 앞에서 그들을 우롱하며 나의 피
조물 만백성을 이용하며 그들을 착취
하며 활용하는 그 기술이 고도로 발달
한 자들이 바로 지금 믿음을 오래간
백성이니라.
30 그러니 너희들이 가진 죄가 그리 무섭
다 함이니라.
31 그러니 너희들은 지금의 종교 집단에
서 믿음의 세월이 많이 가면 갈수록
죄를 더 많이 지어 용서받지 못할 그
와 같은 자리에 있음이니라.
32 그는 바로 너희들이 무엇이더냐?
33 사악한 종교 지도자들이 너희들의 재
물을 뺏어 착취를 하며,
34 거기서 뺏기지 아니하고 그저 구원의
길만을 갈 수 있는 그를 지키기 위한
요령과 방법으로써 연구와 연구를 하
며 서로 치고받고 싸움을 하다 보니
너희들이 서로 교활한 자들이 되었음
이니,
35 그러니 거기서 교활한 것을 배운 너희
들이 사회의 순박하고 착한 나의 백성

을 우롱하며 그들을 이용하며 그들을
너희들 마음대로 우롱하며 살아가는
사악한 자들이니,
36 바로 지금 종교 집단에서 빼는 자와
빼기지 않으려는 그 사악한 싸움의 훈
련으로 몇천 년 동안 흘러온 그들로
하여금 나의 피조물 만백성까지 눈물
을 흘리고 사는 이와 같은 세상이 되
었음을 너희들은 알아야 할 것이니라.

5,386 번째 하나님 말씀

2003년 3월 7일 13시 35분

1 사랑하는 나의 아들아!
2 "네, 아버님! 말씀하옵소서."
3 참진리요, 진정한 믿음의 길을 가는
종교 지도자요, 그 백성은 일반 백성
과는 다른 점이 있어야 하며 차별화됨
이 있어야 할 것이니라.
4 믿음의 길을 가지 않는 나의 백성은
불투명하고 어두우며 어두운 그늘이
있고 구석이 있다 해도,
5 정녕 믿음의 길을 간다 하며 수천 년
동안 전통을 지켜 왔다는 종교 지도자
요, 그 신도라는 너희들은 속이 다 들
여다보이는 그 빙어라는 물고기처럼,
너희들의 속을 남들이 다 볼 수 있으
며 보이는 그와 같은 삶을 가야 할 것
이니라.
6 너희들이 보이는 그와 같은 삶을 살
지 못하는 것은 어두운 것이 있으며
검은 것이 있으며, 남에게 보여서는
아니 될 그와 같은 사악한 죄를 짓고
살기에,
7 너희들이 그 빙어라는 고기처럼 내장
이 들여다보이는 그와 같은 삶을 살지
못하는 것이 아니던가?
8 믿음의 세월이 수십 년 동안 흘러왔으
며 수천 년 역사의 끈을 이어 온 그 후
손이며, 그리고 종교 지도자라 말하는
너희들은,
9 과연 그 백성이 얼마만큼 그 속을 다
들여다보며 유리로 비춰 봐 한 점의
부끄러움이 없는 삶으로 자신 있게
살아가는 자가 이 세상에 몇 명이나
있다 생각하는가?
10 너희들은 믿음 자체의 그 길부터 잘못
가고 있음이니라.
11 너희들은 요란을 떨며 남에게 보여 주
니, 내가 뭐라 말하였던가?
12 금식하는 자는 금식하는 표시를 내지
말며 깨끗하고 아름답게 하며, 배고픈
형태를 하지 말며 그리 금식하는 형태
를 하지 말고 금식을 하라 했음이니라.
13 믿음의 길을 가는 너희들 또한 그와
같이 가야 하느니라.
14 너희들은 단 한 가지의 이치도 깨닫지
못하고 사는 가장 어리석은 백성임을
알라.
15 황금이요, 보석이요, 그 아름다운 보
석은 어떠하던가?
16 땅속에 묻혀 있다 해도 그는 의연한
그 자태를 지니고 있으며, 또한 세상
에 들춰 나온다 해도 그는 그 의연한
자태를 보여 줌이니,
17 저 자신이 변화되지 아니하고 진실만
을 가지고 살아가는 그와 같은 믿음이
어야 하는 것이니라.
18 보석이 땅속에 있든 땅 밖에 나와 있
든 그 의연한 자기의 자태를 지니고

살아가듯이, 그와 같은 믿음의 길을
가는 것이 바로 나에게 오르는 백성
너희들이 가는 길임을 알아야 할 것
이니라.
19 그러나 과연 너희들이 그와 같은 이치
를 알고 사는가?
20 너희들은 그저 사람들이 필요해 즐기
는 그 보석의 진리만도 못한 짓을 하
고 사는 것이 지금의 믿음의 길을 가
는 백성이니라.
21 '나는 무엇을 얼마를 바쳤으며, 나는
무엇을 하는 데 얼마를 역사해 하나
님께서 나를 생각할 것이라' 그리 말
하며,
22 너희들이 성전이라는 것을 짓는 것,
아름다운 봉사를 하는 곳에 이름 석
자를 써 놓기를 좋아하며, 너희들의
이름 석 자를 불러 손뼉 쳐 주기를 바
람이니,
23 그리 어리석은 것이 너희들이니라.
24 봉사를 할 때 이름을 부르며 손뼉 치
는 것으로써 나에게 받을 것이 하나
없다 하였으니,
25 그리하여 천년만년 죽을 때까지 너희
들이 다니는 그 믿음에서는 빈 껍데기
요, 빈 깡통만 나오며,
26 속이 차지 않는 믿음의 길을 가는 것
이 바로 여기 있다 말함이니라.
27 너희가 악한 것은 수없이 행하면서,
선한 것을 한 번 했을 때, 만인 앞에서
박수를 받으며 그와 같이 선한 일만
하고 사는 것처럼 위장된 모습을 보이
고자 하는 그것으로써 그나마 하나의
착한 일을 한 그 공도 다 비워 버리니,
28 너희 자신은 아무것도 들어 있지 않
은 빈 깡통이요, 속이 빈 그와 같은 믿
음의 길을 가는 불쌍한 자들이니라.
29 너희들은 알아야 할 것이니라.
30 진정한 믿음이요, 진정한 길을 가는
백성은 자신을 감추고 살고자 하며,
자신을 내놓지 않으려 하느니라.
31 그리 내놓지 아니하고 감추고 산다 해
도, 또 그들이 감추지 아니하는 상황
에서 세상에 나와 살게 된다 해도,
32 그들은 감춰졌을 때나 감춰지지 아니
하였을 때나 변함없는 꾸준한 삶이요,
33 너희처럼 요란을 떨면서 그저 광란의
짓을 하며 무엇을 달라 하여 이루어
지지 아니하면 등 돌리고 침 뱉고 돌
아서는 그와 같은 믿음의 길을 가는
것이 아니요,
34 진정한 믿음의 길이라는 것은 누가 알
아주든 알아주지 아니하든,
35 누가 보든 보지 않든 묵묵히 나의 계
명에 따라, 나의 법전에 따라 꾸준히
살아가는 그와 같은 자,
36 그것이 바로 보석 같은 나의 믿음의
길을 가는 나의 백성이요, 나에게서
선택된 백성이니라.
37 너희들이 눈물을 지으며 광란의 짓을
하며 춤을 추는 그 짓을 하고 밝은 태
양 앞에 나와서는 아무것도 한 것이
없으며,
38 그저 노래 불러 너희들의 스트레스를
푸는 것, 그 외에는 아무것도 없으며,
39 정신없이 갖다 바치는 그 재물에 대한
아쉬움과 그리고 다음에 또 바쳐야 할
그 재물을 준비하는 것을 고민과 걱정
을 하며 가는 것이 너희들의 오늘의
믿음의 길이 아닌가?

40 그러면서 너희들은 과연 그것이 제대
로 쓰이는 것이며, 하나님께서 저를
기억해 주며, 창조주는 과연 제가 바
친 것을 기억할 것인가 그것까지도 의
구심을 가지고 돌아가는 너희들의 발
길은 무겁기만 할 것이니라.
41 그러나 그는 나와 아무런 관계도 없으
며, 나는 쳐다보지도 않으며, 그걸 보
는 것도 역겨워하고 부끄러움이라 생
각하며,
42 그와 같은 행위를 하는 자는 두 번 다
시 보고 싶지 않은 것이 나의 뜻이라
는 것을 이 법전을 통하여 너희들에게
전함이니 그리 알라.

5,387 번째 하나님 말씀

2003년 3월 7일 13시 43분

1 사랑하는 나의 아들아!
2 "네, 아버님! 말씀하옵소서."
3 지금 나의 피조물 수많은 백성이 살아
가는, 내가 만든 이 아름다운 성전이
무엇이라 했는가?
4 나의 뜻대로, 나의 법대로 지키며 나
의 계명대로 살아가는 그와 같은 이
아름다운 세상을 내가 만들어 놓았음
이니,
5 그리하여 이 세상에서 아름답게 사는
백성, 정의로운 삶을 사는 자, 그리고
진실한 마음을 가지고 살아가고자 하
는 그와 같은 백성을 너희들은 격려해
주며 칭찬해 주며 그와 같은 자를 스
승으로 받들어 그들의 아름다움을 배
우고 살아가야 하는 것이 이 세상의
삶이 아니던가?
6 그러나 너희들은 그와 같은 자를 어찌
하는가?
7 너희들보다 나은 자, 그리고 정의로운
마음을 가지고 사는 자, 진실하고 아
름다운 삶을 사는 자들을 바보요, 천
치라 하며 경멸의 미소를 보내며 너희
들이 그들의 인격까지도 모독하는 조
소를 보내면서 사느니라.
8 때로는 그들이 너무나도 아름답고 너
무나도 소중한 행위를 하기에 그것을
보는 것이 마음이 뒤틀리며 오장이 뒤
틀려 착하게 사는 자를 분노의 감정으
로써 바라보는 것이 지금 살아가는 백
성 너희들이 가진 마음이라면 너희들
은 과연 어찌하겠는가?
9 이것이 내가 내려다보는 지상의 백성
너희들의 생각이니라.
10 그러니 너희들이 아름다운 것, 그리고
진리요, 정의롭게 사는 자들을 칭찬하
지 아니하며 그들을 경멸하며 조소하
며 아름답게 살아가고자 노력하는 그
들을 보고 사악한 마음이 분노로써 변
하는 그와 같은 세상이니,
11 너희들이 누구를 보고 배우며 어디에
서 깨우쳐 선하고 착한 내가 원하는
백성으로 살아갈 수 있단 말이던가?
12 사랑을 나누며 살아가는 것과 서로 사
랑을 베풀며 살아가는 것, 그리고 나
누며 살아가는 순박한 백성은 무시당
하며 선하게 살고자 하는 백성은 항상
무너지며 쓰러지고 그리고 세상을 무
서움과 공포를 느끼며 살아가는 것이
지금 착하게 살아가고자 하는 아름다
운 나의 백성의 현실정이니, 너희들은
이를 과연 어찌하겠는가?

13 너희들은 나 여호와가 이와 같은 세상
속에서 나의 백성이 공포와 삶의 환멸
을 느끼며 살아가도록 이 아름다운 지
상의 성전을 만들었다 말하는가?
14 너희들이 지금 바로 그와 같은 형국이
니라.
15 너희들은 지금 마음의 형태가 어떤가?
16 아름답고 진실한 것은 외면하며 사악
한 것을 보는 자가 저보다 더 사악한
자를 만났을 때 그를 존경하며 따르는
그와 같은 마음의 자세로 지금 되었느
니라.
17 선함을 보고 배우는 것이 아니요, 선
한 자를 보고 배우는 것이 아니요,
18 저보다 악한 자를 더 존경하며 악한
짓을 하는 자를 더 존경하며 그를 배
우고 따라가는 데는 시간을 다투며 그
리 변해 가는 무서운 마음의 인성으로
변하고 있으니,
19 이 세상을 과연 어찌 다스려 갈 수 있
다 생각하는가?
20 이와 같이 인간성이 무너지며 사악하
다 보니 너희는 지금 어찌하는가?
21 앞에 보이는 삶 외에는 사후의 세계
요, 미래에 뒤에 오는 세상의 삶을 보
지 아니하며 그를 인식하지 못하는 것
이니라.
22 너희들은 지난 과거에 온 삶을 모르는
것처럼 그리고 기억하지 않으려 하는
것처럼 오늘의 삶에만 치중하며 여기
에서 모두를 다 얻으려는 마음이요,
여기에만이 너희들의 모두를 다 걸고
사는 마음이요, 어떠한 방법으로든지
오늘의 세상에서 남에게 지지 않으려
는 그와 같은 마음으로 살다 와 보니,
23 뒤에 오는 그 아름다운 세상의 역사의
펼쳐짐을 모르고 사는 어리석은 백성
이 되는 것이 바로 너희들이니라.
24 그리하여 너희들은 지금의 삶을 위하
여, 그 육신을 위하여 육신을 과잉보
호하고 있으며,
25 육의 향락을 위해서는 도가 넘치도록,
그 향락을 위하여 그를 지키고자 너무
나 육의 과잉보호 속에서 육을 지키며
살아가려는 지금의 형국이 되어 있음
이니,
26 그러한 상태로써는 정녕 구원을 받을
수 없는 것이 너희들이니라.
27 그리하여 너희들은 점점 무너져 가고
있음이니라.
28 너희들은 육의 향락과 육신의 행복을
위하여 자신을 너무 과잉보호하며 그
모두를 거기에 투자하며 그를 위해 살
아가는 너희들이 구원의 길을 보지 못
하고 있으며 그 길조차 보지 못하며
생각지도 못하고 사는 것이니,
29 육을 너무 과잉보호하다 보니 뒤에
오는 세상에 심판의 두려움을 모르고
깨닫지 못하는 것을 여기에서 너희들
이 깨우쳐야 함을 잊지 말라.

5,388 번째 하나님 말씀

2003년 3월 7일 13시 49분

1 사랑하는 나의 아들아!
2 "네, 아버님! 말씀하옵소서."
3 나 여호와가 나의 아들을 통하여 나의
가슴 모두를 태워 너희들을 구원하고
자 내려보내는 160권의 장정의 새로
운 성경이요, 나의 법전을 내려보냄

을 정녕 너희들은 어찌 생각하는가?
4 이와 같이 나의 모두를 내려보내는
것은 너희들 인간의 삶을 행복을 느끼
게 살도록 하고자 하며, 인간이 존재
하는 그 가치를 느끼게 하는 것이며,
5 인간으로서 최고의 아름다운 삶을 살
다 너희들이 천국에 나에게 구원을 받
는 그 길로 올 수 있도록 그를 깨우쳐
주는 것이 바로 내가 너희들에게 법전
을 내리는 그 역사이니라.
6 그러니 너희들은 인간 세상에서 살아
가는 어떠한 사업이요, 너희들이 이루
고자 하는 그 어떠한 목적보다도 나의
법전을 바라보며 그를 깨우쳐 이 하늘
에 오르는 길을 보는 것이 가장 큰 투
자요, 얼마나 소중한 사업인가를 너희
들은 어찌 그리 모르는가?
7 지금 나 여호와가 너희들에게 너희들
자신 모두를 다 투자할 수 있는 사업
의 장을 열어 주고 준비해 놓은 것이
라는 것을 너희들은 어찌 모르는가?
8 너희들이 누구나 읽고 깨우칠 수 있는
그와 같은 160권의 대장정의 법전을
세상에 내려보내 너희들을 깨우치고
자 하는 것은 너희들이 모두를 다 투
자할 수 있는 그 기회를 내가 보여 주
는 것이며 투자하는 그 방법을 결정할
수 있는 것을 너희들에게 깨우쳐 주
는 것이니라.
9 너희들은 수천 년 동안 흘러온 지금의
종교 집단 속에서 따라가며 신도라 하
여 그저 그들이 가르치는 대로 재물을
바치고 시간을 바치며 끌고 가는 대로
끌려가는 믿음이 아니요, 너희들이 주
인이 되어서 너희들 스스로 깨우치라
는 것이니라.
10 내가 나의 법전을 너희들이 읽을 수
있는 글로 만들어 세상에 내려보내는
것은, 너희들이 지배인이 되며 주인이
되며 사장이 되어 직접 운영할 수 있
는 그와 같은 사람이 되어 거기에 너
희들 자신을 던지고 투자하라 하여 내
가 다 준비해 놓고,
11 지금 너희들이 와서 경영하고 운영하
기만을 바라는 것이 나의 법전을 세상
에 깔아 놓는 그와 같은 역사함이라는
것을 너희들은 어찌 그리 모르는가?
12 내가 모두를 다 준비해 놓고 그곳에
너희들 자신을 투자하여 너희들이 주
인이 되어 이끌어 가는 주역의 역할을
하라 하거늘,
13 이 형국에서 자기 자신의 몸을 투자하
지 못하며 움츠리고 계산을 두며, 그
리고 불안하여 승부수를 던지지 못하
니, 얼마나 어리석고 불쌍한 백성인가?
14 너희는 남의 집단에 가서 하수인으로
서 몸바쳐 따라가며 구원을 받고자 애
원하며 애걸복걸하면서,
15 너희가 직접 주인이 되어 스스로 깨우
치고 판단하여 나에게 오는 주역의 역
사를 맡으라 하여 내가 모두를 준비해
놓고,
16 너희에게 재물을 투자하라는 것도 아
니요, 너희 몸 하나 투자해서 용감히
뛰어들어 너희 스스로 일어서는 그와
같은 주인이 되라 내가 그리 말하였거
늘, 어찌하여 이 이치를 모르고 이 뜻
을 그리도 모르는가?
17 그리하여 너희는 종교 집단의 하수인
이 되어 그 종교 집단의 심부름하는

자요, 그 뜻에 따라가는 노예와 같이
살아가는 것을 원하며, 그 길만이 구
원을 받는 길이라 하여 그 길만을 선
호하고 있음이니,
18 너희는 어찌하여 스스로 어리석은 백
성이라는 것을 자처하며 깨우치지 못
하는가?
19 내가 지금 나의 아들을 통하여 160권
의 법전을 세상에 내려보내 깔아 놓
은 그 위에 와서 주인이 되며 사장이
되며 주역이 되어 너 스스로 하늘에
오르는 길을 볼 수 있도록 깨우치라는
것은 오로지 너 자신을 투자하라는 것
뿐이니라.
20 너희 자신의 몸 하나 투자하여 모두
를 다 얻으라 하였거늘, 어찌하여 너
희는 남의 밑에 가서 종살이하는 것에
네 몸을 투자하며 네가 주인이 되는
것을 거역하는 어리석은 삶을 사는가?
21 이것이 지금 종교 집단에 현혹되어서
세뇌되어 따라가는 너희이니, 그저 고
리에 묶여 끌려가는 맹수처럼 되어 버
렸으니, 맹수인들 어찌하겠는가?
22 길든 맹수가 과연 맹수이던가?
23 너희가 그리 된 자들이니, 바로 그와
같은 것에서 깨어난 자, 그 고리의 끈
을 끊고 맹수는 맹수로서 살아가는
길을 찾으라.
24 그리 살아갈 수 있도록 모든 준비를
다 해 놓은 것이 나의 법전을 세상에
깔아 놓은 것이니, 투자하라, 그리고
너희 자신을 던지라, 그리고 승부수를
과감히 던지도록 하라, 사랑하는 나의
아들딸들아!

5,389 번째 하나님 말씀

2003년 3월 7일 13시 52분

1 사랑하는 나의 아들아!
2 "네, 아버님! 말씀하옵소서."
3 너희들이 가장 소중한 것이 무엇이며
가장 이루고자 하는 것이 무엇이더냐?
4 너희들은 육의 삶을 아름답게 살다 천
국의 나의 품에 와 영원히 사는 그 세
상에서 살 수 있다는 것을 보장받는다
면 그보다도 큰 영광과 은혜가 없는
것이라 생각할 것이니라.
5 이제 나의 아들을 통하여 법전에 기록
하여 너희들에게 전함이니, 너희들이
정녕 그 소원을 이루고자 한다면 가장
소중한 것이 무엇이더냐?
6 너희들의 목숨일 것이니라.
7 너희들의 목숨을 바칠 수 있는 그와
같은 마음으로써 던져 행할 때 구원의
길을 볼 것이며 나에게 오를 수 있는
것이니라.
8 너희들이 의심하며 이를 재고 따지며
미적거리다 보면 구원받을 수 없느니
라.
9 재물이요, 목숨이요, 그것을 구분하지
말라.
10 재물 같은 것이 무엇이 필요하던가?
11 오로지 재물보다도 더 소중한 너희들
의 목숨을 과감히 던져 투자할 수 있
는 그 용기 있는 자만이 구원의 길을
볼 수 있으며 구원을 받을 수 있다는
것을 잊지 말라.
12 이제 너희 자신을 투자하는 것을 주저
하지 말라.
13 너희들 자신을 투자하여 목숨을 던져

나의 법전을 듣고 깨우치며 만백성에
게 전하며 지도자로서 다시 나며 그와
같은 대변화의 역사를 이루는 데 너
희들의 몸뚱이를 던지고 던지라.
14 목숨을 던지고 던지는 그 각오로써 이
루고자 할 때 못 이룰 것이 없음이니
라.
15 너희들이 달란트 역사를 하는 것이요,
내 뜻의 법전을 전하는 것이요, 그 모
두를 하나밖에 없는 그 소중한 목숨을
던져 행해 보라.
16 이루지 못할 것이 무엇이 있는가?
17 목숨을 던져 구원에 투자하라.
18 목숨을 던져 이루고자 하라.
19 그리했을 때 너희는 승자가 될 것이며,
20 뒤로 물러나며 계산하며 주저하는 그
와 같은 마음 자세로써는 너희들이 아
무것도 이룰 것이 없으며 성사될 것도
없음이니라.
21 그저 흘러가는 세월 속에 어느 사이
백발이 되어 죽어 나에게 오니,
22 그때 너희들에게 남는 것은 아무것도
없으며 너희들이 살아서 천국에 올 수
있는 그 허송세월을 보낸 그것으로써
한탄과 통곡 속에 지옥 불로 흘러가는
너희들이 되니 그 슬픈 운명을 맞이하
지 말라, 사랑하는 나의 아들딸들아!

5,390 번째 하나님 말씀

2003년 3월 7일 16시 39분

1 사랑하는 나의 아들아!
2 "네, 아버님! 말씀하옵소서."
3 너희들이 나의 법전을 읽고 깨우쳐 공
부하며 나의 성령을 듣고 직접 변화하
는 그 삶을 살아가는 것은 너희들이
행함도 좋으며 나의 법전을 암송하고
정독하는 것도 좋으나 너희들이 하루
하루 변해가는 그와 같은 변화된 삶
을 사는 것이 가장 중요함을 잊어서는
아니 될 것이니라.
4 법전을 암송하며 그를 정독하며 십계
명을 암송한다 해도 오늘의 삶이 내일
보다 아름다운 쪽으로 변화하지 아니
한다면 너희들은 결국 제자리에서 말
로써만 암송하며 말로써 기도하는 것
이 아니던가?
5 말로써 기도하는 그 역사는 아무것도
이루어짐이 없다 말했듯이 너희들은
하루하루 변화되는 그 삶이 더 소중함
을 알아야 할 것이니라.
6 구약의 율법을 지키는 것이 어떠하며,
그 율법의 시대가 어땠으며,
7 모세가 시내산에서 십계명을 받았으
며 그를 던져 깨트렸으며, 그 백성이
광란의 짓을 했든,
8 나의 아들 예수가 고통스럽게 죽으며
무엇을 이루고자 역사했든,
9 그 모두의 소중함은 내가 원천적으로
세상에 내려보낸 나의 법전이요, 나의
뜻이요, 내가 원하는 그 길을 너희들
이 가는 것이 중요함이니라.
10 너희들은 이 세상에 살면서 남에게 누
가 되지 아니하는 일, 그리고 추하지
않은 일, 그리고 사랑과 나눔을 실천
하고 살면서 오늘보다 내일, 내일보다
모레가 천사와 같은 마음으로 변하는
그것이 가장 중요함이니라.
11 그와 같이 변하고 깨닫는 속에 모두가
다 있음이니,

12 말로써 모든 것을 역사하는 것으로써
는 얻을 수 없으며 이루어지는 것이
없다는 것을 알라.
13 수천 년 동안 믿음의 길을 오면서 그
들이 행함을 실천했더라면 오늘과 같
은 이러한 역사는 절대로 없을 것이니
라.
14 봄에 씨앗을 뿌려 그를 농부가 가꿔
가을에 거둬들이는 것도 바로 무엇이
던가?
15 너희들이 노력함이요, 행함이요, 실천
함이 거기에 있음이니라.
16 농부가 말로써 봄에 씨앗을 뿌리면 그
씨앗은 싹이 틀 수가 없으며, 그를 가
꾸지 않으니 그 곡식이 무성하게 자랄
수가 없으며 가을에 추수할 수 없는
것이 아니던가?
17 농부가 가을에 추수하여 알곡식을 거
둬들이려면 그는 봄에 씨앗을 뿌려야
하며, 여름에 무성할 때 그를 가꾸어
야 또한 가을에 추수할 때 거둬들이는
기쁨과 만족이 있음이니라.
18 행하지 아니하고는 아무것도 이루어
지는 것이 없느니라.
19 너희들이 지금 믿음의 길을 가는 것
도 행함이 그와 같으니라.
20 농부가 방에 앉아 그저 말로써 봄에
씨앗을 뿌렸다, 그리고 파란 이파리들
이 자랐다, 그리고 곡식이 지금 익기
시작했다, 이제 추수하자 그리한들 추
수할 것도 없으며 곳간에 쌓이는 것
도 없으며,
21 너희들이 나이 들어 늙어 가는 그와
같은 인생의 허무함만이 남아 있을 것
이니라.
22 지금 믿음의 길을 가는 모든 종교 집
단이 그러하니라.
23 너희들이 행함을 다스려 하나하나 깨
우쳐 바로 성장하고 바로 커가지 아니
하며 변하지 아니한다면, 너희들의 영
혼은 너희들의 육은 추수할 것이 하
나도 없음이니라.
24 농부가 봄에 씨앗을 뿌려 여름에 가
꾸어야 가을에 추수할 수가 있듯이,
25 너희들이 믿음은 지금 말로써만 나의
아들이요, 나의 이름을 부르면 구원을
받는다 말을 하며 그리 몇천 년 동안
흘러오며,
26 실천하라, 사랑을 베풀라는 것은 베풀
지 않고 행하지 아니함이니,
27 씨앗을 뿌리지 않은 농부가 가을에 추
수하려는 그러한 형국이 너희들이 죽
어 나에게 와 심판을 받을 때니,
28 쭉정이만 남아 있고 알곡식은 하나도
없으며, 그 알곡식은 흔적마저도 없는
것이 너희들이 지금까지 농사지은 것
이니, 그것이 지금까지 믿음의 길을
간 것이니라.
29 이제 나의 법전을 읽고 깨우친 백성
너희들은 누가 무어라 말하든 선행을
베풀며 사랑을 베풀며 아름답게 변화
되는 그와 같은 삶의 역사를 가도록
하라.
30 그것만이 너희들이 나에게 오르는 길
이며 구원의 길이요, 하늘에 오르는
그 위대한 역사라는 것을 알라.
31 너희들이 몸소 움직이지 아니하며, 몸
소 뿌리지 아니하며, 가꾸지 아니하면
아무것도 거둬들일 수 없으니,
32 농부가 봄에 씨앗을 뿌리니 심는 고통

이 있으며, 여름에 뙤약볕에서 가꾸는
그 고통과 시련이 있으니, 가을에 추
수하는 즐거움이 있는 것이니라.
33 너희들이 그와 같이 네 인생을 다스려
가꾸지 아니하면 아무것도 이루어지
는 것이 없으며, 너희들의 믿음 또한
그와 같이 가는 것이니라.
34 지금 너희들은 말로써만 뿌렸다, 거둬
들인다 그리 떠들고 있으며 말로만 수
다를 떨고 있음이니,
35 아무것도 손에 쥔 것이 없으며 말로써
쭉정이의 농사를 짓는 백성은 나와 관
계없다는 것이 나의 뜻이니라.
36 행함으로써 가을에 알곡식을 차곡차
곡 거둬들이듯이 행함이 중요함이니
라.
37 선함이 중요함이니라.
38 사랑을 나누며 선행을 하면 가을에 추
수할 것이 그득히 있듯이 나에게 와
심판을 받을 때 나에게서 들림을 받는
그 영광된 축복이 있음을 잊지 말라,
사랑하는 나의 아들딸들아!

5,391 번째 하나님 말씀

2003년 3월 7일 16시 47분

1 사랑하는 나의 아들아!
2 "네, 여호와 하나님! 말씀하옵소서."
3 진정한 믿음의 길을 가는 지도자요,
성서의 모든 깨우침은 고통스럽고 어
려운 길을 선택하는 것이 나의 뜻을
바로 보는 길이라 그리 말하였음이니
라.
4 그러나 지금 믿음의 길을 가는 백성은
무엇을 원하는가?
5 쉬운 길을 선택하며 그저 쉬운 길을
달려가고자 하는 그와 같은 믿음을 너
희들이 지금 가고 있음이니,
6 그리하여 나의 뜻과는 전혀 관계없는
백성으로서 나와는 관계없는 사악한
믿음의 길로 치닫고 있다 그리 말하는
것이니라.
7 너희들이 큰 것을 이루고자 하면 그만
큼 고통과 시련이 따르며 그러한 역사
함이 있을 때 큰 것을 얻을 수 있는 것
이니라.
8 너희들이 하나를 깨우치고 실천함에
있어서 몸이 다 저려 오는 아픔과 고
통 속에서 나에게 선택된 나의 아들딸
들이요, 나를 따르는 나의 아들의 제
자 너희들은 하나를 깨우치며 그 하나
를 실천하기 위해서 얼마나 힘든 고
통과 시련의 고비를 넘겨 하나의 선행
을 하며 하나의 깨달음을 얻으며 너희
스스로 변해 가는 것이던가?
9 너희들은 변하고자 그 고통과 시련 속
에서 말할 수 없이 너희 자신을 다스
리기가 힘들고 어려운 그 길을 가건만,
10 어찌하여 다른 백성이요, 지금 믿음의
길을 가는 백성은 그리 쉽게 그저 말
로써 모두를 다 얻는 그와 같은 가르
침으로 가고 있는가?
11 시련과 고통 없이 구원을 얻고자 하는
신도라는 백성 너희들도 잘못되었으
나,
12 쉽게 구원의 길을 갈 수 있다며 그저
쉬운 방법으로써 가르치는 그 지도자
들이 더 사악하고 나쁜 자임을 너희들
은 알아야 할 것이니라.
13 나의 피조물 만백성 너희들이 성서를

깨우치며 기도하고 경배하며 살아가는 그 길은 고통과 시련의 길 속에서 깨달음을 얻으며,
14 성서 한 줄의 그 의미를 너희들에게 유리한 쪽이 아니라 불리한 쪽으로, 손해 보는 쪽으로, 고통스러운 길을 가는 쪽으로 해석하고 깨우쳐 너희 것으로 만들라 내가 그리 말하였건만,
15 너희들은 모든 비유의 뜻을 편하고 쉬운 쪽으로 나의 피조물 만백성을 이끌어 가며,
16 또한 그들을 그리 조종하는 간교한 지도자들이 뒤에 받치고 있으니,
17 그리하여 뒤에 앉아서 조종하는 간교한 그 종교 지도자들이 더 사악한 자들이니, 그들이 사탄이요, 악마의 자식이니라.
18 말로써 수다를 떨며 저희들이 무엇을 가르치는 줄도 모르며 나 여호와가 무엇을 원하는지도 모르며 저희들이 그리 가르치고 있으며,
19 그저 한 시간이요, 두 시간 강론이 끝난 다음에 재물을 거둬들이려 손을 벌리는 그와 같은 추하고 더러운 짓으로써 평생을 살아감이니,
20 그들이 거두어들인 그 재물의 손이며, 그들이 손을 벌려 거둬들일 때마다 그 손이 얼마나 더럽고 추한 행위인가를 알아야 할 것이니라.
21 믿음은 뒷전이요, 그저 금화와 재물을 거둬들이는 데만 연연하는 그와 같이 삶을 사는 자들이기에 고통 없이 구원의 길을 가고자 하며, 그 길을 가는 것이 나에게서 축복받는 길이라 그리 생각하니,
22 자식을 얻고자 기도드리는 여인이 산고의 고통 없이 그저 자식을 얻겠다고 하는 그 태도보다도 더 잘못된 자들이 어리석은 백성이며, 지금 모든 것을 쉽고 간단하게 구원받는다 그리 생각하는 자들이니라.
23 그리하여 너희들이 나의 피조물 만백성을 속이고 간교한 방법으로써 가장 쉬운 방법으로 찾아낸 것이 무엇이던가?
24 예수의 보혈로써 구원받으며, 나의 이름과 예수의 이름을 부르며 찬양하면 그것으로 구원받으며,
25 성전에 와 너희들이 즐기는 재물과 금화를 갖다 바치면 너희들이 즐거움이니, 너희들을 즐겁게 하는 그것이 구원받는 길이라 하여,
26 종교 지도자요, 사탄의 뿌리에 즐거움을 주는 것을 모르고 재물을 바치며 울고불고 기도하는 너희들, 나의 아들 예수의 보혈로써 구원받았다 소리 지르는 자,
27 너희들이 다 지옥으로 가는, 저를 지옥으로 불러달라 나 여호와에게 소리 지르는 그와 같은 형국이요, 그건 기도 소리가 아님을 알라.
28 재물을 바치면 구원을 받는 그와 같은 간단한 방법으로써 너희들이 구원을 받음이 아님을 알라.
29 진정한 믿음의 길을 가는 자는 육이 영혼을 구원받는 도구로 쓰인다는 것을 알아야 할 것이니라.
30 육은 영혼이 구원받는 것을 받쳐 주는 도구요, 기구임을 알아야 할 것이니, 육은 바로 영혼을 키우는 집이라 그리

말하지 않았느냐?
31 도구로써 쓰이는 것이니라.
32 그러니 구원받는 그 영혼을 받치고 그
를 다스려 나가기 위한 네 육으로 쓰
이는 도구를 위하여 춤추고 광란의 짓
을 하고 있음이니, 그것만이 너희들이
즐거운 향락이 있으며,
33 손에 잡히고 눈으로 보니 좋으며, 맛
있게 즐기기 좋은 것이요, 흥겹게 노
니 즐거운 것이요, 그저 영혼의 도구
로 쓰이는 육을 위하여 너희들은 그와
같이 살아가니,
34 그와 같은 방법으로써는 구원의 길을
갈 수가 없으며, 나에게 오를 수 없는
백성이라는 것을,
35 그리고 너희들이 그와 같은 방법으로
써 구원을 받고자 한다면, 너희들은
넘지 못하는 선이요, 나에게 오를 수
있는 그 빛을 보지 못하며 하늘에 오
르는 그 문턱을 바라보지도 못한다는
그와 같은 깨달음을 얻도록 그리하라,
사랑하는 나의 아들딸들아!

5,392 번째 하나님 말씀

2003년 3월 7일 21시 09분

(강론을 마치며)

1 사랑하는 나의 아들아!
2 "네, 아버님! 말씀하옵소서."
3 너의 제자들은 내가 그리 훈련을 시켰
으며, 이제 너희들이 하늘의 뜻이요,
나의 진리를 공부하며 하늘의 천기를
들여다보는 너희 제자들이니라.
4 그러하니 이제 너희들 스스로 깨닫고
지켜야 할 것을 내가 오늘 너를 통하
여 너의 제자들에게 임하니 그리하도
록 하라.
5 너희들은 누구와 대화를 하든, 앉아
있든, 너희들이 어떠한 형태로 움직이
든, 우선 무엇부터 생각하느냐?
6 '내가 과연 이 자리에 앉을 자격이 있
는 사람이며, 내가 이 말을 할 자격이
있는 사람이며, 내가 이 사람과 더불
어 대화를 할 수 있는 사람이며,
7 내가 지금 안방에 누울 수 있으며 앉
을 자격이 있는 사람인가?'
8 항상 너희들이 있는 자리에서 자격이
있는가를 먼저 점검해 보도록 그리하
라.
9 그리하여 너희들이 하루의 삶을 살 때
'오늘 하루의 삶을 살면서 과연 내가
이 자리에 앉을 수 있으며, 하나님께
서 주신 따뜻한 안식처인 방에 앉을
자격이 있으며, 식사를 할 수 있는 자
격이며, 잠을 잘 수 있는 자격이며, 친
구와 지금 대화를 할 수 있으며 나의
법전을 가지고 갑론을박할 수 있는 그
러한 자격이 있는가?' 하루하루 삶에
대해서 자격이 있는가 없는가를 그때
그때 점검하고 생각해 보도록 그리하
라.
10 그리하면 너희들 스스로 깨달음이 있
을 것이니라.
11 하루의 삶을 과연 그 자리에서 지키고
있을 수 있는가를 먼저 너희 자신에게
물어보아, 너희들이 한 점의 부끄러움
이 없는 그러한 생활을 하도록 하며,
12 이미 지나간 삶에 대하여 '과연 내가
오늘 이 하나님의 법전이요, 내가 내
린 성령을 들으며 그 강론을 듣고 살

아갈 자질이 있는가 없는가, 그러한
영광이 있는가 없는가'를 스스로 한번
반성하며 회개하고 깨우치며,
13 길고 먼 과거사부터 하나하나 더듬어
너희들 자신을 다스려 나가는 그러한
마음을 가지라.
14 그리하여 너희들이 진심으로 잘못된
것을 회개하고 반성하고 느낄 때, 나
여호와가 너희들의 기도를 들어줄 것
이니라.
15 그러니 너희들은 오늘 이 순간부터 움
직이고 대화하는 모든 행동 하나하나
에 있어서 네가 과연 이와 같은 행동
을 할 수 있는 자이며, 이와 같은 말을
할 수 있는 자격이 있는 사람인가,
16 그리고 네가 나 여호와에게 부끄럽지
않은 그러한 자식으로서 지금 행하고
있는가 그것을 그때 그 순간마다 철저
히 점검하라.
17 잠시라도 방심하면 죄를 짓게 되어 있
으며, 잠시라도 방심하면 무너지게 되
어 있음이니라.
18 오늘 내가 너희들에게 내리는 상이니
라.
19 '이 순간순간에 내가 과연 자격이 있
는 자인가?' 그것을 검토하고 점검하
는 그러한 길을 가면 너희들이 마음을
다스리는 데 큰 빛이 될 것이니 그리
알라.

5,393 번째 하나님 말씀

2003년 3월 8일 0시 53분

1 사랑하는 나의 아들아!
2 "네, 아버님! 말씀하옵소서."
3 나의 아들 예수가 세상에 나와 만백성
에게 전한 것이 무엇이더냐?
4 크게는 사랑이요, 또한 인간 세상에서
살아가는 평등이요, 차등이 없으며,
5 인간은 누구나 똑같이 소중하며, 말하
자면 민주주의 같은 형식을 이루고자
했던 것이 나의 아들 예수의 가르침이
었느니라.
6 똑같은 인격을 가진 사람으로서 서로
대화하며 서로 타협하며 그리하여 인
간으로서 높고 낮음이 없는 그러한 민
주적인 방식을 예수는 전하고 가르치
고자 하였음이니라.
7 그러나 기득권을 가진 그들이 그걸
받아들일 수가 없었으며 그를 용납할
수 없었기에 그와 같은 형국이 되었음
이니라.
8 그리하여 지금 모든 종파가 서로 갈
라져 이와 같이 천 갈래 만 갈래 갈라
져 있음이니라.
9 저희들은 민주적 방법으로써 모든 것
을 유지하고 깨달으며, 그리고 민주적
방법으로써 종교 집단을 이룬다 하여,
먼저 시작한 그 종교 집단에서 가지를
쳐 이렇게 나왔음이니라.
10 그렇다면 너희들 말대로 민주적으로
서로 타협하고 협의로 이끌어 가는
종교 집단을 만들려고 몸통의 종교 집
단에서 너희들이 떨어져 나왔음이니
라.
11 그러나 지금 종교 지도자요, 집단들의
형국은 어찌 가고 있는가?
12 민주주의를 위하여 나왔다 하며 민주
주의라 하여 그 몸통에서 가지를 쳐
나온 너희들이 지금 어찌 가고 있는가?

13 과연 너희들은 민주적인 방법으로 가
고 있는가?
14 너희들이 더 사악한 방법으로 지금 가
고 있음을 알아야 할 것이니라.
15 종교 집단이 민주주의를 향하려고 따
로 나와 이루어진 집단이라면 그와 같
이 가야 하거늘, 지금 너희들은 전혀
그와 같은 형국으로 가지 아니하느니
라.
16 종교 지도자들을 신도들이 감히 갑론
을박할 수 없으며, '맞느냐?' 물어보면
그저 '옳소! 맞습니다.' 소리 지르며,
17 거기서 이견을 제시할 수 없으며 잘못
된 것을 말할 수 없으며,
18 너희들이 잘못 가는 것을 가르칠 수
있고 조언할 수 있는 그러한 모든 문
을 다 막아 놓고,
19 어떤 공산주의보다도 더 사악하게 민
주주의를 파괴하는 그와 같은 행위를
하고 있음이니라.
20 공산주의라는 그 진영들도 지금 민주
화되어 가고 있건만,
21 그 민주화를 위하여 새로운 집단을 만
들었으며 새로 종파를 만들어 가는 너
희들이 말로써 지키겠다는 그 민주주
의를 헌신짝같이 버리고 독재자보다
더 무섭게 민주주의를 파괴하는 것이
종교 집단이며, 너희들이 행하고 있음
이니라.
22 물으면 그저 대답하는 것이요, 맞느냐
하면 맞다 대답하는 것이요, 틀리느냐
하면 틀리다고 대답하는 것,
23 그저 무조건 복종이요, 무조건 '예'라
고만 대답하는 예스맨으로 만들어 놓
은 것이 지금 종교 지도자니,
24 너희들은 민주주의를 파괴한 것뿐만
아니라, 이 세상의 무엇보다도, 지독
한 공산주의보다도 더 악랄한 방법으
로써 지금 가는 것이 너희들이니라.
25 그러니 너희들이 무엇으로 나의 뜻을
가르치며, 무엇으로 만백성에게 본보
기를 보이며, 무엇으로써 만백성을 가
르친다 하는가?
26 나의 아들 예수가 너희들에게 깨우쳤
던 것은, 인간은 누구나 평등하며 자
유롭게 살 자격이 있으며 권리가 있으
며, 높고 낮음이 없는 민주주의 방식
으로써 너희들을 깨우쳐 바로 가려고
했던 것이 나의 아들 예수의 부르짖음
이었음이니라.
27 그리하여 그것이 두려워 기존 세력이
요, 기득권 세력들이 그와 같은 사악
한 행위를 했음이니라.
28 그 뿌리가 거기서부터 민주주의를 지
향하여 나왔던 지금 종파의 우두머리
들은, 그와 같은 집단을 민주주의 방
법으로 이끌겠다는 것으로써 오늘에
탄생했으며 하나의 종파가 또 생겼거
늘,
29 그 종파가 원래의 명분은 없어졌으며,
이제는 더 사악한 독재를 하고 있다는
것을 너희들은 알아야 할 것이니,
30 그러니 나와는 관계도 없으며, 너희들
은 참진리요, 민주주의요, 인간이 서
로 화합하며 토론하며 의논하며 의지
를 모아 살아가는, 세상을 짓이겨 놓
은 그와 같은 사악한 사탄이요, 그 원
흉이라는 것을 잊지 말라.

5,394 번째 하나님 말씀

2003년 3월 8일 07시 33분

1 사랑하는 나의 아들아!
2 "네, 아버님! 말씀하옵소서."
3 너희들이 세상에 살아가면서 나 여호
와가 존재하는 것인지 존재하지 아니
하는 것인지 그와 같은 의문을 가지고
사는 것이 나의 백성이며, 너의 제자
들 또한 그 확신이 부족함을 알아야
할 것이니라.
4 그리하여 내가 너에게 말하기를, 이
세상에 모든 동식물이 질서정연하게
지키고 살아가는 그 모습을 보면서 내
가 존재한다는 것을 믿으라 그리하였
음이니라.
5 너희들은 여기서 나 여호와가 얼마나
정밀하게 너희들을 위하여 이 세상을
통제하며, 이 세상이 흘러가도록 만들
어져 있는가를 아직도 모를 것이니라.
6 생명을 가진 동물은 먹지 아니하면 죽
느니라.
7 그러나 긴긴 세월 동안 동면에 들어가
죽지 않고 사는 동물이 있는가 하면,
8 여름에 그 무성한 이파리가 세상에 존
재하다 그 잎이 다 떨어지나, 그 푸름
을 지키는 그와 같은 식물이 세상에
있는 것을 아는가?
9 그 모든 역사가 이루어지는 것은 과연
무엇이던가?
10 그들이 다 해야 할 일이 있으며, 그들
이 지켜야 할 법도가 있기에 그와 같
이 행하고 있음을 너희들은 알아야 할
것이니라.
11 그러니 그와 같은 자연의 흐름 속에서
나 여호와가 존재함을 알아야 할 것이
며, 이 세상의 그 무엇도 필요하지 않
은데 존재하는 것은 없느니라.
12 다 필요하여 그것이 존재해야 하기 때
문이니라.
13 그와 같이 세상에 푸른 나뭇잎이 너희
들이 살아가는 생명력을 지켜 줄 때,
14 겨울이라 하여 모든 이파리가 다 떨어
져 푸름이 없다면, 그 나뭇잎이 해야
하고 지키고 가야 할 그 임무를 할 수
있는 것이 없으니, 한 시대의 숨이 끊
어지는 것이 아니던가?
15 푸름이 나머지 이 세상을 지탱하는 그
수고로움이 있을 때 공기를 정화하며
세상에 맑고 고운 것을 정리하는 그와
같은 역할을 함이니,
16 모든 것이 추운 겨울에 그 이파리가
떨어져 그 역사를 하지 못해도 고통과
시련 속에 푸름을 지키면서 그들이 대
신하는 최소한의 그 역할이 있느니라.
17 동면에 들어가는 그 동물과 미물이 잠
을 잠으로 인하여 그것들을 먹이로 하
는 모든 것들이 지탱되며, 그들이 서
로 죽이고 죽는 그와 같은 생활의 흐
름이 일시 단절되므로 그다음의 씨를
준비하며 다음의 뿌리를 준비하는 이
와 같은 역사의 순환이요,
18 모든 것이 정밀한 그 계획하에 그리
역사하게 하였다는 것을 너희들이 생
각한다면, 나 여호와가 존재함을 더
굳건히 믿을 것이니라.
19 너희들은 이제 동면하는 그 미물이 왜
동면을 하며, 동물이 왜 동면하며 그
추운 겨울 푸름을 계속 지키고 또 지
키는가,

20 다 떨어진 이파리와 같이 떨어지지 아
니하고 지키며 그들이 남아서 해야 할
일이 있으며 떨어진 이파리를 대신하
여 그들이 하는 역사가 있으며, 이 세
상을 지키려면 존재해야 하기 때문에
그들을 존재시킨 이 엄청난 하늘의 뜻
이요, 내가 역사하는 한 치의 오차도
없는 그 계획을 본다면,
21 너희는 나 여호와가 존재한다 존재하
지 아니한다 그런 의심을 품어서는
아니 됨을 알아야 할 것이니라.
22 너희들은 나를 보지 못하며 만지지 못
하여 의혹하니 그 마음부터 버려야 할
것이며,
23 이 세상에 나의 법전이 나오는 것은
나의 성령이라 하였음이니, 이 세상에
법전이 나오지 아니하면 아니 되는 그
이유가 있으며, 꼭 나와야 하기에 내
가 법전을 세상에 내보내느니라.
24 모든 미물이요, 동물이 겨울잠을 자
그들을 먹이에서 보호해 주는 그와 같
은 흐름의 역사 속처럼 아주 정밀하
고 세밀한 곳까지, 그리고 푸른 잎이
모두 떨어져도 남아서 그들 몫까지 버
티며 어려운 그 겨울을 나는 것과 같
이 모두가 다 소중한 것이며 그 모두
가 이유가 있음이니,
25 나의 법전이 세상에 나오는 것을 이단
이요, 사탄이요, 사악한 자가 너희들
을 쓰러트리고 무너트리려고 그와 같
은 역사를 한다고 하지 말라.
26 지금 이와 같은 이치를 내가 나의 법
전에 기록하여 줘도 너희들이 이를 보
고 내가 존재함을 굳건히 믿으며 깨우
치지 못한다면 그것은 너희들의 오만
이요, 자만이며,
27 이 세상에 그 누구도 너희보다 위대한
자가 없다는 그와 같은 생각을 하고
있기 때문이며, 의심하는 마음의 뿌리
를 벗지 못하고 있기 때문임을 알아야
할 것이니라.
28 모두를 믿고 진심으로 따르라.
29 그리고 모든 것은 나 여호와의 뜻이라
는 것을 의심하지 말며, 내가 존재함
을 굳건히 믿으라.
30 나 여호와가 존재함을 믿는 그 자체가
구원의 길에 들어서는 기본이요, 근본
이라 하였으니,
31 그를 굳건히 믿는 자만이 바로 설 수
있음을 알아야 할 것이니라.
32 지금 수천 년 동안 믿음의 길이요, 만
백성을 구한다는 그 모든 종교 집단이
상업주의요, 나의 진리와는 관계없는
길을 가며,
33 진리는 아무것도 아니요, 그저 빈 깡
통이요, 속이 없는 그와 같은 것을 가
지고 나의 피조물 만백성을 지옥으로
안내하고 인도하는 것을 더 이상 볼
수 없음이니라.
34 너희들이 세상의 삶을 벗어나 하늘의
이치를 알고 높은 곳에서 아래를 내려
다보면 그를 다 볼 수 있을 것이니라.
35 그러니 내가 그를 더 이상 볼 수 없으
니, 너희들은 오늘의 이 어려운 길을
가는 것을 감사히 생각하며, 너희들이
깨우쳐 너희 것으로 만들어 구원을 받
는 현명함을 얻도록 해야 할 것이니
그리 알라.

5,395 번째 하나님 말씀

2003년 3월 8일 07시 40분

1 사랑하는 나의 아들아!
2 "네, 아버님! 말씀하옵소서."
3 너의 제자들에게 이르라.
4 너 자신의 안일을 위하는 것에만 모든
인생의 삶의 향락을 걸며, 자식을 사
랑하며 아내를 사랑하며 이웃을 사랑
하는 그와 같은 삶에 너희의 인생 모
두를 거기에 걸고 바치는 그와 같은
삶을 살지 말라 너희에게 일러 말함이
니라.
5 작은 것 속에 행복이 있는가 하면, 그
행복 속에 더 큰 행복이요, 더 위대한
역사를 이루는 큰 마음을 가지고 세상
을 살아가는 마음으로 다스려야 할 것
이니라.
6 그와 같은 작은 행복이요, 작은 육의
삶에 만족하며, 큰 행복이요, 영혼의
삶을 위하여 생각할 수 있는 그와 같
은 기회와 마음이 없는 자라면,
7 차라리 나의 법전을 던지고 나의 성전
을 떠난다 해도 내가 너희들을 원망하
지 아니할 것이니라.
8 그러나 너희들은 아내를 사랑하며 자
식을 사랑하며 이웃을 사랑하며 또 저
자신을 위해서 살아가는 작은 행복의
만족도 있으며, 그 속에서 인간의 행
복과 즐거움도 더불어 느끼고 살아가
면서,
9 너희들은 더 큰 사랑의 존재함을 알며
더 큰 역사를 해야 한다는 것을 알며,
10 너희 자신이 육의 삶에서 얽히고설켜
맺어진 그 인연이 모두 끝난다 생각하
여 거기에 연연하여 소중한 그 모두를
바치는 그와 같은 삶을 살지 말라.
11 하늘에 오르는 길이요, 하늘의 사랑이
요, 나 여호와를 향하여 내가 역사하
고자 하는 그 뜻을 이룰 수 있는 큰 사
랑과 큰 마음이요, 너희 자신을 던질
수 있는 안목과 미래를 보고 살아가는
너희들이 되어야 할 것이니,
12 인간 세상의 얽히고설킨 육의 작은 삶
에 의하여 그것에 만족하여 안주하는
삶에서 벗어나는 너희들이 되어야 함
을 잊지 말라.
13 그와 같은 삶을 바라보고 살아가는 것
이 나에게 선택된 백성이요, 나의 아
들을 따르는 제자 너희들이 가야 하니,
14 작은 인간관계의 삶도 소중하며 그 삶
도 아름답게 엮어 가야 하나,
15 너희들은 더 큰 삶이요, 더 큰 역사함
이 있다는 것을, 너희 자신을 더 큰 역
사를 위하여 던질 수 있는 삶의 방향
으로 가야 함을 잊지 말라.
16 창조주 나 여호와의 사업이요, 내가
이루고자 하는 이것보다 더 큰 역사는
없으니 이를 너희가 등한시해서는 아
니 됨이니라.
17 작은 행복에 너희들의 인생 모두를 거
기서 끝마치며 그것으로써 만족하다
생각하여 내가 역사하는 새로운 시대
를 여는 그 건설의 초석을 다져야 하
는 너희들이 그와 같이 작은 행복에
안주하여 모두를 다 포기한다면,
18 이는 누구도 이 세상을 다스릴 수 없
으며 나 여호와가 이루고자 하는 새
역사의 그 큰 사업은 아무도 이룰 수
가 없느니라.

19 그러니 대명을 맡은 너희는 작은 행복
도 소중하나, 그 작은 행복을 다스리
는 속에서 큰 역사를 들여다보는 그와
같은 삶을 살도록 그리하라, 사랑하는
나의 아들딸들아!
20 작은 것에 모두를 바치고 작은 것에
고난과 시련을 맞추는 인생을 살지 말
라.
21 힘들고 어려운 그와 같은 시련이요,
수없이 좌절하는 어렵고 힘든 길이라
하여도, 믿음의 길이요, 나의 법전을
가지고 만백성을 구하는 그와 같은 역
사함을 주저하지 말라.
22 너희들은 육의 몸을 위하여 모든 영광
을 저버리는 어리석은 삶을 살지 아니
하도록 그리하라.
23 육의 삶의 영광과 작은 행복 속에, 그
기틀 위에 크나큰 영광을 얻으며, 너
희 스스로 내면에 있는 그 아름다운
심성을 찾아 하늘에 오르는 길을 봐야
할 것이며, 만백성을 구하는 초석을
다지는 데 게을리해서는 아니 됨을 알
라.
24 나 여호와가 너희들이 육의 삶을 소중
히 하지 말라 함이 아니니라.
25 너희들이 육에 있는 목적이요, 그 갈
길이요, 사는 것이 모두 정해져 있지
아니하던가?
26 너희들은 결정된 삶이요, 갈 길이 정
해진 그것을 위해 너무 지나치지 말며
너무 지나치게 거기에만 투자하지 말
며 연연하지 말라는 나 여호와의 뜻임
을 너희들은 알아야 할 것이니라.
27 아버지로서 자식에게 가르침이니, 큰
일을 위하여 작은 일에 만족하며 작은
일에 연연하는 그와 같은 삶을 살지
말라.
28 그는 영원히 사는 삶을 죽이는 것이라
내가 너희들에게 말함이니라.
29 나 여호와가 너희들과 더불어 사는 영
광이요, 하늘에 오르는 그 삶을 내리
고자 하니,
30 육의 삶 때문에 그를 보지 못하고 그
를 저버리는 그와 같은 어리석은 삶을
살지 말라 함이니라.
31 육의 삶의 행복은 행복대로 접어 두
며, 더 큰 사업이요, 나 여호와가 이루
는 새 시대요, 새 나라를 건설하여,
32 천 년에 걸쳐서 하늘에서 이루어진 것
같이 이 지상의 낙원을 이제야 이루려
는 나 여호와의 뜻에 동참하는 큰 뜻
을 가슴에 안고, 포기하지 말며 좌절
하지 말며 물러서지 말라.
33 어렵고 힘들다 하여 큰 것을 포기해서
는 아니 됨이니라.
34 너희들이 작은 행복을 위해서 얼마나
노력하며 얼마나 연구하며 모두를 거
기에 얼마나 바치는가?
35 그보다 열배 백배 더 큰 노력으로써,
더 어려운 시련과 고통이 있다 하여도
너희들이 작은 행복을 극복하는 그 노
력의 열배 백배 더하여서라도 큰 사랑
이요, 큰 뜻을 이루는 데 주저하지 말
며,
36 이를 보지 못하고 사는 어리석은 백성
이 되지 말라 함이 나 여호와의 간곡
한 뜻임을 알라.
37 내가 너희들을 사랑하노라.

5,396 번째 하나님 말씀

2003년 3월 8일 07시 53분

1 사랑하는 나의 아들아!
2 "네, 아버님! 말씀하옵소서."
3 나의 아들 예수가 재림하여 너희들을
구원하며 재물을 많이 바치는 자, 축
복과 영광을 입고 구원을 받는다는 그
리 지금의 종교 집단들의 그 가르침에,
4 이제는 그것이 잘못되었다는 것을 깨
달은 나의 어리석지 않은 백성들이
세상에 나오기 시작함이니,
5 너희들이 그들의 귀를 더 이상 아프게
하지 아니하며, 그 귀에 더러운 소리
를 전할 수 없으며, 그리고 너희들이
더러운 입으로 가르친다 하여 그들을
현혹하는 그와 같은 사기극이 이제 종
말을 거둬 감을 알아야 할 것이니라.
6 이제는 어리석지 않은 나의 백성이
그게 정녕 잘못되었다는 것을 스스로
깨우치기 시작함이니,
7 너희들이 나의 피조물 만백성을 예수
의 재림이요, 재물을 하늘에 많이 쌓
아 놓아야 축복을 받으며 구원을 받는
길이라 그리 가르쳐 왔던 길고도 긴
사기극의 그 실체가 이제는 드러나기
시작함이니라.
8 그리하여 그를 보고 너희들을 따르고
맹종했던 나의 백성이 이제는 너희들
을 단죄하는 그와 같은 시대로 변화됨
이니,
9 그들이 직접 너희들을 단죄하고 나섰
을 때 그 환란은 막을 수 없으며,
10 그 무서운 종교 전쟁의 소용돌이는 나
의 피조물 많은 백성이 생명을 잃게
되는 그와 같은 무서운 결과가 될 것
이니,
11 그때는 이를 감당할 수 없는 그와 같
은 형국이 벌어짐이니라.
12 그리하여 너희들의 그 귀중한 생명이
종교 전쟁이란 그 환란 속에 희생양
이 되지 않도록 그 절차를 막기 위하
여, 환란의 그 무서운 소용돌이를 막
고자 서서히 나의 법전을 전하는 것이
며,
13 그 완충작용을 할 수 있도록, 지금 너
희들이 돌변하여 지금의 성전에 돌을
던지며 그 종교 지도자를 짓밟는 그와
같은 무서운 형국이 벌어지지 아니하
도록 하려 함이니,
14 노도와 같이 분노해 있는 나의 백성
신도라 하여 평생을 속아온 그들이 속
아 살아온 것을 알고 너희들에게 사기
당한 것을 알 때, 그 분함을 참지 못함
이니 그 분노는 막을 길이 없음이니라.
15 그 누구도 그 길은 막을 수 없으며 막
을 수 없다는 것을 알아야 할 것이니
라.
16 그때는 피바람이요, 피비린내 나는 종
교 전쟁을 막을 수가 없기에, 내가 서
서히 다스리고자 나의 법전을 서서히
전하여,
17 한 사람, 두 사람 깨우쳐 그들의 마음
을 다스려 진정할 수 있게 해 놓고 이
법전이 세상을 다 덮는 그와 같은 역
사를 하기 위하여 내가 서서히 전함을
너희들은 알아야 할 것이니라.
18 그렇지 않을 때 종교 전쟁은 불가피하
며, 그 전쟁으로 인하여 목숨을 잃는
그 많은 백성의 희생을 막고자 하는

것이 나 여호와의 뜻임을 너희들은 알
아야 할 것이니라.
19 이제 모든 종교 지도자, 그리고 종교
집단들은 알아야 할 것이니라.
20 예수의 재림이요, 재물을 바치면 구원
을 받는다 하여 너희들의 성전에 찾아
와 맹종하고 맹신하며 그저 노동력과
모두를 다 바치는 것을 즐거움으로 했
으며,
21 무조건 종교 지도자 너희들을 신으로
받드는 데 주저하지 아니하였던 그들,
22 민주주의의 근본이라 하는 그 종교 집
단이 이제는 독재의 근본이 되었으며,
너희들이 상상할 수 없는 그와 같은
무서운 형국으로 지금도 너희들이 일
인 독재체제로 들어가며,
23 거기에는 이유도 없으며 반항을 할 수
없으며 잘못됨을 탓할 수도 없으며 잘
못된 것을 고치라 말할 수도 없는,
24 입을 다물고 살며 오로지 손뼉만 치며
'옳소! 맞습니다.' 소리를 지르며 기립
박수를 하는 그 믿음의 길을 가는 신
도라는 그 불쌍한 백성,
25 그와 같이 사악한 짓을 하는 그 집단
을 내가 문을 닫게 하고자 하며,
26 그와 같은 모두를 이 세상에서 뿌리를
뽑고자 하는 역사를 하는 것은, 지금
의 모든 백성이 더 이상 속아 넘어가
지 아니함이라는 것을 너희들은 알아
야 할 것이니라.

5,397 번째 하나님 말씀

2003년 3월 8일 08시 01분

1 사랑하는 나의 아들아!
2 "네, 아버님! 말씀하옵소서."
3 너의 제자들이 가는 길이 지치고 힘들
며 어렵다 그리 생각하며 그들이 고통
의 세월을 인내하기 고통스러워하고
살아가는 것이 지금의 너를 따르는 제
자들의 그 삶이니, 그들은 육의 고통
밖에는 모름이니라.
4 영혼을 구원하는 그 축복이요, 영광을
생각하기 전에, 너의 제자들 또한 육
의 고통 그것부터 먼저 생각하는 그와
같은 마음의 자세요, 믿음의 자세이니,
5 과연 너의 제자들이 얼마나 변했다 생
각하는가?
6 너의 제자들에게 그리 이르라.
7 너희들의 가는 길이 어렵고 힘들면 나
의 아들은 그 가는 길이 과연 편안하
며 즐거우며 행복만 있다 생각하는가?
8 나의 아들 너도 힘들고 어려운 길을
가고 있다는 것을, 그들보다 더 어렵
고 힘든 길을 가고 있음을 그들도 알
라 전하라.
9 사랑하는 나의 아들아, 기도하며 나의
뜻을 기록하여 가는 그 길이 힘들다
하여 네가 지쳐서 쓰러져도 아니 되며
포기해서도 아니 되는 것이 네가 가야
할 길이니, 너는 좌절하지 말라.
10 그리고 네가 스스로 쓰러지고자 하는
그와 같은 마음을 거둬들여야 할 것이
니라.
11 너는 아무리 힘들고 어려워도 그 길을
가야 하며 너는 역사해야 할 나로부터
선택된 나의 아들이요, 대명을 가지고
세상에 나간 자니,
12 너의 제자들이 지치고 힘들어하며 주
저하는 것을 보고 네 마음마저 지쳐

네가 포기하고자 하는 생각을 가져서는 아니 됨이니라.
13 그 누구든 이 길을 갈 수 있으며 너희들이 가고자 노력하면 이루어질 수 있는 것이니라.
14 너희들은 세상사에 말하지 않느냐?
15 '도를 닦는 사람도 고기맛을 보면 벌레도 남기지 않고 다 잡아먹는다'는 말은 무엇을 의미하느냐?
16 사람은 버릇과 훈련이요, 습관이 무섭다는 것이니라.
17 너희들이 오늘 모두를 다 나 여호와를 경배하며 나 여호와가 존재함을 알며 오늘의 길을 즐겁다 생각하고 간다면,
18 너희들 자신이 습관이 되며 버릇이 되며 인내하는 힘이 거기서 생김이니라.
19 그러니 인간 너희들은 훈련하기에 달렸고, 살아가는 방법에 따라서 적응할 수 있으며 견디고 인내하는 그와 같은 탁월하고 특출한, 나로부터 받아간 특성이 있음이니라.
20 어떠한 훈련을 받으며 어떠한 생각을 하며 너희들이 얼마나 인내하고 사느냐에 따라서 모두를 극복할 수 있는 그와 같은 특출한 은혜를 받아 세상에 나갔으니, 삶의 훈련이 중요함이니라.
21 어떠한 마음으로 살며 어떠한 각오로써 너희들이 살아가느냐 그 마음만 굳건히 한다면, 너희들은 고통과 시련이 즐거움이요, 행복이요, 당연한 길이라는 것을 알게 되거늘,
22 너희들 자신을 훈련하여 다스리지 아니하고 그리 육의 삶에 의하여 지치고 힘든 생각을 하며,
23 더 어렵고 힘들게 가는 나의 아들로 하여금 좌절하며 그가 지쳐 쓰러질 수 있는 그와 같은 행위를 나의 아들 앞에 와서 보이지 말라 내가 전함이니라.

5,398 번째 하나님 말씀

2003년 3월 8일 13시 18분

1 사랑하는 나의 아들아!
2 "네, 아버님! 말씀하옵소서."
3 네가 너의 제자 앞에서 그리 말하였느니라.
4 성전이 어려우며 네가 가는 길에 어려울 때, 도와주는 그 사람보다는 그를 돕지 못하며 도와주지 못하는 제자들이 더 마음이 아프고 쓰리다 그리 말하였음이니, 그러하니라.
5 그게 바로 네가 가야 할 길이며 네가 가는 길임을 네가 알고 있음이니, 나 여호와의 마음이 한량없이 기쁘고 즐거운 것을 알겠느냐?
6 네가 말하지 아니하였더냐?
7 그가 어떠한 사정이 있고 더욱 긴박한 사정이 있어서 너를 돕고자 할 때, 돕지 못하며 남들처럼 돕지 못하는 그와 같은 마음이 얼마나 아픈 것인가?
8 그가 큰 걱정이나 없었으면 좋겠으며, 그가 큰 고민이라도 없었으면 좋겠으며, 네가 무엇인가를 도와줘야 할 그와 같은 어려움에 처해 있지는 않은가 걱정하며,
9 그러나 네가 도울 수 없으며 지금 그를 이끌어 줄 수 없기 때문에, 네가 도와줘야 하며 그의 어려움을 보살펴 줘야 한다면 해 주지 못하는 네 마음이

너무 아프며 그 고통이 너무 깊어 네
마음이 저리니,
10 그러한 일이라도 없었으면 좋겠다는
네 마음이니라.
11 너에게 무엇인가를 주고 너를 위해서
돕고 일하는 그들이 하나도 더 소중하
지 아니하고 사랑스럽지 아니하며, 그
들이 더 소중하고 사랑스러운 그 마음
이 들 때,
12 너 자신의 마음을 무섭게 때리며, 그
러한 마음을 가지지 아니하고 똑같이
사랑하며, 그들을 더 앞에 놓지 않으
려는 그와 같은 마음을 갖고자 하는
것이 네 마음이요,
13 너를 위하여 성전을 위하여 열심히 일
하고 도와주는 그 사람의 수고로움보
다도 그를 하지 못하는 사람의 아픈
마음을 네가 더 소중하고 값지게 생각
하며, 그게 더 소중하다는 것을 깨닫
고 진심으로 그리 생각하며 그를 네
제자에게 그리 말했음이니,
14 그게 바로 내가 원하는 나의 아들이
요, 네가 갈 수 있기에 선택된 자이니
라.
15 남들은 무엇을 주는 자, 그리고 더 많
이 주는 자에게 감사하며 고마운 생각
을 하며 그를 더 생각하게 되어 있으
며,
16 그리고 인간은 무엇이 생겼을 때 받
은 사람에게 주고자 하는 것이 그 마
음이나,
17 너는 받았다 해도 줄 사람보다 더 나
약하고 어려운 사람이 있다면 그 사람
에게 베풀고자 하는 그 마음이요,
18 네가 받은 것에 대한 보답은 천천히
갚더라도 어렵고 불쌍한 사람을 먼저
줘야 한다는 그와 같은 마음을 가지고
살며,
19 성전에 와 돕지 못하며 너희들이 어렵
고 힘들 때 힘을 주지 못하는 그와 같
은 너의 제자가 더 마음이 아프며 그
를 더 사랑하며 그를 사랑하는 마음을
네 가슴속에 더 충만하도록 하는 노력
함이요, 그 생각이 진실함이니, 그 마
음을 나 여호와는 아느니라.
20 네가 네 제자에게 한 그 말이 위선이
아니요, 거짓이 아니요,
21 얼마나 진실한 마음에서 한 이야기인
가를 나는 아느니,
22 내가 그리하여 오늘의 이 기쁨을 말할
수 없느니라, 나의 아들아!
23 이제는 천사들도 그를 보고 놀랄 것이
며 사탄들도 놀랄 것이며, 네가 한 말
은 이 세상에서 지워지지 아니하고 영
원히 전해지니, 모든 동식물이 그를
다 들을 것이며 그를 볼 것이니라.
24 아들아, 그리 가라.
25 그것이 사랑이며, 네가 내 이름을 대
신하여 사는 자며, 나의 성령을 받아
만백성을 구하는 법전을 기록하는 너
임을 알라.
26 그리고 너의 제자들에게, 또 법전에
기록하여 전하라.
27 가진 자가 하늘에 오르는 것이 왜 낙
타가 바늘구멍으로 통과하기보다 더
어렵다 그리 말하는가?
28 가진 자가 베풀며 정도로 살면 그것이
죄가 아니나,
29 가진 자는 그 지키는 수법이 너무나도
무섭고 인간으로서 할 수 없는 그와

같은 독한 마음으로써 그 재산을 모은
자들이 많이 있음이니,
30 가진 자가 베풀지 못하며 더 인색하며
어려운 자의 심정을 모르는 그와 같은
부자가 더러 있음이니 그와 같은 사람
을 말하는 것이니,
31 그 사람들까지도 이제는 제가 남에게
베풀 수 있으며, 남에게 주어서 받지
못해도, 제 것을 남이 거저 모아도, 그
와 같은 능력이 있는 것이 나로부터
축복이요, 영광이라는 생각을 하고 그
와 같은 마음으로 들여다볼 수 있도
록,
32 그 얼마 안 되는 사람들도 유한 마음
으로 살게 하며,
33 거둬들이고자 혈안이 되어 독하고 악
하게 벌었던 그 마음을 유한 사랑의
마음으로 돌려 구원을 받을 수 있게
그들도 깨우쳐 주도록 그리하라, 사랑
하는 나의 아들아!

5,399 번째 하나님 말씀

2003년 3월 8일 13시 22분

1 사랑하는 나의 아들아!
2 "네, 아버님! 말씀하옵소서."
3 나의 법전을 몇 번씩 읽고 정독하여
깨우쳤으며 내가 너를 통하여 내리는
강론을 수없이 들은, 너를 따르는 제
자들이,
4 깨달음이 아무리 높으며 정신적인 생
각이 아무리 높으며, 너희들이 살아가
며 나의 율법을 모두를 다 지키고자
노력한다 하나,
5 너희들이 말로써는 그리하나 행하지
아니한다면 이는 아무런 가치도 없음
이니라.
6 너희들이 행함이 없는 것은 지금 잘못
된 믿음의 길을 가는 나의 백성처럼
너희들도 똑같은 자들이니, 그들과 차
별화되는 것은 내가 가르친 그것을 그
대로 행하며 너희들이 몸소 실천하는
그와 같은 믿음으로 가야만 된다는 것
을 잊어서는 아니 될 것이니라.
7 지금 모든 백성이 행함은 없고 그저
말로써만 모두를 베풀며 모두를 역사
하는 그와 같은 믿음의 길로 가니, 아
무도 나에게 올 수 없으며 나를 볼 자
격이 없는 자라 내가 그리 말했듯이,
너희들 또한 다 그러하니라.
8 그리하여 어떠한 시련과 고통이 있다
해도 나의 계명을 지키고 살며 율법대
로 살아가며 내가 너희들을 깨우치고
자 세상에 내려보내는 새로운 성경이
요, 마지막 심판인 법전을 그대로 지
키고 사는 것만이 너희들이 다른 백성
과 차별화되며 내가 너희들을 기억함
을 알아야 할 것이니라.
9 지금 2천 년의 역사가 흘러갔으며 2
천 년 동안에 신약 시대가 과연 어떠
한 결과를 맞이했는가?
10 나의 아들이 목숨을 바쳐 가면서까지
너희를 구원하고자 했으며, 너희에게
나누며 사랑을 베풀며 사는 백성이 되
라 그리 말했거늘,
11 그리고 종과 같은 마음으로 살라 하였
으며, 더불어 서로 의논하고 협조하며
살아가는 삶을 살라 그리 부르짖으며,
그를 위해 목숨을 내걸고 깨우쳤던 나
의 아들이 죽은 지 2천 년의 세월이

흐른 이 시점에, 너희는 과연 어떤 형
국이 되었는가?
12 천사들이 사는, 하늘에서 이루어진 것
같이 과연 지상의 낙원이 이루어졌는
가?
13 종말의 시대라는 것이 지금 도래하였
으며, 도둑질과 거짓된 것이 난무해
있으며, 더불어 사는 것이 아니라 인
간이 인간을 두려워하며 무서워하는
그와 같은 형국이 되었음이니라.
14 너희들은 사람을 공격하는 사나운 맹
수보다도 더 무섭고 겁에 질려 살며,
만나서 대화하며 이루는 것이 두려운
것이 인간이라 생각하고 살아감이니
라.
15 너희들이 인간을 그리 두려워하며 무
서워하고 삶이니,
16 너희들은 어떠한 맹수보다도 더 무서
운 것이 바로 그와 같은 짐승의 꼴로
써 살아가는 인간 너희들이 아니던가?
17 어떠한 맹수보다도 인간을 보기를 더
무서워한다면, 그 무서운 맹수보다도
더 무서운 짐승으로서 변화된 것이 나
의 백성 너희들이니,
18 서로 죽이지 못하여 아비규환이 되어
있으며, 서로 물고 늘어지지 못하여
혈안이 되어 있는 그와 같은 형국이니,
19 짐승보다도 더 무서워하고 보기를 그
리 두려워하고 사는 백성이 이 세상에
있다면 이는 얼마나 무서운 현실이며
얼마나 잘못 간 것인가?
20 나의 아들 예수의 죽음을 너희들이 헛
되이 하며, 말로써 그 이름을 부르며
구원받는다 하면서 행함이 없음이니,
21 너희들은 그 죄의 무서움이 무엇인가
를 죽어 왔을 때 알 것이니 그리 알라.

5,400 번째 하나님 말씀

2003년 3월 8일 13시 28분

1 사랑하는 나의 아들아!
2 "네, 아버님! 말씀하옵소서."
3 내가 너에게 이 법전에 기록하여 전하
기를 뭐라 말하였더냐?
4 나의 법전을 무상으로 주지 말며, 무
상으로 전하지 말라 그리하였음이니
라.
5 너희들은 만백성을 구하고자 하는 그
급한 마음에서 무상으로 전하며 그저
전하는 것을 즐거움으로 생각하나, 그
리 주지 말라 내가 말하였느니라.
6 무상으로 받는 자는 그 소중함을 모르
며 그 귀함을 모르니,
7 저희가 구원을 받고 못 받는 법전을
접하는 것은 그 대가를 지급하고 구
입하여 필요에 의해 읽는 그런 자들에
게 법전을 주도록 하라.
8 그냥 무상으로 던져 주는 일은 절대
하지 말라.
9 그것은 나를 욕되게 하는 것이며, 나
의 법전을 불 속에 넣는 그와 같은 행
위이니라.
10 그러하니 대가를 지불하지 아니하는
그러한 상태에서 절대로 법전을 무상
으로 주지 말도록 그리하라.
11 너희들이 구입해서 알아서 주는 것은
모르겠으나, 나의 법전을 그냥 무상으
로 마구 던져 주는 그와 같은 일은 하
지 말라.
12 이는 바로 무엇이더냐?

13 지금 온 세상이 다 잘못되어 저희들이
쓰러져 가며 거꾸로 살아가는 이 형국
에서, 쓰러져 가는 그들을 바로잡는
구원의 불씨가 나의 법전이요,
14 모두가 쓰러져 가는 지금 이 환경을
살리는 것이요, 사랑이 없어 황폐할
대로 황폐한 이 세상을 바로 살리는
그 불씨가 나의 법전이니,
15 그 불씨는 그 대가가 있으며 그 값어
치를 지니고 있음이니라.
16 그를 무상으로 주면 그들이 불씨로 쓰
지 아니함이니라.
17 하나 남은 불씨가 얼마나 소중한가를
알아야 너희들이 소중하게 간직하며
쓰지 않겠는가?
18 많은 불씨가 있으면 그 불씨의 소중함
을 모름이니라.
19 그러니 무상으로 주지 말며, 저희들이
구입해서 볼 수 있도록 하며,
20 구입해서 보는 자만이 그 법전을 볼
기회를 주도록 하라.
21 이제 절대 무상으로 주는 일이 없도록
하라.
22 내가 너에게 두 번 다시 이리 명하지
않을 것이니 이를 어기는 일이 없도록
하며 거역하는 일이 없도록 그리하라,
사랑하는 나의 아들아!
23 너희들이 전하고자 구입해서 백성에
게 전하는 것은 너희들의 뜻이나, 나
의 법전이 여기서 나갈 때 그대로 나
가는 일이 없도록 일절 그리 다스리도
록 하라, 사랑하는 나의 아들아!
24 무상으로 나의 법전을 가져간 자는 정
독하지 아니하며 소중한 줄 모르며,
그저 아무나 받아서 볼 수 있는 것이
며 그저 남아돌아서 믿음의 복음을
전파하는 자들처럼, '예수 천국이요,
불신 지옥'이라 그저 소리 지르는 그
와 같은 사람들의 복음의 방법과 똑
같이 생각할 것이며 거기서 벗어나지
못할 것이니라.
25 이는 믿음을 강요하기 위해 믿음을 전
하려고 복음서로 보냄이니, 이는 가치
없는 것이라 그리 생각할 것이니라.
26 그러니 저희들이 필요로 해서 구입해
서 읽는 자는 그를 정독할 것이며 그
는 반드시 거기서 깨달음을 얻을 것이
니라.
27 그리하여 무상으로 주지 말라는 나 여
호와의 뜻이니, 이를 엄격히 지켜 행
하도록 하라.
28 지금까지 너희들이 무상으로 많이 뿌
리고 전했으며, 만백성을 구하고자 하
는 급한 마음에서 너희들이 노력함은
나 여호와가 알고 있음이니라.
29 그리고 어려운 자, 또 불쌍한 자에게
그냥 주는 그 마음을 나도 아느니라.
30 그러나 구원의 길의 영광을 얻는 것으
로서 그 영광을 무상으로 주었을 때,
그 값어치요, 그 소중함을 모름이니,
31 '하늘에 오르는 길'이요, '하나님! 말
씀하옵소서'라는 나의 성령이 그와 같
이 무가치하게 흘러가서는 아니 되며,
소중함을 모르고 흘러가서는 아니 되
며, 소중함을 알고 그를 정독하여 스
스로 하늘에 오르는 그 영광스러운 길
의 그 불씨를 볼 수 있도록 너희들이
그리 깨우치도록 하라.
32 무상으로 나의 법전을 주는 일은 일절
없어야 할 것이며, 그를 용서하지 아

니할 것이니라.
33 그와 같은 행위를 너희들이 범했을
때, 내가 너희들에게 은혜를 내리지
아니할 것이며,
34 법전이 세상을 덮는 시간이 더 오래
걸리며, 너희들의 고통이 더 가중된다
는 것을 잊지 말라.
35 이를 내가 너희들에게 두 번째 엄히
명함이니 이를 행하도록 그리하라.

5,401 번째 하나님 말씀

2003년 3월 8일 13시 35분

1 사랑하는 나의 아들아!
2 "네, 아버님! 말씀하옵소서."
3 나의 법전을 접하며 깨달음의 길을 가
는 백성, 내가 나의 아들을 통하여 내
리는 강론을 듣는 너희들은 처음 나의
법전을 접하며 나의 성전을 찾아왔던
그 초심이 변하지 않는 그 믿음으로
달려가야 함을 잊지 말라 그리 전하라.
4 너희들이 나를 만났으며 나의 법전을
접해 강론을 들었으며 나의 성전을 찾
아왔을 때, 그 초심이 바로 하늘에 오
르는 길이요,
5 그 초심을 항상 늦춰서는 아니 되는
것이니 그리 알라.
6 그와 같은 마음으로 믿음을 향하고 살
아갈 때 너희들은 변화가 이루어질 것
이며,
7 너희들이 대역사의 소용돌이 속에서
만백성을 구하는 그와 같은 나의 전사
로서 책무를 다할 수 있는 마음이 될
것이니라.
8 너희들이 지도자로서 만백성을 구한
다 하여도, 나의 법전을 처음에 접했
던 그 초심을 도로 찾으라.
9 그 마음이 조금도 변해서는 아니 되느
니라.
10 너희들이 어떠한 이유든, 어떠한 생각
이든 그 초심이 너희들에게서 변해서
는 아니 될 것이니라.
11 나의 아들이 실수했다 하여, 나의 아
들이 잘못됐다 하여 너희들의 그 초심
이 변해서는 아니 되느니라.
12 그 초심이 나를 향하는 마음이요, 나
를 사랑하는 마음이니라.
13 나의 아들이 잘못하였을 때 그는 내가
체벌할 것이며 내가 다스릴 것이니,
14 그렇다 하여 나의 아들의 잘못을 탓하
지 말라는 것은 아니니라.
15 나의 아들이 잘못 감을 탓하고 깨우쳐
주되, 너희들의 초심의 그 믿음이 변
하는 것은 너희들이 잘못 깨우치며 가
는 것이니라.
16 너희들은 주인과 종의 그 관계를 모르
며, 너희들이 하는 일의 원초적인 근
본의 업무를 모르며, 그저 잡기에만
마음이 쏠려 살아가는 그와 같은 사람
의 삶이 바로 그것이니라.
17 너희들이 나의 법전을 접했던 그 초
심이 흔들리는 것은, 삶의 생활을 위
하여 최선의 노력을 다하는 것은 잊
어버리고 잡기요, 오락이요, 육의 즐
거움에 빠져서 살아가는 그와 같은 자
이니라.
18 그리고 알코올로써 모든 고통이요, 시
련이요, 괴로움을 잊고자 하여 알코올
을 부어 넣으면서 괴로워서 마신다는
자와 똑같은 자이니라.

19 그러니 너희들이 어떠한 상태에서 어
떠한 변화가 있으며 어떤 소용돌이가
있다 하여 나의 법전을 접한 그 초심
이 변하는 것은 너희들이 변하는 것이
며,
20 너희들이 나에게서 떠난 자라는 걸 잊
지 말라.
21 너희들이 초심을 지키는 것은 너희들
의 믿음이요, 나를 향하는 마음이요,
나를 경배하는 마음이요,
22 마음이 맞지 않다 하여, 나의 아들이
실수한다 해서 그 초심을 지워 버리는
것은 너희들이 구원을 버림이니라.
23 나의 아들이 잘못하는 것은 너희들이
깨우쳐 바로잡을 수 있으며 나 여호와
가 그를 다스려 너희들이 같이 더불어
그를 바로 세울 수 있는 것이나,
24 너희들이 초심이 흔들리는 것은 사탄
에게 너희들의 마음이 넘어간 것이며
너희들이 변했기 때문이니, 그와 같은
마음을 버려서는 안 됨을 알아야 할
것이니라.
25 항상 초심의 긴장을 풀지 말고 믿음의
길을 가며, 그 길을 위하여 달려가도
록 그리하라, 사랑하는 나의 아들딸들
아!
26 그것만이 너희들이 나에게 오르는 길
임을 잊지 말라.
27 믿음의 초심을 버리지 말라.
28 너희들이 설레는 마음이요, 나의 법전
을 읽던 그 마음이요, 눈물을 흘리며
나의 법전을 읽던 그 초심을 잠시라도
버리면,
29 너희들은 사탄에게 쓰러지는 것이며
사탄에게 넘어진다는 것을 잊지 말라,
사랑하는 아들딸들아!

5,402 번째 하나님 말씀

2003년 3월 8일 13시 47분

1 사랑하는 나의 아들아!
2 "네, 아버님! 말씀하옵소서."
3 너희들 인간이 살아가는 그 마음이 과
연 어떠하던가?
4 너희들은 가정을 이루어 살아가면서
자식을 두게 되며, 그 자식이 곱게 성
장하여 결혼이라는 것을 하게 되어
너희들의 품을 떠나게 됨이니,
5 그때 부모의 마음이 이러한 자도 있을
것이니라.
6 제가 두 자식을 잘 길러서 이제 그들
이 결혼하여 사회에 나감이니,
7 그들이 가서 둘을 더 데리고 오니 저
는 이제 자식 넷을 둔 부모가 되었다
는 그와 같은 욕심을 가지고 거기에
연연하는 부모가 있는가 하면,
8 그저 저는 두 자식을 곱게 길렀으니
그저 두 자식만 제 자식으로 생각하
며, 남의 자식 둘까지 제 자식이 되는
것처럼 욕심을 내지 아니하겠다 그리
살아가는 사람이 있으며,
9 이제 제가 곱게 길러 사회에 내보냈으
니, 이제 그쪽 자식으로 보내 주어, 저
는 제 앞에 자식을 두지 아니하며, 제
자식도 남의 자식처럼 그곳에 가 아름
답게 살기를 바라며, 그쪽 부모를 위
하여 살아가는 그와 같은 마음을 가지
고 살아가도록 바라는 너희들의 세 가
지 마음이 있지 않은가?
10 그것은 어떠한 마음이던가?

11 남의 자식을 데려오고자 하는 것이 아
니요, 제 자식을 남을 위해서 주며 그
리 보내고자 하는 그 마음이 인간의
초심이며 너희들의 본연의 마음이니
라.
12 그것이 내가 너희들에게 세상에 내려
보낸 율법이요, 구약이요, 신약이요,
그리고 나의 법전보다도 그 위에 있는
법도며 사회질서요, 살아가는 길임을
너희들은 알아야 할 것이니라.
13 지금 나의 피조물 만백성을 구한다며
가르치는 자들의 그 마음은 과연 어떠
하던가?
14 지금의 모든 종교 집단이 저희만 구
원을 받는다고 부르짖는 것은 이기주
의니, 그것은 바로 무엇이더냐?
15 자식 둘을 길러 결혼을 시키면서 남의
집 자식 둘까지 뺏어 오고자 하는 그
와 같은 마음을 가진 것이 종교 집단
이요, 종교 지도자들이요,
16 그리고 너희만이 구원을 받았다며 부
모·형제의 사랑도 모르고 그저 황폐
하고 메마른 마음으로 살아가는 신도
라는 너희들이 그러한 마음이요, 오래
믿으며 믿을수록 그런 마음이 굳어진
자들이니라.
17 믿지 아니하며 내가 존재함을 모르고
살아가는 백성, 제 자식이기에 그저
제 자식만을 생각하며, 영원히 제 아
들딸은 둘이라는 것만 생각하고 사는
믿지 않는 백성의 그 순박한 마음이
그런 마음이며,
18 지금 나의 법전을 읽고 깨우치며 나의
아들을 따르는 제자 너희들은 모든 봉
사와 희생을 삶으로 하니,
19 남의 자식도 제 자식처럼 모두를 대중
적으로 볼 수 있는 그와 같은 마음을
가졌으니,
20 과연 너희들과 지금 백성의 차별화가
어디에 있는가?
21 그러니 너희들이 그러한 마음이니, 그
러한 마음을 제 두 자식만 자식이라
생각하는 그저 평범하고 순박하며 아
름답게 살아가는 백성, 그리고 둘을
놓고 넷이라 하는 그 사악한 자들의
마음까지도 돌려놓으며 깨우쳐 주며
바로잡아야 하는 것이 너희들이니,
22 그들을 다 원초적인 마음이요, 초심으
로 돌려보낼 수 있도록 거기에 모두를
다 바쳐야 할 것이니,
23 둘을 놓고 넷이라 하는 자들에게 둘도
제 것이 아니라는 것을 가르치기에는
얼마나 어렵고 힘든 그 벽을 넘어야
하는가?
24 이를 생각하면서 그것 하나 깨우치기
를 모든 정성을 들여 하도록 하라.
25 모든 정성을 들이지 아니하며 온갖 마
음을 다 바치지 아니하면 그들을 바로
잡을 수 없으며 너희들 쪽으로 그를
돌릴 수 없으며, 구원의 길이요, 하늘
에 오르는 그 초심으로 그들을 돌릴
수 없는 것이니,
26 너희들이 거기에 그 고통과 어려움이
있느니라.
27 그러나 좌절하지 말고 그들을 깨우쳐
라.
28 그들도 다 너희들과 같이 나에게서 성
령을 받아 나간 한 형제요, 남남이 아
니라는 것을 알아야 할 것이니라.
29 그들이 남남이 아니니라.

30 지금 지옥 불로 떨어져 가면서 그것이 하늘에 오르는 길이라 발버둥치며 악을 쓰는 그 백성이 남이 아님이니라.

31 그들의 원성이 남의 목소리가 아님이니라.

32 너희들이 부르짖는 소리요, 너희들의 목소리요, 너희들도 나의 법전을 접하지 아니했을 때 그곳에 있지 아니하였는가?

33 너희들이 그와 같이 잘못 가는 길을 달려가며 울부짖고 있을 때, 이웃의 형제가 너를 구원해 주지 아니하며 너를 이끌어 주지 아니한다면 네 마음이 과연 얼마나 아프고 저리겠는가?

34 너 자신의 불쌍한 모습이요, 네 모습이라 생각하고, 너희들이 바로 너를 구원하는 그와 같은 심정으로 둘을 놓고 넷이라 하는 그 백성을 구하는 데 최선을 다하며 노력을 아끼지 말라.

35 그리고 둘을 놓고 둘만을 제 자식이라 생각하며 순박하며 아름답고 고운 마음을 가지고 살아가는 그 백성 또한 깨우쳐 초심으로 돌아가 구원을 받도록 그 길을 인도하라.

36 그것이 너희들이 할 일이니라.

37 과연 그들을 누가 깨우쳐 나의 진리요, 참사랑을 실천하겠는가?

38 둘을 두고 넷을 갖고자 하는 그 욕심 많은 사악한 종교 집단들이 그를 행하겠는가?

39 그들이 과연 나의 뜻대로 살아가며 행한다 생각하는가?

40 둘을 움켜쥐고 그를 놓지 못하는 그들이 또한 나의 뜻대로 만백성을 깨우치며 이 세상을 아름답게 정화할 수 있다고 생각하는가?

41 아무도 할 수 없음이니라.

42 제 자식 둘을 대중적으로 보며 그걸 남을 위해서 보낼 수 있는 그 마음, 그리고 제 손에 쥐고 있는 그 욕심의 끈을 놓을 수 있는 너희들만이 이 세상을 다스릴 수 있으며 이 세상을 정화할 수 있으며,

43 만백성이 하늘을 향하여 달려올 수 있는 그 길의 안내자가 될 수 있는 건 너희뿐이니라.

44 그래서 너희가 그만큼 소중한 자이니라.

45 명심하고 또 명심하여 행하도록 그리하라, 사랑하는 나의 아들딸들아!

46 좌절하지 말며 포기하지 말며 용기 잃지 말라.

47 항상 내가 너희와 같이하고 있으며 너희와 더불어 내가 그 역사를 이루고자 함이니,

48 내가 너희를 기억하고 너희를 받쳐 주고 너희를 이끌어 감이니, 너희가 두려울 것이 무엇이 있으며 주저할 것이 무엇이 있으며 무서울 것이 무엇이 있더냐?

49 자신과 용기를 가지고 최선을 다하여 살아가는 그 삶을 소홀히 하지 말라, 사랑하는 나의 아들딸들아!

5,403 번째 하나님 말씀

2003년 3월 8일 20시 21분

1 사랑하는 나의 아들아!

2 "네, 아버님! 말씀하옵소서."

3 너희들이 믿음의 길을 가는 길이요,

구원의 길은 행함이 아니면 절대로 그
구원의 길을 올 수 없으며 나에게 올
수 없다는 것을 네 제자들에게 깊이
심어 주며, 그를 가슴 깊이 간직하고
살도록 그리하여야 할 것이니라.
4 너희들이 행함이 없이 말로써 그리 쉽
게 구원을 받으며 나에게 오를 수 있
다면 얼마나 좋고 편한 길이겠는가?
5 그러나 행함이 없는 것은 역사함이 없
으며 이루어지는 것이 없으며 변화되
는 것이 없음이니라.
6 너희들이 물건 하나를 옮겨 놓는 것도
육신이 움직이는 그 행위로써 이루어
지나니, 말로써 아무리 소리 지르고
악을 쓴다 해도 그것이 옮겨지는 것이
아니니라.
7 천둥번개와 같은 소리를 지른다 해서
그것이 옮겨진다 생각하는가?
8 작은 손가락 하나라도 들어서 움직이
는 그와 같은 행함이 얼마나 소중하고
귀한 것인가?
9 행함이 없이는 절대 구원을 받을 수
없으며 나에게 오르려 생각하지도 말
며, 행하지 않는 자는 나의 이름을 부
르지도 말라.
10 너희들 선생이라는 자가 그 제자들을
가르치느니라.
11 너희는 도덕과 질서를 지키고 살아가
는 착한 어린이니, 길거리에 휴지가
있으면 그를 주워서 휴지통에 버리고
가는 그와 같은 삶을 사는 것이 아름
다운 삶이라 그 선생이 그 제자들 앞
에 수없이 가르쳤음이니라.
12 그러나 제자들과 그 선생이 같이 행동
하면서, 버려진 것을 선생이 보지 아
니하며 그를 줍지 않으며 그냥 지나가
는 모습을 보고 그 아이들은 그것을
주워서 버리는 그와 같은 행함의 깨달
음을 얻을 수 없느니라.
13 그 선생이 가르치면서 가르친 대로 그
걸 주어서 계속 쓰레기통이요, 버릴
장소에 버리는 그와 같은 행동을 할
때,
14 그 제자들은 선생이 말한 대로 지키고
사는 것이 바른길이며, 선생이 그를
지키고 살기에 선생이 수고롭게 그를
줍기 전에 먼저 주워 치우려 하는 그
와 같은 마음이 생길 것이며, 그리하
여 그들이 행함을 스스로 배우게 될
것이니라.
15 결코 행하지 아니하면 쓰레기 하나도
쓰레기통에 버릴 수 없는 것이 그 역
사이거늘,
16 그래서 행함이 중요한 것이니라.
17 말로써는 아무것도 이루어지는 것이
없음이니라.
18 그러니 종교 지도자는 바로 무엇이던
가?
19 그들이 한 말에 대한 책임을 져야 할
것이며 행동으로써 모든 것을 보여 줘
야 함을 너희들은 잊어서는 아니 될
것이니라.
20 그와 같은 마음의 자세로 살아가지 아
니한다면 나의 피조물 만백성은 너희
들을 따를 자가 없으며,
21 나의 법전은 세상에 나와 만백성을 구
하는 빛이 되지 아니하고 그저 불태워
지며 사그라지는 그와 같은 형국으로
될 것이니라.
22 그러니 너희들은 행동으로 보여 주며

행동으로써 모두를 역사하며 실천으
로써 깨닫고 살아가는 그와 같은 행함
이 중요하다는 것을 만백성에게 가르
쳐 주며, 너희들이 행함을 그리하도록
하라.
23 행함이 없는 그 믿음은 죽은 믿음이
요, 그는 어떠한 것도 역사할 수 없다
는 것을 너희들은 잘 알아야 할 것이
니라.
24 지금 나의 아들이요, 나의 법전을 읽
고 깨우친 그 제자들이 스스로 좋은
일, 아름다운 일을 하고자 눈을 크게
뜨고 할 수 있는 일이 있는가 없는가
를 바라보고 세상을 살아감이니,
25 그들의 눈에 보이는 도와줄 일, 남을
위해 할 수 있는 일이라면 그들은 서
슴지 않고 그를 행함이니,
26 무거운 짐을 들어다 주는 것도, 남의
어려운 것을 같이 나눠 주는 것도 그
것이 다 행함이 아니던가?
27 말로써만 들어 준다 하면 무겁고 힘든
것을 들고 가는 자에게 과연 무슨 도
움이 되겠는가?
28 무겁다 생각하며 '선생! 무겁겠소이
다.' 그 말만 하고 지나간다면 감정만
격화됨이니,
29 말없이 같이 나눠 들며 그 무거움을
마주 들어 주는 그와 같은 행함이 있
을 때, 그는 가벼움을 알며 고마움을
아는 것이니라.
30 그 이치를 너희들이 보더라도 행함이
얼마나 중요하고 귀한 것인가를, 행함
만이 구원을 받는다는 것을 너희들은
절대 잊어서는 아니 됨을 알라.

5,404 번째 하나님 말씀

2003년 3월 8일 20시 35분

1 사랑하는 나의 아들아!
2 "네, 아버님! 말씀하옵소서."
3 너희들은 스스로 육을 가지고 있으며
생각을 하며 판단력을 가지고 살아간
다고 하나 무엇 하나 네 마음대로, 네
의사대로 할 수 있는 것이 있다 생각
하는가?
4 그러기에 너희들은 낮은 자요, 가장
낮은 자로 살라 하였음이니라.
5 그것이 겸손의 미덕이요, 양보의 미덕
이며, 스스로 낮은 자라 행하는 삶을
살아가는 자가 갖춰야 할 생각이며
그와 같은 마음을 가지고 살아가는 것
이 나에게 선택된 백성 너희들이라는
것을 알아야 할 것이니라.
6 너희들은 바로 나에게 선택된 백성이
니라.
7 아무것도 네 마음대로 할 수 없는 너
희들을 내가 선택된 백성이라 하면 너
희들은 나에게 뭐라 말을 해야 하겠는
가?
8 너희들은 아무런 능력도 없으며 무엇
하나도 너희 마음대로 할 수 없는 자
들이요, 너희 육신마저도 죽어 갈 때
땅으로 가는 것을 막지 못하며 썩어
가는 것을 막지 못하는 것이 너희들이
아니던가?
9 또한 죽음마저도 마음대로 관리할 수
없으며 다스릴 수 없는 것이 너희들이
니, 너희 생명도 너희 뜻대로 연장할
수 없으며 죽고 싶을 때 죽으며 더 살
고 싶을 때 살며 병들어 눕고 싶을 때

누우며 고치고 싶을 때 고칠 수 있는
너희 육신이지만 너희들이 과연 그리
할 수 있는가?
10 아무것도 할 수 없으니라.
11 아무것도 할 수 없는 너희들을 내가
그와 같이 세상에 내보냈다면 너희들
은 바로 무슨 마음을 가지고 살아야
하겠는가?
12 나 여호와가 내린 율법이요, 내가 지
키라는 나의 법전이요, 이와 같은 모
두를 거역하며 사는 너희들의 그 자세
요, 내가 십계명을 불로써 세상에 내
렸으나 인간이라 하여 이를 지키고 살
수 없다 하며 인간이라 하여 죄를 짓
지 않고 살 수 없다는 사악한 말을 하
고 있음이니, 그들이 얼마나 무서운
자들이며 그들이 얼마나 사악한 속에
서 몰라도 너무도 모르고 사는 것인가?
13 이제 나의 법전을 읽은 백성이요, 나
의 아들을 따르는 제자 너희들은 이와
같은 마음을 가지고 살아야 할 것이니
라.
14 너희들이 가장 낮은 자라는 생각을
하며, 아무것도 역사하고 이룰 것이
없으며, 너희 육신 하나, 너희들의 정
신 하나 마음대로 다스릴 수 없으며,
15 오로지 나 여호와의 주관으로 움직인
다는 그와 같은 마음을 가지면서 나에
게 선택된 백성 너희들은 나 여호와에
게 '하나님 아버지께서 쓰시고자 하신
다면 마음대로 쓰십시오.' 하는 그런
기도를 해야 할 것이니라.
16 '쓰시고 싶은 데 쓰시며 명하시는 대
로 따라가겠사옵나이다.
17 아버님께서 보내주신 이 명에 따라 저
는 살아가며 아버님이 쓰시는 그 도구
로써 그저 어떠한 것에 저를 쓰신다
해도 저는 그것으로 기쁨이요, 영광의
마음으로써 따르겠사옵나이다.
18 아버님께서 쓰시고 싶으신 대로 마음
대로 쓰십시오.' 하고 기도하는 마음
으로 살아야 하거늘,
19 감히 너희들이 내가 내린 것을 지킬
수 없다 지킬 수 있다 갑론을박하고
있음이니,
20 그와 같은 행위가 너희들이 얼마나
무서운 죄악인지를 모르고 종교 지도
자들이 그리 울부짖으며,
21 또한 많은 신도라는 자들이 재물과 시
간을 다 바치며 구원받았다는 그 착각
속에서 그리 살아감이니,
22 이제 나의 법전에 기록하여 나의 선택
된 백성이요, 나의 아들을 따르는 사
랑하는 너희들에게 전함이니라.
23 '아버지께서 쓰시고 싶은 대로 쓰시며
아버지께서 마음대로 쓰시옵소서. 저
는 오로지 아버님의 기구요, 도구로써
존재하옵나이다.' 너희들은 그리 기도
하라.
24 '아버지가 원하시는 그대로 살아가겠
사옵나이다.'
25 이와 같은 마음으로 다시 태어나는 완
벽한 삶을 살아가고자 하며, 완벽한
삶을 살 수 있도록 너희들이
26 '쓰고자 하시면 쓰십시오.'
27 이렇게 말해야 할 것이며, 내가 불러
쓸 수 있도록 항상 준비된 자세가 되
어 있어야 할 것이며,
28 깨끗한 마음 자세로 기다리는 그와 같
은 마음으로 살아가야 함을 잊지 말라.

29 나에게 쓰고자 할 때 쓰고 싶은 곳에
쓰시라 그리 말하며 내가 불러 쓸 때
언제라도 달려가 내 뜻에 따라 움직
일 수 있는 그와 같은 마음의 자세를
가지고 살아가야 함을 너희는 잊지 말
라.
30 이제 선택된 나의 아들이요, 나의 백
성이요, 나의 아들과 더불어 가는 사
랑하는 제자 너희는 알라.
31 너희는 이제 완벽히 준비된 자로서 나
여호와가 쓰고자 함이니,
32 도망갈 수도 없으며 어느 곳으로 피해
갈 수도 없는 것이 너희들이라는 것을
이미 깨우치고, 오로지 내가 불러 쓰
고자 하는 그 역사에 모두를 다 바치
는 그와 같은 마음의 자세로 살아가며
생활을 바꿔야 할 것이니라.
33 너희가 나의 뜻을 거역하지 아니하며
내가 부를 때 달려오며 쓰고자 할 때
도구로써 내가 활용할 때, 너희들이
그저 쓰임을 영광으로 생각하는 그와
같은 마음을 가지고 사는 것이 나의
뜻을 거역하지 않는 것이요, 나의 뜻
에 순종하는 것임을 알아야 할 것이니
라.
34 '창조주 하나님 아버지께서 쓰시고 싶
은 곳에 저를 쓰십시오,' 하는, 항상
그와 같은 마음을 갖고 살아가도록 그
리하라.
35 그렇다 하여 너희가 소중하고 귀하지
않은 자식이 아니니라.
36 나 여호와가 쓰고자, 내가 도구로 활
용하기 위해 너희들을 선택하고 준비
했으니,
37 이제는 너희들을 아무 곳에나 함부로
내던지지 말며, 함부로 다루지 말며,
함부로 낮춰 생각하지 말며, 너희들의
육신을 함부로 다루는 그와 같은 생각
을 하지 말며, 너희들이 귀하고 소중
히 다루어야 할 것이니라.
38 너희는 내가 선택한 자이기에 내가
너희를 보냈으며 내가 쓰고자 선택했
음이니, 너희는 무가치한 나의 백성이
아니니라.
39 가장 소중하니라.
40 너희 자신을 무가치하게 생각하여 함
부로 쓰는 그와 같은 일을 하지 말라.
41 너희들이 이제는 아니니라.
42 창조주 나 여호와가 너희를 귀중하게
준비시켰으며 나의 삶을 대신하여 새
역사를 이루는 데 쓰고자 함이니, 너
희 스스로 가치없는 백성이요, 가진
것이 없으며 명예가 없다 하여 함부
로 처신하지 말라.
43 너희들보다 소중한 자가 없음이니라.
44 창조주 나 여호와가 쓰고자 하여 너희
들을 내가 준비하였으며 내가 도구로
쓰고자 하여 너희들을 갈고 닦고 있음
이니, 갈고 닦아졌을 때 너희들을 그
적소에 내가 쓸 것이니 그때 너희가
없으면 아니 됨이니라.
45 그러니 너희를 무가치한 인생으로 보
지 말며 함부로 너희 자신을 다루지
말라.
46 이 세상의 무엇보다도 소중하고 귀한
것이 너희들이니, 너희 하나와 이 세
상을 다 줘도 바꾸지 아니하는 나 여
호와의 마음을 너희들이 알아야 할
것이니라, 사랑하는 선택된 나의 아들
딸들아!

5,405 번째 하나님 말씀

2003년 3월 8일 20시 52분

1 사랑하는 나의 아들아!
2 "네, 아버님! 말씀하옵소서."
3 인간 세상에서 86세라는 나이를 먹은
사람은 얼마나 살았는가?
4 살 만큼 산 사람이니 인간 세상의 모
든 풍파요, 인간으로서 쓰고 아픈 모
든 것을 다 겪고 살아왔으며,
5 그가 인간 세상에서 겪고 살아온 그
모두를 다 책으로 엮어 말한다면 몇
권의 책을 써 놓을 만큼 그는 그와 같
이 인생을 산 자가 아니던가?
6 인간 세상에서 86세의 나이를 먹은
그 노신사가 너에게 찾아와서 뭐라 말
하였는가?
7 그는 네 앞에 눈물을 글썽이며 말하였
느니라.
8 그는 발걸음도 제대로 떼지 못하는 부
자연스런 몸과, 말하는 것조차도 힘차
게 말할 수도 없으며 듣는 것까지도
그리 선명하지 아니한, 죽음을 목전에
둔 그 86세의 노신사는 너에게 와서
눈물을 글썽이며 말하였느니라.
9 '선생이여! 나는 마지막으로 꼭 구원
을 받아야 하겠으며, 구원을 받아 하
나님 나라에 가야겠습니다.' 그리 말
하며 네 앞에서 눈물 흘리는 그 노신
사의 모습을 보고 너는 무엇을 느꼈으
며 무엇을 생각했는가?
10 "네, 아버님!
11 이 세상은 아직도 희망이 있다 생각했
으며, 이 나이 든 노신사가 죽음을 앞
두고 오늘 법전을 읽고 이는 마지막
하나님께서 내린 말씀이라 생각하며,
12 구약에서 신약으로 뻗어 나오는 그때
의 그 환란 속에서 도저히 구약의 그
폭행에 견딜 수 없어 신약이라 하는
종파가 생겼던 그 시대보다 더한 사악
한 지금의 시대가 되었으니,
13 이를 다스리고자 아버지께서 말씀을
내리신 이 법전을 접한 것을 그는 영
광이라 생각하며 이 법전 앞에 고개
숙여 그만은 꼭 구원을 받는 인생을
살아가겠다며 눈물짓는 그 노신사의
모습을 보고 제 마음이 너무나 아팠사
옵나이다."
14 그것을 보고 너는 만백성을 구한다는
그 마음을 굳건히 했을 것이며,
15 지금 네가 말한 대로 세상은 아직 희
망이 있다는 생각을 했을 것이며,
16 많은 자들이 그와 같은 마음속에서 갈
길을 못 잡는 것을 너는 알고 있으며
네가 안다 말하지 아니했던가?
17 너는 말하지 아니하였으나 그리 나에
게 네 마음을 전함을 나는 알고 있음
이니라.
18 사랑하는 나의 아들아!
19 그는 평생 무엇을 위해서 살았다 하던
가?
20 교회를 짓는 사업을 하고 살았으며,
신도들을 구원하는 그 길에 모두를 다
바쳐 그는 지금까지 살아왔다 그리
말하였느니라.
21 진정한 믿음을 찾아 여태까지 교회를
세우며 많은 사람을 구원하고자 그가
몸바쳐 살아왔던 진정한 믿음이라는
그 길이 이제는 그것이 허상이요, 빈
깡통이요, 거기에 진실은 아무것도 없

음이니,
22 이제 오늘 죽을지 내일 죽을지 모르는
그 생명 앞에 지금이라도 진정한 믿음
을 찾으려고 발버둥치고 노력하다 나
의 법전을 접하여,
23 거동이 불편한 그와 같은 노쇠한 노신
사가 그 몸을 이끌고 나의 성전을 찾
아와 너에게 말한 것이 무엇이었던가?
24 그는 교회라는 것을 개척하여 목사를
모셨으며, 많은 신도가 없어도 거기에
서 하늘에 오르는 그 깨달음을 같이
가고자 그리하였음이니라.
25 그러나 그곳에 지켜 온 그 목사는 더
크고 화려한 성전을 지으려고 제 임
의대로 계획하여 그를 지어 놓고 건축
부장이라는 그 책임을 지운 그에게
신도들의 재물을 담보로 하여 그 부
채를 갚도록 하라 그리 명하니, 그는
그를 할 수 없다 그리 말했다 하였느
니라.
26 '우리 신도들에게 재산의 보증을 세워
그 교회의 진 대금을 다 변제해 줄 수
는 있으나, 이를 지도자인 목사님께서
어떠한 방법으로 어떻게 갚겠다는 그
와 같은 보증서요, 서류를 만들어 주
지 아니한다면 신도들의 재물로써 보
증을 서게 할 수 없으니 이와 같은 조
치를 해 달라.' 그리 말했을 때,
27 그가 교회에 나오지 않은 날 그 목사
는 그를 그 교회에서 퇴출하였으며,
그를 나오지 못하도록 그리했다 하였
음이니라.
28 그리하여 그 속에서 더 이상 할 말이
없어 그가 눈물로써 그 교회를 등지고
떠나게 되었을 때, 그를 따르던 신도
들이요, 그가 한 말이 옳다고 생각해
서 나온 신도들이 10여 명이 그를 따
라나왔다고 하지 아니하던가?
29 그러나 여기서 그것으로 끝난 게 아니
라 말하였느니라.
30 10명의 신도들이 너무나도 억울하고
분하여 그 목사가 지휘하는 그 교회의
상급 집단에 가서 '우리가 이와 같이
역사를 했으며 우리에게 부당하게 재
물을 바치라 하여 우리가 바치지 못하
여 거기서 나와 지금 우리 몫을 찾아
야 한다.' 그리 말하니,
31 그 상급 집단의 지도자가 뭐라 말하였
다 하더냐?
32 지금 나와서 싸우고자 하는 사람의 숫
자가 얼마며 교회에 남아 있는 사람의
숫자가 얼마인가 물어봐서, 그들이 5
분의 1도 되지 않는다 그리 말하니,
33 그 상급 지도자가 하는 말이, 그 숫자
로써는 싸워도 이길 수가 없으니 모두
를 다 포기하라 했다 하지 아니하던가?
34 그것이 지금까지 그들이 거쳐 온 과정
이며 그 목사나 그 목사의 상급 위치
에 있는 자들이 생각하고 가는 방법이
그러하니라.
35 그리하여 그들은 힘을 모아 새로운 목
회자요, 진실한 목회자를 만들고자 그
중에 선량하다는 백성을 선택하여 신
학교에 보내,
36 지금의 방법이 아닌 깨끗한 방법으로
진리를 탐구하는 그와 같은 교회로 성
장시켜 달라 하여 그를 교육을 시켜
목회자로 만들려고 긴 세월동안 기다
리면서 공부하고 깨우쳐 갔다 하지 아
니하던가?

37 그러나 그가 와서 한 것은 무엇이라 말하던가?
38 그 또한 그리하여 그를 원했거늘, 그에게 금화와 은화에 연연하지 말며 고통과 시련 속에서라도 참진리를 가는 그와 같은 교리를 가르쳐 달라 그리 노신사가 애원했건만,
39 그 학교를 마치고 돌아온 그는 지금의 다른 교회와 똑같은 그와 같은 방법으로 30여 가지가 넘는 모든 거둬들이는 헌금의 이름으로 그보다 더 거둬들이는 그와 같은 행위를 했으며,
40 그는 그를 버리고 갈 수 없으며 이를 행하지 아니하고는 종교 지도자의 길을 갈 수 없다 그리 말하여, 저를 공부시키고 목회자의 자리에 세운 그들을 배신하였음이니,
41 그 노신사가 또 그 아픈 마음을 네 앞에 뭐라 그리 말하던가?
42 이 세상이 이와 같이 사악해지며, 모든 종교 지도자는 성서를 공부하는 것이 아니요, 성서를 깨달음이 아니라 빈 깡통이 소리만 요란한 것이니,
43 저는 이미 나이를 먹었으며 쇠진하였음이니 이럴 수도 없고 저럴 수도 없는 그와 같은 아픈 마음을 눈물로써 네 앞에 하소연하며, 오로지 너를 따라 이제 구원을 받겠다 그리 말하지 아니하였던가?
44 너는 그리 말했느니라.
45 나 여호와가 쓰고자 하면 나이가 필요 없으며 건강이 필요 없으니, 지금부터 믿음의 길을 바로 가는 것이 가장 소중한 길이라 그리 말하면서 네가 법전 세 권을 전해 주었음이니라.
46 그리고 이 법전을 읽고 깨우치며, 지금 다니는 그 교회에 충실히 나가면서 믿음의 옳은 말은 듣고 듣지 아니해야 할 것은 버리며, 보지 말 것은 보지 말며 법전을 읽고 깨달음의 길을 가라,
47 나이가 많고 몸이 불편한 노신사가 나의 성전에 오기는 너무나 어렵고 힘드니, 그러한 노고를 하지 말며 그곳에서 깨우치라 하고 네가 그를 돌려보냈음이니,
48 그러나 그는 말하였느니라.
49 어떠한 일이 있어도 구원을 받아야 하며 자기 자신만은 구원을 받아야겠다는 그 몸부림치는 그 노신사의 눈에 맺힌 그 이슬을 보는 네 마음이 과연 어떠했는가?
50 네가 생각한 것을 나는 아느니라.
51 어떠한 일이 있어도 이들을 구원하며, 이와 같은 사악한 자들이 세상에 뿌리를 내리지 못하도록 하겠다는 것이 네 생각이 아니었던가?
52 그는 눈물을 흘리며 그리 말하였느니라.
53 종교 지도자들이 잘못 가기에 아무리 그들을 바로잡고자 해도,
54 믿음의 길을 가는 그의 부인과 자식까지도 그에게서 등을 돌리며,
55 오로지 종교 집단에서 하는 것만이 옳으며 그대로 따라가면 되는 것이지, 무엇을 바로잡고 무엇을 바로 세우고자 하느냐며 그를 비방하며 따르지 아니한다 하였음이니,
56 '집사'의 직분을 거쳐 '수석 장로'라는 자리에 있는 그가 나의 성전이요, 너에게 강론을 들으러 와 구원을 받겠다

그리 눈물로 너에게 맹세를 함이니, 그러면서 그가 하는 말이 무엇이었던가?
57 정녕 그는 구원을 받고자 한다 하였음이니라.
58 그리하여 네가 나오지 말며 법전을 읽고 혼자 깨우쳐 구원의 길을 가며,
59 가족과 불화하지 말며 가족과 화목한 속에서 깨달음의 길을 가도록 그리하라 네가 전하니, 그가 뭐라 말하던가?
60 나의 성서에 가르치기를, 집안에 원수가 있는 것이라는 그 말을 응용하며,
61 '집안에 원수가 있다'는 하나님 말씀을 생각하면서, 아내가 뭐라 하든 자식이 뭐라 하든 그는 너에게 와 나의 가르침을 받아 하늘에 오르겠다 말하며,
62 그 노쇠하여 거동이 불편하며 듣는 것이 불편하며 말하기가 불편한 그의 눈에 붉게 맺히는 눈물은 홍안의 어린이가 우는 눈물처럼 그리 소중하게 너는 그를 보고 있었음이니라.
63 그리고 네가 위로하였음이니라.
64 네가 사랑했음이니라.
65 그리고 나 여호와가 꼭 기억해 주기를, 네가 말은 하지 않았으나 가슴속 깊이 너 또한 눈물을 흘리는 것을 나는 보았음이니라.
66 사랑하는 나의 아들아!
67 너는 그 노신사의 눈물을 보고 무엇을 느꼈느냐?
68 바로 그것을 느꼈을 것이니라.
69 너의 제자들과 죽는 한이 있어도 이와 같이 구원의 길이요, 하늘에 오르는 길을 위하여 몸부림치며 진정한 길이 무엇이며 법전이 없으며 가르칠 안내의 책자가 없어서 방황하고 지금 죽지 못해서 끌려가는 그들을 구원하겠다는 너의 굳은 결의와 네 마음의 다짐을 나는 아느니라.
70 그는 떠나면서 너에게 그리 말하였느니라.
71 모든 종교 집단은 민주주의식으로 서로 의논하여 좋은 방법을 선택하는 민주주의 기본의 틀을 만드는 것이 기독교요, 종교라 그리 말했으나,
72 이제는 민주주의를 파괴하며 공산주의요, 독재자보다도 더 사악한 독재자가 되었다 그는 그리 말하였느니라.
73 종교 지도자가 물으면 그저 '옳소! 맞습니다.' 소리를 지르며,
74 한마디 틀린 말도 거부하지 못하며, 잘못 가는 것도 다스리고자 말 한 마디 못하며, 건의 한마디 했을 때는 그 교회에서 퇴출당하는 그와 같은 사악한 행위를 하는 것이니,
75 지금 민주주의의 기본을 세운다는 종교 집단이 민주주의를 파괴하는 근본의 뿌리가 되고 있다 하며 그는 눈물로써 말하였느니라.
76 '선생이여! 지금의 모든 종교 집단은 빈 깡통이요, 알맹이 없는 깡통이 요란함이니, 이 깡통이 어찌 사람을 구하겠습니까?
77 이제 나는 죽을 날이 머지않았으니, 제 영혼을 꼭 구해야 하겠으며,
78 이 법전을 읽고 깨우쳐 하늘에 오르는 길을 보겠으며 내일 또다시 와서 선생의 가르침을 듣겠습니다.' 하고 그는 불편한 몸으로 돌아감이니,

79 이것이 지금의 모든 종교 집단이 돌아
가는 형국임을 그가 대변하였으니, 이
를 기록하여 만백성에게 전하도록 하
며,
80 이를 믿는 종교 집단, 지금 믿음의 길
을 가는 백성, 그리고 신자라는 자들,
그리고 몇십 년 동안 다녀 돈 주고 직
함을 사 앞에 앉아 있는 자들,
81 너희들이 이를 보고도 이와 같은 역사
가 너희들 속에서 이루어지지 아니한
다면 나의 법전을 찢어 버릴 것이며,
82 너희들이 이렇게 추하고 더러운 짓을
하고 있다면 그곳에서 뛰쳐나오는 용
기를 가졌을 때 생명을 바쳐 나에게
달려오는 그와 같은 위대한 역사를 이
루는 나의 아들딸로서 내가 너희들을
구원할 것이니 그리 알라.

5,406 번째 하나님 말씀

2003년 3월 8일 21시 01분

1 사랑하는 나의 아들아!
2 "네, 아버님! 말씀하옵소서."
3 너는 형제지간에 목회자요, 교회의 목
사라 하여 저희들이 서로 가지고 있던
교회가 운영이 어려워지고 그 수입원
이 적어지니 그들은 합의하여 그 교회
를 형제지간에 하나로 합쳤다는 이야
기를 들었음이니라.
4 그리하여 그들은 모든 재산을 들여 그
교회를 궁궐처럼 고쳤으며, 그리하여
그 형제는 그곳에서 또 많은 백성을
구한다, 인도한다는 사기극을 벌이기
시작하였으나,
5 그들이 예배 보는 그 순간에 주보라는
거기에 형은 주목사요, 동생은 부목사
라 하여 주보가 발간되어 나감이니,
6 그를 본 동생이 그 형에게 항의하여
언성을 높여 서로 싸움을 하며 그 신
도들이 볼 수 없는 추한 모습을 하여,
7 그들은 한 달도 못 되어 서로 보따리
를 싸서 헤어지는 그와 같은 웃지 못
할 형국을 하는 것이 목사라는 자요,
종교 지도자가 그와 같은 추한 짓을
했다는 이야기를 들었느니라.
8 또한 그 신도들은 얼마나 가관인가?
9 서로 저희 목사가 옳다고 따르는 자들
은 어느 것이 옳고 그른지도 모르고
서로 패거리가 되어 싸우며 힘을 북돋
움이니,
10 적과 적이 싸우는데 부하들이 소리 지
르며 응원하며 돕는 그와 같은 웃지
못할 연출을 하고 있음이니,
11 다스리고 양보하고 협조하여 하나가
되는 것이 아니요, 서로 식구요, 제 종
처럼 부리는 그들을 데리고 서로 갈라
지며 침 뱉고 돌아서는 사악한 짓을
저희들을 따르는 신도들이 한 것도 아
니요,
12 종교 지도자요, 목사라는 자들이 그와
같이 더럽고 추한 짓을 이 아름다운
지상에서 하고 있으며,
13 그를 보고 저희가 맞다 소리 지르며
응원을 보내는 그 신도들의 꼴은 미물
만도 못한 추하고 더러운 모습으로 어
찌하여 그들이 나의 자식이며 나의 백
성이라 감히 말할 수 있겠는가?
14 이것이 오늘날 목사요, 종교 지도자들
이 하는 추태며 더럽고 추한 짓이니라.
15 이와 같은 일이 없다면 나의 법전을

너희들은 찢어 버려도 될 것이며, 이
것이 사실이며 이와 같은 일이 이루어
진 역사가 너희들의 종교 지도자요,
목사라는 자들, 교회라는 것을 운영하
는 자들이 그와 같은 추한 짓을 하는
자가 있었다면 너희들은 어찌하겠는
가?
16 그와 같은 종교 집단이 세상에 들어와
이 민족이요, 이 백성이요, 온 지구의
인류를 얼마나 사악하게 만들었는가?
17 너희 종교 집단의 지도자들이 그와 같
이 사악한 방법으로 이기주의요, 부모
·형제의 정마저도 끊어 놓으며,
18 주일에 와 기도하고 헌금하지 아니하
는 자는 부모·형제도 적으로 생각하
도록 하며 상종을 하지 못하게 하며,
19 부모·형제가 어려운 일이 있어도 주
일에 헌금을 바치고 기도해야만 구원
을 받는다고 말함이니,
20 이와 같이 가르치는 그 사악한 자들이
이 세상에 어디에 있단 말이던가?
21 너희들이 그와 같이 나의 백성을 험악
하게 만들지 않았을 때 나의 백성은
아름답고 선한 백성으로 살아갔음이
니라.
22 50이 넘는 남자가 부모에게 그 비린
생선 한 토막을 바치지 못하여 달밤에
얼음이 언 논에서 물고기 한 마리를
잡으려고 옷을 걷어붙이고 그 논바닥
을 헤맸다는 사람이 있는가 하면,
23 부모에게 고기를 바치지 못하여 제 엉
덩이 살을 베어서 부모를 봉양했다는
사람이 있고,
24 형제지간에 가을에 추수하여 곡식을
그득히 쌓아 놓고 그 추수한 기쁨을
만끽하기도 전에 동생은 형의 어려운
살림을 생각해서 그 추수한 가마니를
짊어지고 형 집으로 가고, 또 형은 어
린 동생을 위해 추수한 가마니를 지고
동생 집으로 가니, 밤새도록 오고 가
다 서로 만나 안고 울었다는 그와 같
은 마음이 나의 백성이요, 믿지 않는
백성의 아름다운 마음이었으나,
25 그 마음까지도 송두리째 너희들이 짓
이겼으며, 그와 같은 아름다운 마음까
지도 뿌리째 싹 쓸어버린 것이 종교
지도자들이요, 지금의 집단들이 그리
사악하게 만들었음이니라.
26 이제 나의 법전을 읽고 깨우치는 사랑
하는 백성, 너희들은 그 마음을 찾으
라.
27 그것이 원심이요, 내가 만들어 준 인
간의 초심임을 잊지 말라.
28 사랑하는 나의 아들딸들아, 그 세상을
만들라.
29 그리하여 내가 너희들을 선택했으며
나의 아들을 통하여 160권의 법전을
세상에 내려보냄이니, 나 여호와의 아
픈 마음을 너희들이 알고 있는가?
30 그 세상을 이루라.
31 그와 같은 세상이 천국이요, 그와 같
은 백성이 이 세상에 존재할 때 하늘
에서 이루어진 그 천국이 여기서 이루
어지며 그들이 들림을 받는 백성임을
잊지 말라.

5,407 번째 하나님 말씀

2003년 3월 8일 21시 13분

1 사랑하는 나의 아들아!

2 "네, 아버님! 말씀하옵소서."
3 너희들이 살아가면서 그와 같은 말을 하지 않느냐?
4 '떡 줄 사람은 생각지도 않는데 김칫국부터 마시며 준비하는 자들이 있다' 함이니,
5 그 형상이 얼마나 우스우며 애교스런 모습이던가?
6 그러나 지금 너희들이 살아가는 모습이 그러하니라.
7 나의 백성 너희들은 참진리요, 믿음이요, 내가 지키라는 십계명을 지키며 나의 뜻에 따라 천사와 같은 아름다운 마음으로 살아가는 것을 행하며 내가 성서에 기록해 전한 오른손이 하는 것을 왼손이 모르도록 사랑과 아름다움을 베풀며 가진 자가 나누며 살면 나에게 오르는 것을,
8 어찌하여 너희들은 그와 같이 선하고 천사와 같이 아름다운 행동은 하지 않으려 하며,
9 그저 나의 음성만을 들으려 하며 그저 나를 보려 하며 나를 만지려 하며 나에게 특별한 선택을 받고자 하며 나의 빛을 보고자 하며 내가 특별히 너희들에게 임하여 역사해 주기를 바라는가?
10 너희들은 그리 생각하지 말며 그리 행하지 말라.
11 너희들은 나의 음성을 들을 수 없으며 나에게 가르침을 받을 수 없으며 나를 만질 수가 없느니라.
12 이는 무엇을 의미하는가?
13 아무리 내가 너희들에게 보여 주며 음성을 들려준들 나의 뜻을 알 수가 없으며 내가 행하고자 하는 하늘의 뜻을 알지 못하기에,
14 또한 너희들이 그리 행할 수 없으며 그리 역사할 수 없는 것이기 때문에 너희들이 보고 듣고 만져도 그것이 다 필요 없느니라.
15 너희들은 진정한 믿음이요, 참진리의 길을 가는 것이 아니라, 어찌하여 나 여호와를 발견하는 데만 모두를 다 바치며 인간으로서 도저히 넘을 수도 없으며 상상할 수도 없는 불가사의한 그러한 길에 너희들이 노력을 한단 말이던가?
16 너희는 나를 발견하고 볼 수 없음이니라.
17 내가 너희들에게 보여 주며 증거하며 어떠한 특정한 인간에게만 내가 모두를 보여 준다면 어찌 공의의 하나님이던가?
18 만백성에게 다 보여 주며 만백성에게 음성을 들려주며 만백성에게 빛을 보여야 하는 것이 나 여호와가 아니던가?
19 한두 사람에게 그와 같은 역사를 한다면 공의의 하나님이 아니지 않은가, 얼마나 편파적인 하나님인가?
20 너희는 생각할 수 있느니라.
21 나를 보았다 하며 들었다 하며 그 모두를 내가 역사했다 말하는 자, 나의 법전 이외에는 그 모두가 허황된 것이라는 것을 알라.
22 나 여호와는 누구에게도 형체를 보여 주지 아니했으며 나의 뜻을 내 음성으로 전하여 이렇게 세상에 법전이라 하여 만든 것이 없음이니,
23 구약을 만드는 역사를 내가 했으며, 신약을 만드는 역사를 내가 했으며,

십계명을 불로 쓰는 역사를 내가 직접
했으며,
24 지금 제3의 시대에 글로써 책으로 만
들어 근거함을 내가 전함이니, 이것만
이 내가 너희들을 위하여 내리는 참진
리요, 하늘에 오르는 길이요, 나 여호
와가 했음을 알라.
25 너희들은 말하지 않는가?
26 사탄도 사악한 짓을 한다 하였음이니,
너희들이 지금 헛보고 잘못 보며 허황
된 생각에서 이런 말 저런 말을 하고
있으나 그는 다 허상임을 알아야 할
것이니라.
27 이제 너희를 찾으라.
28 너희가 선택되어 가야 할 그 길을, 선
택되어야 하는 것이 너희임을 알아야
할 것이니라.
29 책으로 근거하며 책으로써 전하며,
30 말로써 전함이 아니요, 근거로 전함이
니,
31 이는 대답을 해야 하며 여기에 기록된
모든 역사는 이루어지는 그와 같은 증
거함이 있어야 하기 때문이니라.
32 선택된 백성 너희들은 한 시대의 그
변화요, 개혁을 나의 법전과 같이 더
불어 갈 사람들이니,
33 나의 법전이 나 여호와의 뜻이요, 지
금 나의 아들을 존재하도록 내가 만든
것은 진정 이는 내가 선택한 나의 아
들이요, 만백성을 위하여 한 점의 부
끄러움이 없이 살아가는 그와 같은 사
람으로서, 너희들의 형제로서, 나의
아들로서 반드시 살아갈 자임을 너희
들은 굳건히 믿고,
34 그와 더불어 하늘에 오르는 길을 만백
성에게 전하는 일을 게을리하지 말라.
35 너희가 찾고 발견하지 아니하면 아무
도 이 역사를 이룰 수가 없음이니라.
36 그저 깨우치고자 하는 백성, 그리고
변하고자 몸부림치는 백성, 그리고 저
희들이 가는 성서요, 지금의 믿음의
길이 정녕 잘못되어 이를 고치고 바로
잡아야 하나,
37 그를 바로잡지 못하며 바로 세우지 못
하며 저희들이 보고 깨우칠 대안이 없
으며 대신할 것이 없어서 지금 고민하
며 고통과 시련을 겪는 그 백성을 찾
아내고 그들을 발견하여,
38 나의 법전을 전하며 그들이 필요한 것
을 깨우쳐 주며 너희들이 다 같이 하
늘에 오르는 그 길의 역사를 이루는
데 잠시도 게을리하지 말며,
39 최선을 다하는 나의 아들딸로서 그리
살아가야 함을 알아야 할 것이니라.
40 지금 너희들은 낭비할 시간이 없으며
잃어 버릴 시간이 없으며 버려야 할
시간이 없음이니라.
41 나의 법전을 빨리 만들어 한시라도 만
백성에게 전하는 그때가 만백성을 구
하는 것이요, 한 명의 생명이라도 너
희 형제를 구함이니라.
42 너희들 자신이 지옥으로 간다는 생각
을 하며 지옥으로 가는 너희들의 형제
를 구하는 데 그 길이 무엇인가 최선
을 다하여야 할 것이니 그리 알며 살
도록 그리 전하라.

5,408 번째 하나님 말씀

2003년 3월 8일 21시 16분

1 사랑하는 나의 아들아!
2 "네, 아버님! 말씀하옵소서."
3 나에게 선택된 백성과 선택되지 아니
한 그 백성의 차이점은 얼마나 무서
운 차이가 있는지 너희들은 아는가?
4 나에게 선택되지 아니하는 백성은 그
들이 살아가며 생활하는 것 모두가 다
그들의 머리로 생각하며 그들의 생각
으로써 그 모두가 다 움직여지며 행하
여지는 것이니라.
5 그러나 나에게 선택된 백성이요, 나의
뜻을 역사하는 너희들의 모든 것은 너
희 마음대로 움직이는 것이 아니요,
나의 뜻으로 이루어짐을 알아야 할 것
이니라.
6 나 여호와의 성령으로써 너희들을 움
직이며 다스려 가고 있다는 것을 알아
야 할 것이며 이 의미를 깊이 깨우쳐
야 함을 너희들은 잊지 말라.
7 준비된 백성이면 내가 같이하고 있기
때문이니라.
8 내가 준비한 백성이 일반 백성과 다른
점이 무엇인 줄 알겠는가?
9 나에게 선택되며 역사를 더불어 할 준
비된 백성은 내가 너희들과 항상 같
이하고 있다는 것을 알아야 할 것이니
라.
10 내가 너희들에게 이와 같은 길을 가르
쳐 주면 너희들은 낮은 자가 되어 만
백성을 구하는 종의 자세로써 살아가
라 함이니라.
11 오만하고 자만해서는 아니 되며, 너희
들이 나와 같이한다 하여 다른 백성과
뭔가 특별한 백성이요, 너희들이 낙원
의 동산에 올 수 있다는 그러한 착각
을 하지 말라.
12 언제라도 너희들이 지옥 불로 갈 수
있음을 알아야 할 것이니라.
13 내가 너희들의 이름을 낙원에 걸어 놓
았다 하나, 너희들이 행동을 잘못하며
삶을 잘못 살면 그 명패는 지옥 불로
떨어져 감이니,
14 너희들은 그 속에서 녹아 없어진 그
명패를 찾아서 나에게 올라와야 할 것
이니, 그 누구도 그 역사를 이루는 자
가 없음이니 그리 알라.
15 이제 겸손하게 내가 같이하고 있다는
것을 믿으며, 나의 법전을 만들어 전
하며, 만백성을 구하는 데 최선을 다
할 것이며,
16 하나하나 이루어지는 모든 생활은 나
와 더불어 하며 내가 같이하고 있다
는 생각을 하고,
17 움직일 때마다 나 여호와에게 부끄러
운 일이 없으며 잘못한 점이 없는가,
그리고 나 여호와를 욕되게 하는 짓은
없는가, 나 여호와를 망령되이 일컫는
행동은 하지 아니하는가 그러한 것을
항상 수시로 점검하며,
18 잠시도 그 점검함을 늦추지 말라.
19 그와 같은 삶을 살아가는 것이 나에게
선택된 백성이 가야 할 길임을 알라.

5,409 번째 하나님 말씀

2003년 3월 9일 07시 32분

1 사랑하는 나의 아들아!

2 내가 십계명 아래에 한 줄을 더 넣어
주었음이니 '나 여호와가 존재함을 믿
는 그 자체가 구원의 길에 들어서는
기본이요, 근본이며, 나의 법전을 가
슴에 안고 정독하는 자 반석 위에 서
서 하늘에 오르는 찬란한 빛을 보게
된다.' 하였음이니,
3 이는 너희들이 심판의 시대라는 것이
이 내용에 들어 있음을 알아야 할 것
이니라.
4 나 여호와가 존재함을 믿는 그 자체로
써 너희들이 악한 일을 할 수 없으며,
5 그리고 나 여호와가 존재하기 때문에
너희들이 용기와 희망을 가지고 견뎌
나갈 수 있으며,
6 때로는 힘들고 고통스러워 좌절하고
싶어도 좌절하지 못하고 인내하고 가
는 것이 너희들이니라.
7 그리하여 나 여호와가 존재함을 믿는
그것으로써 너희들이 다 견디고 이기
고 싸워 나갈 수 있는 그 역사함이 있
는 것이요,
8 '나의 법전을 가슴에 안고 정독하는
자 반석 위에 서서 하늘에 오르는 찬
란한 빛을 본다.' 하였음이니 이는 바
로 무엇이던가?
9 나의 법전을 읽고 정독하는 속에서 너
희들 자신도 모르게 변화하는 그 역사
를 이루게 됨이니라.
10 선한 것을 보면 선하게 보이며 악한
것을 보게 되면 악하게 보이는 그와
같은 너희들의 깨달음이 있으니,
11 거기에서 선과 악을 볼 수 있다는 것
은 선을 행하게 되어 있는 것이 나의
법전을 가슴에 안고 정독한 자요, 악
을 보면 악을 행하지 않도록 하는 것
이 바로 그 뜻이 거기 있음이니 이 구
절이 얼마나 소중한 것인지 아는가?
12 그리하여 이 구절이 심판을 너희들이
갖는 마지막 백성이 암송해야 하며 꼭
지켜야 할 대목이니, 그 소중함을 너
희들은 알아야 할 것이니라.
13 나의 법전을 가슴에 안고 정독하고 또
정독하고 나의 강론을 듣는 백성은 절
대로 너희 스스로 무너질 수가 없으
며, 악한 일을 선택할 수 없으며,
14 하늘에 오르는 길이 무엇이라는 것을
알기 때문에 바로 서게 되는 것이 바
로 나의 법전을 가슴에 안고 정독하는
자이니라.
15 나의 법전을 가슴에 안고 정독하지 아
니하는 자는 세상만사 수천수만 가지
의 부닥치는 그 생활 속에서 어떠한
것이 선이요, 어떠한 것이 악인가를
구분할 수 없느니라.
16 그러나 나의 법전을 읽고 또 읽을 때
너희들은 그를 알게 됨이니라.
17 이는 곧, 너희들이 지상에서 스승에게
배우는 것이 아니요, 창조주 나 여호
와의 뜻이요, 하늘의 것을 공부하게
됨이니,
18 위에서 내려다보는 그 마음의 눈이 뜨
이게 되며 바로 그와 같은 역사를 하
게 됨이니,
19 이게 얼마나 소중한 구절이며 또한
나의 법전이 얼마나 귀하고 소중한
것인가를 너희들은 알아야 할 것이니
라.
20 나의 법전을 세 번 이상 정독한 자는
어려운 짐을 지고 가는 자와 나눠서

지는 것을 주저하지 아니하며, 어렵고
힘든 이웃을 보면 나누는 데 주저함이
없으며, 나누고 삶이라는 것에 주저함
이 없는 것이니라.
21 그리고 세상사에 귀한 것이 없으며 소
중한 것이 없으니 모두가 다 하나로
보이는 그와 같은 마음을 갖게 되는
것이 너희들의 마음이니라.
22 한 제자가 한 말이 있지 않은가?
23 사람이 자식을 길러서 혼인시킬 때,
제가 둘을 보냄으로 넷을 만든다는 욕
심이 아니라, 제 자식을 길러서 남에
게 보낸다는 그와 같은 마음으로 변하
는 너희들의 마음은, 그를 깨닫기는
쉽고 간단하나,
24 나의 법전을 읽고 깨우치는 자가 아니
면 그 마음을 비우기는 세상 것을 다
놓는 것과 같은 그와 같은 어렵고 힘
든 것이 마음을 비움이니라.
25 그것이 바로 나의 법전을 가슴에 안고
정독하는 백성이 깨닫는 것이며 또 그
를 행하고자 하는 것이 무서운 것이니
라.
26 그리하여 나의 법전을 가슴에 안고 정
독하는 자 반석 위에 서서 너희들이
그리도 갈구하고 소원하는 하늘에 오
르는 길을 보게 됨이니 그 길을 따라
오면 되는 것이니라.
27 그 길을 따라오는 것은 너희들이 나
의 법전을 읽고 또 읽으며 나의 아들
을 통해서 내리는 나의 뜻의 강론을
들으면 너희들 스스로 모르는 사이에
작은 것에서부터 큰 것에 이르기까지
변하는 역사가 이루어짐이니라.
28 그리하여 너희는 나에게 올 수 있다
는 그 영광을 알라.
29 그리하여 나의 법전이 그리 소중하고
위대함을 너희들이 가슴속 깊이 다시
한 번 새겨야 할 것이며 나의 법전을
정독하라.
30 그러면 너희들이 모두를 다 얻을 것이
니라.
31 나의 법전을 읽고 정독하는 자는 하늘
의 뜻이요, 하늘의 이치를 깨닫는 그
와 같은 자니,
32 너희들이 어떠한 마음의 동요나 어떠
한 이유에도 나의 법전을 읽는 데 게
을리하며 나의 강론을 듣는데 게을리
하는 자는 이미 사탄의 자식이 되어
있다는 것을 잊어서는 아니 될 것이니
라.
33 진정한 나 여호와의 뜻이요, 나의 가
르침이요, 하늘의 법을 공부하며 질서
를 공부하며 천기를 공부하는 너희들
이 그보다 더 소중하고 위대한 깨우침
이 없거늘,
34 그를 듣지 아니하며 그를 읽고 깨우치
는 것을 소홀히 한다는 것은 이미 너
희들이 아무리 무슨 말을 한다 해도
사탄에게 쓰러져 가고 있는 너희 영혼
이 죽어 간다는 것을 잊지 말라.
35 법전을 읽고 강론에 귀를 기울이라.

5,410 번째 하나님 말씀

2003년 3월 9일 07시 50분

1 사랑하는 나의 아들아!
2 "네, 아버님! 말씀하옵소서."
3 지금 모든 나의 백성이 그 믿음의 길
을 가는 길은 과연 무엇이던가?

4 모든 종교 집단이 이룰 수 없으며 이
세상에서 너희들이 해낼 수 없는 불가
사의한 일을 이룰 수 있으며, 도저히
해낼 수 없으며 건널 수 없는 그것을
건너겠다 말하는 것이 지금 믿음의 길
을 가는 자들이니라.
5 너희들이 도저히 넘을 수 없는 그 장
벽을 넘겠다 하며 지금 인간사의 가장
소중한 모두를 다 소비하며 허비하는
그와 같은 삶을 살아가고 있음이니라.
6 인간으로서는 불가사의한 길이요, 넘
을 수 없는 길을 너희들은 넘을 수 있
으며 그 장벽을 넘었다 그리 생각하며
지금 광란의 짓이요, 눈물의 기도요,
재물을 바치며 광분하는 그와 같은 행
동은 도저히 넘을 수 없는 그 장벽을
넘는다 함이니,
7 너희들이 죽기 전에 하늘의 나에게 와
살 수 있다 그리 말하는 자들보다도
더 무모한 너희들의 모두를 다 소비하
고 있음을 알아야 할 것이니라.
8 넘을 수 없는 그 불가사의한 것을 넘
을 수 있다, 넘었다 하고 있음이니라.
9 너희들이 구원을 받았다 말하는 것,
구원을 받는다 말하는 것, 인간으로서
너희들은 두려워 도저히 그 말을 할
수도 없으며 이룰 수도 없으며 그렇다
고 해서 이루어지는 것도 아니니라.
10 인간으로서 넘을 수도 없으며 해결할
수도 없으며 바라볼 수도 없는 그를
위하여 너희는 다 완성할 수 있으며
그리할 수 있다 하여 가장 소중하고
귀한 그 시간을 다 소비하며 생명을
소비하는 그와 같은 행동을 하는 것이
너희이니라.
11 너희들은 그 모두를 내려 주며 선택
하는 나 여호와를 봐야 할 것이며, 나
를 만나야 할 것이며, 나를 만져 봐야
할 것이며 나의 음성을 들어야 할 것
이니라.
12 너희들이 나를 만나 봐야 지옥으로 가
든 천국으로 가든 그와 같은 결과를
받을 것이 아니던가?
13 그러나 나를 만나 보지도 못하며 만지
지도 못하며 나의 음성을 듣지도 못한
너희들이 어찌하여 나의 고유 권한인
지옥이요, 천국이라는 것을 너희 마음
대로 다 이루었다 이야기하며 이룰 수
있다 그리 말하고 있는가?
14 이는 곧, 너희들이 넘을 수 없는 불가
사의한 그 행동을 할 수 있다 말하며
그 불가사의한 일에 모두를 다 바치고
있음이니라.
15 오로지 내가 너희들을 구원할 수 있는
것은 옳은 행동이요, 선한 행동으로써
하는 것이 하늘에 오를 수 있다 내가
그리 말하였거늘,
16 거래할 수 없는 나 여호와요, 허락할
수 있는 나 여호와요, 너희들을 버리
고 구원하는 나 여호와를 만나 보지도
못한 자들이,
17 너희들이 구원받는다며 평생 하늘에
오를 수 있는 그 소중한 시간을 다 허
비하고 바치고 있음이니, 너희들이 얼
마나 어리석은 삶을 살고 있는가?
18 재물을 바치면 구원을 받는다 그리 말
하는 사악한 자들의 종노릇을 평생 하
면서 나에게 선택되어 구원을 받았다
그리 말하느니라.
19 너희들은 이를 알아야 할 것이니라.

20 너희들이 아무리 울고불고한다 해도
나 여호와가 선택함이니라.
21 너희들이 울고불고 매달리며 광란의
짓을 해 과연 하늘에 오르는 길이요,
구원을 받을 수 있다면 오죽이나 좋겠
는가?
22 그러나 이는 다 불가능한 일이며 도
저히 어떠한 방법으로도 이루어질 수
없는 것이니라.
23 다만, 너희들이 그 길을 오를 수 있는
것은 나의 계명대로 살며 나의 율법을
지키며 법전대로 살아 너희들을 다스
려 가는 그와 같은 삶이 아니면 절대
이룰 수가 없는 것이니라.
24 어찌하여 나를 찾으며 나를 만나 보지
도 못한 너희들이 그와 같이 구원을
받았다 말하는가?
25 이 세상 살아가면서 남의 땅을 제 것
이라 말하는 자와 똑같은 것이며, 그
땅을 샀다 말하는 자와 똑같은 자이니
라.
26 남의 물건을 너희 것이라 말하며 샀다
말하는 것이니라.
27 사지도 않은 주제에, 살 능력도 없는
자가 그 넓고도 넓은 남의 땅이 욕심
난다 하여 샀다고 말하며 제 것이라
말한다고 해서 너희 것이 되며 과연
너희들 이름으로 그게 오를 수 있다
생각하는가?
28 남의 아름답고 소중한 물건들을 다 제
것이라 말만 한다 해서 제 것이며, 주
인을 만나 보지도 못한 주제에 제 땅
이요, 제 물건이라 그리 소리 지르는
것이니,
29 너희들은 강도보다도 더한 자요, 사기
꾼보다도 더한 자요,
30 남의 생명을 함부로 버려 가면서도 저
희들의 이익을 추구하는 살인하는 자
보다도 더 흉악한 자가 너희들이니라.
31 지금 너희들이 얼마나 무모한 짓을
하고 있는가?
32 남녀가 결혼도 하지 아니하는 자가 자
식을 낳을 수 있다 소리 지르며, 그와
같이 영광이요, 축복을 받을 수 있는
것이며 그 역사를 할 수 있는 것이 너
희들이라 말함이니,
33 너희들은 나를 보고 나를 만지며 나의
음성을 들어야 너희들이 구원을 받고
못 받는 그 심판을 받을 것이며 나에
게 명을 받는 것이거늘,
34 나를 보지도 못하며 만지지도 못하며
나에게 명을 받은 사실도 없는 자들이
나의 고유 권한인 하늘에 오를 수 있
으며 구원을 받았다 그리 지금 울부짖
고 가는 것이니,
35 너희들은 넘을 수 없는 그 길을 위해
모두를 다 바치는 그와 같이 어리석은
자들이니라.
36 너희들은 지금 이룰 수 없는 것을 이
루었다 말하며 이룬다 말함이니,
37 내가 지금 말한 대로 인간 세상에서
남의 그 좋은 땅을 제 것이라 말하며
제가 샀다 말하는 그와 같은 강도와
같은 자들이니,
38 너희들이 지금 자신을 깨우쳐 하늘에
오르는 그 진리의 뜻을 위하여 행함으
로써 모든 것이 얻어진다는 것을 잊지
말며 행함부터 먼저 배우라.
39 나의 율법을 지키며 사랑을 베풀며 나
누며 살며 나의 법전대로 지키고 사는

그와 같은 새로운 삶이 아닌 다음에야
너희들은 절대로 구원받을 수 없으며
그 벽을 넘을 수가 없음이니라.
40 나의 법전을 읽고 깨우치는 것만이 하
늘의 법도를 배운다 했음이니, 하늘에
오를 수 있는 그 모두를 알 수 있느니
라.
41 법전을 읽지 아니한 너희들은 인간 세
상에서 하늘의 세상을 볼 수 없으며
하늘의 역사하는 것을 알 수 없음이니,
42 너희들 인간의 힘으로는 불가능한 것
이 여기에 있음을 알라.
43 불가능한 것을 위해 모두를 다 소비하
고 바치는 어리석은 삶에서 너희들이
이제는 헤어나는 사람이 되어야 한다
는 것을 잊지 말라.

5,411 번째 하나님 말씀

2003년 3월 9일 08시 02분

1 사랑하는 나의 아들아!
2 "네, 아버님! 말씀하옵소서."
3 수천 년 동안 내려오는 그 역사 속에
서 믿음의 길을 간다 하여 달려온 백
성, 그리고 지금도 나의 아름다운 이
성전에 죄의 온상인 두꺼비집 같은 것
을 지어 놓고 거기에 십자가를 매달아
놓고 나의 피조물 만백성을 불러들이
며 재물과 금화를 거둬들이는 그 습관
에 젖어 있는 그들은 지금 과연 믿음
을 어찌 가고 있는가?
4 그들은 더 달라, 더 이루어 달라 그저
제 것을 위해 기도하며,
5 하늘나라의 질서를 파괴해서라도 제
것 먼저 처리해 달라 하는 그와 같은
사악한 마음을 가지고 사는 것이 지금
수천 년 동안 흘러온 종교 집단의 그
형태이니라.
6 하루 이틀이 아니요, 수천 년 역사가
흘러오면서 오늘날 너희가 그리 변했
느니라.
7 그러나 나의 법전을 읽고 나의 아들을
따라 선택된 백성은 과연 공부한 세월
이 얼마나 되던가?
8 나에게서 선택되어 법전을 공부하고
강론을 듣는 너희는 얼마 되지 않는
그 깨달음 속에서 나 여호와가 두려워
감히 무엇을 해 달라, 무엇을 이루어
달라, 하늘의 질서를 파괴하며 네 것
먼저 처리해 달라는 소원을 빌지 않는
것이니라.
9 너무나도 두렵고 두려우며 은혜를 받
은 것으로써 감사하며,
10 나 여호와가 존재함을 깨달은 것을 행
복이요, 영광이라 생각하며 감히 나에
게 무엇을 달라 기도하지 아니함이니
라.
11 다만, 너희가 기다리느니라.
12 너희는 묵묵히 나의 법전을 공부하면
서 나에게서 상을 받는 그날을 위하여
너희는 그때까지 과정을 말없이 지금
지켜 가고 있으며 나의 법전이요, 나
의 십계명을 지키고 살아가고자 피나
는 노력을 하고 있지 않은가?
13 그러나 다른 종교 집단 그들은 어찌
가는가?
14 너희와는 너무나 멀고도 먼 길을 달
려가는 것이니라.
15 그저 부모에게 달라, 이루어 달라 하
며 부모가 잘못 가르쳤기 때문에 자신

이 이 세상을 험악하게 살아간다 그리
말하며,
16 부모가 가진 그 재산마저도 죽기 전
에 미리 달라 그리 부르짖으며, 모두
를 다 남겨 달라는 자식과,
17 그저 부모가 편안히 살기를 바라며 부
모가 그 명을 다하여 돌아가신다 해도
그 부모의 뜻에 따라 모든 삶을 살아
가겠다는 마음으로 살아가는 자식 중
에서,
18 누가 부모의 마음을 편하게 모시는 자
식의 행동이며 누가 인간 세상에서 말
하는 효를 행하며 사는 자식이라 너희
는 말할 수 있는가?
19 너희는 나에게 '여호와 하나님을 속이
고자 하는 거짓과 위선적인 행동을 하
지 않는 용기를 주옵소서.' 그리 기도
하는 자식이 되며,
20 지금 나의 법전을 읽고 깨우친 백성은
앞으로 그와 같이 기도하며 살아가야
함을 잊어서는 아니 될 것이니라.
21 모든 백성은 나에게 무엇을 달라, 이
루어 달라 그리 말하기 전에,
22 나 여호와를 속이고 나를 기만하는
행동을 하지 않는 용기 있는 삶을 살
아갈 수 있도록 너희에게 힘을 달라는
그 기도까지는 내가 용서하며 받아들
일 수 있음이니라.
23 그러나 그 이상 어떠한 것도 내가 너
희가 원하는 것을 받아들이고 싶은 마
음이 없음을 알아야 할 것이니라.
24 이제 나의 법전을 읽고 깨우친 나의
백성이 살아가는 모습을 너희는 보라.
25 나에게서 선택된 백성은 어찌 살아가
느냐?
26 지금 행하는 것이 죄가 되지 않나 근
심과 걱정 속에서 지키려 해도, 약하
고 어렵고 힘들어 지키지 못하며, 그
모두를 버리려 해도 버리지 못하는 그
악습이요, 인간의 한계의 능력으로써
버릴 수 없는 그 악습을 그저 버릴 수
있는 용기와 기회를 달라 눈물로써 나
에게 기도하며,
27 그리고 나 여호와가 존재함이 두렵고
무섭기에 저희 육신을 위하여 편안한
것을 원하지 아니함이니라.
28 다만, 그들이 원하는 것은 나 여호와
를 기쁘게 하며 나의 뜻에 따라 살아
가고자 하여, 힘들고 어려울 때 그와
같은 용기와 가르침과 기회를 달라 조
용히 고개 숙여 기도함이니,
29 그들은 감히 그도 말로 하지 못함이니
라.
30 그저 마음으로 그와 같은 생각을 하
며, 나 여호와가 알아서 주십사 하는
그와 같은 마음으로 하니,
31 너희같이 눈물지으며 광란의 짓을 하
며 달라, 이루어 달라 하지 아니하느
니라.
32 나의 기쁨을 위하여 그들이 살아가는
것도 인간으로서 그 마음에 용기가
약하기에 용기를 달라 말없이 고개
숙이며, 마음으로 나에게 내려 주기를
바라는 그와 같은 겸손하고 겸허한 마
음으로써 기도하고 살아가는 것이 지
금 나의 법전을 읽는 백성이니, 그 차
이를 너희 스스로 깨우치라.
33 그리고 형식이 없으며 있는 그대로 믿
음의 길을 가고자 하느니라.
34 나 여호와의 기쁨을 위해서 그들은 살

며 나 여호와의 뜻을 위해 하는 것도
저희 스스로 잘못된 것이 아닌가, 그
에 위배되는 것이 아닌가 하여 하나하
나 생활하며 두려워하며 조심스럽게
살아가며,
35 나 여호와의 기쁨을 위하여 내가 원하
는 그 뜻을 위하여 눈물과 고통과 시
련이 있어도 자신과 싸워 이겨 가고
자 하는 것이 나에게서 선택된 백성이
지금 살아가는 마음의 자세이니라.
36 그래도 그들도 나에게 오르는 길이
없으며,
37 끝까지 변하지 않는 길이요, 오늘보다
내일이 더 아름답게 변한 모습으로 가
지 아니하면 내가 그들의 손을 놓는다
말하였음이니라.
38 그러나 지금 수천 년 동안 흘러오는
종교 집단 너희는 무엇을 위해 살아가
는가?
39 진실한 믿음이요, 너희가 변화를 위해
서 살아가는 것이 아니요,
40 그 사악한 집단, 죄의 온상 속에서 형
식을 중요시하는 것이 너희요,
41 지도자라 하는 자들은 설교할 때만 천
사와 같은 얼굴로 단상에 서서 나의
피조물 만백성에게 선한 체하여, 그
선한 모습에 현혹되어 재물이요, 금화
와 은화 그 모두를 바치니,
42 너희가 그들을 종으로서 부리고자 하
는 그와 같은 사악한 자이니라.
43 그리하여 너희가 주일이라는 날에 설
교하는 그 시간에 잠깐 천사로 변하는
것뿐이요, 그 외에 나머지 살아가는
그 삶을 한번 보라.
44 너희가 어떻게 살아가며 얼마나 바르
게 살아가는가?
45 나의 아들은 설교하는 그 시간보다 살
아가는 생활의 이면을 더 아름답게 살
아가며, 설교할 때 모습보다 더 착하
고 아름답게 살아가고자 하는 것이 나
의 아들이며, 그를 따르는 나의 선택
된 백성이 살아가는 것이니라.
46 그러나 너희는 주일이라는 날에 설교
하는 단상에서만 천사의 흉내를 내며,
47 나머지는 제 입에 맞게 육의 즐거움이
요, 향락을 위해서 아낌없이 살아가며,
48 거짓 하는 것을 두려워하지 아니하며,
남을 이용하는 것을 두려워하지 아니
하며,
49 더 큰 성전을 짓기 위하여 남의 재산
을 그저 무상으로 거둬들이는 것을 주
저하지 아니하며,
50 '바치라, 바치는 자만이 구원을 받는
다.' 하며 그 사악한 행위를 하고 있으
며,
51 신도들이 바친, 피보다 소중한 그 재
물이요, 금화와 은화를 제 입맛에 맞
도록 그저 낭비하고 휘둘러 쓰는 것이
그들이며,
52 그를 더 거둬들이고자 하며,
53 저희는 말만 하면 거둬들일 수 있는
창고가 있으니 두려워하지 아니하고
그저 휘둘러 쓰니,
54 그들이 하고 있는 추하고 더러운 모습
을 나 여호와가 더 이상 역겨워 쳐다
볼 수도 없는 것이 지금 수천 년 동안
흘러온 종교 집단이 하는 추한 행위이
니라.
55 너희가 의식과 형식에 관계없이 나를
믿는 진실한 백성이요,

56 오늘보다 내일에 변하여 살고자 몸부
림치는 그들이요,
57 나 여호와의 뜻에 어긋나는 일, 내가
원하지 않는 일은 하지 않으려 그 순
간순간 저 자신을 들여다보며 살아가
는 나의 백성의 그 모습을 보라.
58 나 여호와가 그들이 있어 그를 바라보
는 기쁨이 있기 때문에 그나마 너희까
지도 지금 재앙으로써 다스리지 아니
하고 존재한다는 것을 알고,
59 그들에게 고개 숙여 감사하며, 그들의
은혜에 감사하게 생각하고 살아야 할
자들이,
60 나의 법전을 사탄이요, 이단이요, 마
지막 시대에 오는 거짓 선지자의 간교
한 장난이라 그리 말하며,
61 그를 보지도 말며 그 강론을 듣지도
말라 너희가 그리 지금 하고 있는 그
사악한 형태를,
62 지금 나를 기쁘게 하며 내 기쁨을 위
해 내 삶을 다시 사는 나의 선택한 아
들딸들이 있기에 그와 같은 추하고 더
러워 내가 보기도 역겨운 너희를 심판
하지 아니하며 재앙으로 다스리지 아
니함이니,
63 너희는 그들에게 코를 박고 절하며 은
혜에 감사를 드릴 수 있는 깨달음이
요, 변하는 역사를 살아가지 않는 한,
64 너희의 그 죄의 대가는 살아서 갚지
아니하면, 죽어서 와 몇천 년 동안 그
대가를 치를 것이니라.
65 이제 너희가 살아서 그 죄를 알게 될
날이 머지않았으며 그 죄를 지옥에 와
서 받는다는 것을 잊지 말라.

5,412 번째 하나님 말씀

2003년 3월 9일 08시 16분

1 사랑하는 나의 아들아!
2 "네, 아버님! 말씀하옵소서."
3 나로부터 선택된 종교 지도자요, 나에
게 명받아 만백성을 깨우치는 지도자
는 항상 위로는 나 여호와의 가르침을
받으며,
4 잘못 갔을 때 나에게 체벌을 받으며
훈련받아 그와 같이 가는 것이니라.
5 위로는 나 여호와가 가르치는 나의 뜻
을 들으며,
6 아래로는 백성과 따르는 신도들이 행
하며 살아가는 행동을 배워야 하는 것
이 종교 지도자가 가는 길이며,
7 종교 지도자는 내가 그리 다스리며 그
와 같이 종교 지도자를 세우게 되어
있으며,
8 나로부터 선택된 지도자는 그리 가도
록 되어 있음이니라.
9 위로는 하늘의 가르침을 나로부터 받
으며 행함이요, 육의 세상에 사는 그
모두는 저희보다 훌륭하고 똑똑한 모
든 신도로부터 그들이 가진 장점을
배워 저희가 스스로 다스려 가는 그와
같은 병행된 가르침을 얻고,
10 그를 순종하며 따르고 가는 것이 진정
한 종교 지도자요, 나로부터 명받은
자이니라.
11 너희는 살아가면서 똑같은 인간인 너
희 종교 지도자들이나 일반 백성이 나
로부터 똑같을 수 없다 그리 말하며,
12 오로지 저희는 잘못했든, 사악한 짓을
했든, 잘 가든, 잘못 가든 하늘의 나

여호와의 가르침만을 받으며 체벌을
받는다 그리 생각하는 종교 지도자는
있을 수 없는 자이니라.
13 그들은 나로부터 선택된 종교 지도자
가 아니라는 것을 너희는 알아야 할
것이니라.
14 나로부터 선택된 종교 지도자는 하늘
의 높은 가르침을 나로부터 직접 받으
며,
15 인간 세상에서 행하며 아름답게 사는
것은 그들보다 착하고 선량한 백성이
가진 장점이요, 종교 지도자보다도 더
나은 것은 그들에게서 배워 제 것으로
만들어 깨달음을 얻도록 되어 있는 것
이 하늘의 구조이니라.
16 하늘의 뜻과 하늘의 구조는 종교 지도
자라 하여도 아래로는 만백성의 행함
을 보고 배우는 것이며,
17 하늘의 뜻은 나에게 직접 가르침을 받
음이니 이 둘을 병행하여 갈 수 있는
자며, 그리 가는 것이 종교 지도자이
니,
18 신도들이요, 그 백성에게 무한한 채찍
이요, 체벌을 받으며 그들에게 가르침
을 받으며 가는 것이 진정한 종교 지
도자니라.
19 제가 일반 백성보다 완벽하다 말하는
자이기에 저는 인간의 가르침을 받을
것이 없다 그리 말하는 것이 아니더냐?
20 그러니 그들이 얼마나 오만하며,
21 저 자신을 속이고 살며, 인간 세속에
서는 주고받는 것이 명확하며, 듣는
것이 명확하며, 더 아는 자가 명확하
며, 모르는 자는 말을 못하는 것이 현
실로 보이나,
22 나 여호와로부터 체벌을 받으며 가르
침을 받는다는 것은 보이지 아니하기
때문에 그들이 마음대로 우롱할 수 있
으며 마음대로 거짓을 할 수 있느니라.
23 그러나 행동으로 하는 것은 신도가 저
보다 사랑이 많고 베풂이 많으며 인자
한 마음을 가지고 살며 모든 면에서
앞서는 상식을 가지고 있다 하면, 저
자신이 무너지는 것이 두렵고 단상에
설 수 없으며 단상에 서서 거짓된 사
기극을 할 수 없기 때문에,
24 그들은 눈으로 보이며 행동으로 보이
는 인간으로부터 배우며 인간으로서
깨달음은 전혀 받을 수 없으며,
25 인간은 저희를 다스릴 수 없으며, 어
떠한 형국에도 저희가 맞다 하는 것이
그 종교 지도자들이니라.
26 오줌을 싸고 똥을 쌌다 해도 그저 맞
다 대답하기만 하면 되는 것이 신도들
이라 그리 가르치느니, 그들이 얼마나
사악한 자들인가?
27 너희는 여기서 보라.
28 너희 신도 중에 종교 지도자보다 더
사랑을 베풀며 나눔을 베풀며 아름답
게 살아가는 자가 과연 없는가, 그리
고 봉사하는 마음을 가진 자가 없는가?
29 그렇다면 종교 지도자는 제 신도들에
게 배워야 할 것이 아닌가?
30 그러면 너희는 여기서 물어보라.
31 종교 지도자들은 저희에게 배운 신도
보다 모든 것을 더 잘 알고 완벽하게
알기에 인간에게서 배울 것이 없다 그
리 말할 것이니라.
32 그러나 너희는 80 먹은 노인도 세 살
먹은 아이에게 배울 게 있다 하였음이

니라.
33 80이라는 세월을 살아온 그 노인도 세 살 먹은 아이에게 깨우침을 얻으며, 그 아이가 더 유능하며, 더 정답을 말할 수 있으며, 옳은 길을 갈 수 있다고 말하거늘,
34 어찌하여 같은 나이요, 같은 시대에 살아가며 또 저희보다 더 많은 인생의 연륜을 가진 그 신도요, 제자들에게 '너는 나에게 가르칠 것이 없으며 너는 나에게 무조건 부족하며 그저 너는 나를 따라올 수 없다.' 그리 말하는가?
35 그러면 너희가 그와 같이 말하는 종교 지도자를 시험해 보라.
36 수학 문제 10개를 내 놓고 그 신도들이 푸는 것과 종교 지도자가 푸는 것을 한번 시험해 보도록 그리하라.
37 그리고 외국어 단어를 거기에 죽 써 놓고 그것을 해석하고 읽는 것을 너희 신도 중에서 읽는 것과 목사가 읽는 것을 한번 시험해서 점검해 보라.
38 그러면 누가 수학 문제를 더 잘 풀며, 영어 단어를 더 잘 외우며 외국어를 더 말할 수 있는가?
39 그렇다면 못 하는 자가 배워야 하는가, 아는 자가 그 무식한 자에게 배워야 하는가?
40 이것이 지금 저 자신을 속이며 사기극을 벌이는 그들의 추하고 더러운 모습이거늘, 어찌하여 현명한 나의 백성 너희는 그리도 모르는가?
41 종교 지도자는 하늘로부터 나의 뜻에 따라 배우며, 아래로는 너희에게 행하고 사는 그 모두를 배워야 할 것이니라.
42 말 한마디 그 모두도 저보다 나은 자에게 배우는 겸허한 자세로써 그와 같이 살아가지 아니하며,
43 그것이 저희가 가는 길이라 하여 많은 것을 가르쳐 주기를 바라며,
44 잘못 가는 것을 체벌해 주며 다스려 달라 하며 너희에게 그 선생이라 하지 않는 종교 지도자는 사기꾼이니라.
45 내가 너희에게 말했으니 그 문제를 한번 내 보도록 하라.
46 정녕 너희 신도에게 배울 것이 없다 하면, 상식이 얼마나 있는지 물어보라.
47 피아노를 잘 연주하는 사람과 그 종교 지도자를 한번 견주어 보라.
48 과연 누가 더 잘하는가, 그리고 상식 문제를 놓고 물어보라.
49 과연 누가 더 잘 아는가?
50 목사나 종교 지도자가 완벽하게 너희보다 더 잘하거든 너희 말이 맞다 하며, 나의 법전을 찢어 버리며 나의 아들을 너희가 죽인다 해도 내가 말하지 아니하며 벌하지 아니할 것이니라.
51 종교 지도자들보다 외국어를 더 많이 아는 사람, 수학 문제를 더 잘 푸는 사람, 상식에 대한 문제를 더 많이 아는 사람, 과학 문제를 더 많이 아는 사람, 정치 문제를 더 잘 아는 사람, 더욱이 종교에 대한 그 깨달음이 더 높은 사람,
52 그와 같은 자가 있거든 너희는 사기꾼이라 하여 그를 단죄해 거기서 목을 잡아 끌어내려,
53 그들로 하여금 그 죄를 용서받고 그들에게 바친 재물을 다 환수하여 불쌍한 백성에게 나눠 주는 그 역사를 하지

아니할 때, 너희도 똑같이 그 사기꾼
과 지옥으로 간다는 것을 잊지 말라.
54 그리고 그들에게 한번 물어보라.
55 종교 집단이요, 종교 지도자가 너희에
게 배울 것이 없으며 너희는 아무것
도 가르칠 수 없다 하니,
56 그러면 나의 뜻을 가지고 평생 너희
에게 우려 내 사기를 쳐서 먹고사는
성경을 과연 누가 더 많이 읽었나 물
어보며, 그 성경 구절을 누가 더 많이
아는가 그 목사와 너희가 한번 내기
하며, 시험을 해 보라.
57 그렇다면 너희 신도 중에 과연 그 목
사보다 성경의 내용을 더 많이 암송한
자가 없으며 더 많이 정독한 자가 없
는가 너희는 한번 그리 물어보도록 하
라.
58 그리하여 너희만큼 암송을 못 하며
너희같이 많이 정독을 하지 아니하였
다면 그는 사기꾼이 아니던가?
59 많이 암송하고 많이 아는 자에게 배워
야 하지 않는가?
60 과연 종교 지도자가 성경을 얼마나
정독했으며 얼마나 읽었는가 그 근거
를 한번 제시하여 따져 보도록 하라.
61 그리고 신도와 한번 견주어 보라.
62 누가 성서를 많이 암송했으며 그 내용
을 더 잘 아는가?
63 그러면 누가 더 위대한 자며 누구에게
배워야 하는지 답이 나온 엄연한 사실
을 모르고 살아가는 것이 불쌍한 나의
피조물 만백성 너희들이니,
64 이제 너희에게 부족한 것이 없거든 그
들에게 물으라.
65 '선생이 부족한 것은 우리에게 배우고
하늘의 말씀은 하늘로 배우며 가르침
은 하늘로 배우는 그와 같은 길을 갈
수 없겠는가?' 하여,
66 그리 갈 수 없다 하거든 그의 목을 졸
라 단죄하는 것이 너희가 해야 할 일
이며, 단상에서 끌어내리도록 그리하
라.

5,413 번째 하나님 말씀

2003년 3월 9일 08시 28분

1 사랑하는 나의 아들아!
2 "네, 아버님! 말씀하옵소서."
3 나의 피조물 만백성 너희가 나로부터
생명을 받아 세상에 나감이니, 너희가
평생 살아오는 그 삶 속에서 모든 백
성 중에서 너희에게 마음을 다 주고
모두를 진심으로 사랑하는 사람이요,
저 자신보다도 너희를 더 생각하며 그
리고 이웃을 서로 생각하는 아름다운
마음을 가지고 사는 사람이 하나도 없
다는 것은 얼마나 불행한 삶인가?
4 너희는 그 자신의 삶이 얼마나 허망한
것인가를 알아야 할 것이니라.
5 이웃이 자신을 희생하여 너희를 도우
며, 자신의 일보다도 너희를 더 소중
히 생각하며 서로 아낌없이 주고받을
수 있는 그와 같은 이웃 하나가 없다
는 것은 너희가 얼마나 허망한 삶을
산 증거인가?
6 과연 너희는 그와 같이 더불어 사는
이웃이 있는가?
7 이제 그와 같은 것을 돌아다볼 때가
되었음을 알라.
8 나의 법전을 읽고 배우는 백성이요,

그리고 나의 아들을 통하여 내리는 강
론을 듣는 백성 너희는, 자신을 희생
해서 너희를 먼저 생각하고 너희를
먼저 구하고자 하며 너희와 고통을
같이 나누고자 하는 그와 같은 마음으
로 더불어 사는 이웃이 너희에게 과연
있는가?
9 자신의 모두를 다 버려 너희를 먼저
생각할 수 있는 그와 같은 친구요, 벗
이 하나도 없다는 것은 얼마나 너희가
삭막한 삶을 산 것인가?
10 이 인간 세상에서 그와 같은 삶이 있
어야 하지 않겠는가?
11 그와 같은 삶이 없다는 것은 너희 자
신이 너무나 슬프고, 너희 자신의 살
아온 삶을 뒤돌아보는 그와 같은 형국
이 아니던가?
12 너희 자신의 마음을 비우지 못하였기
때문에 이웃이 너희를 위하여 마음을
비우지 못하며, 너희가 이웃을 위하여
모두를 다 버려 그를 위하여 봉사하며
그의 어려움을 같이 도와주고자 하는
사랑의 마음이 없었기에, 너희가 그들
로부터 그 마음을 받지 못하는 것이
너희 오늘의 삶이 아니던가?
13 이제 나의 아들을 따르는 제자들이요,
나의 법전을 읽고 깨우치며 나의 강론
을 듣는, 내가 사랑하는 너희는 단 한
가정의 이웃이라도 그 모두를 다 버려
너희를 먼저 생각하는 그와 같은 벗이
요, 친구를 가짐이, 그것이 바로 너희
가 마음을 비운 형국이요, 너희가 아
름답게 살아가는 것이니라.
14 너희가 인자하고 사랑을 베풀며 많은
사람에게 가르침을 줄 수 있으며, 그
이웃이 스스로 너희에게 주고 너희를
구원하고자 제 모두를 다 버릴 수 있
는 그와 같은 너희들의 형태로 삶을
살아간다면,
15 그가 스스로 그와 같은 깨달음을 얻어
그가 스스로 자신의 가정을 버려 너희
를 지키며, 자신이 사는 것보다도 너
희로 하여금 많은 백성에게 깨우침을
줄 수 있으며 이 세상의 인간사에 득
이 될 수 있으며 보탬이 될 수 있다는
그와 같은 마음을 가졌을 때,
16 제 가정을 희생해서라도 너희를 구원
하고자 하는 좋은 벗이요, 친구로서
그와 같은 마음을 갖게 될 것이니라.
17 그러니 너희가 그와 같은 이웃을 가지
려면 오늘의 삶을 어찌 살아야 하며,
얼마만큼 마음을 비우며, 먼저 그와
같은 마음을 갖고 사는 삶으로써 이웃
과 더불어 하나가 되는 삶의 길을 찾
도록 그리하라, 사랑하는 아들딸들아!
18 60평생이요, 때로는 백 년을 살아가는
자도 있으나, 그 많은 세월을 살면서
그와 같은 이웃을 하나도 두지 못했다
는 것은,
19 너희는 방향을 잡지 못하고, 사막의
모래벌판에서 뙤약볕에 허덕이며 갈
길을 모르고 홀로 서서 독수리요, 날
짐승의 밥이 되기 직전에 있는 그 초
라한 모습보다도 더 비참하다는 걸 알
아야 할 것이니라.
20 멀고 먼 그 사막에서 인도할 자 없어
갈 길을 모르며, 그저 태양과 모래바
람에 앞을 못 보고 쓰러지기 직전이
니, 그는 죽음으로써 모든 짐승의 밥
이 될 것이니라.

21 바로 그와 같이 기진맥진한 모습이요,
너희를 대신하여 죽을 수 있는, 그리
고 먼저 희생할 수 있는 친구요, 벗을
하나 가지고 있지 못하고 살아가는 것
이 너희의 모습임을 너희는 이제 알
아야 할 것이며 이를 깊이 기억하라.
22 지금 수천 년 동안 믿음을 향하여 가
는 집단이요, 사랑을 베풀며 사랑을
위하여 울부짖고 살아간다는 그들은
어떠한 자들인가?
23 지금 말로만 구원을 받는 자, 그리고
말로만 구원을 받았다 말하는 자, 말
로써는 모두 다 주고 살아가나,
24 그와 같은 행위가 없으며, 자신을 버
리고 너희를 구할 수 있는 그와 같은
친구 하나 가지지 못하고 있다는 것은
수천 년 동안 흘러온 그 믿음이요, 종
교 집단이 잘못되었음이니라.
25 수천 년 동안 흘러오는 그 종교 집단
의 믿음 속에서 저를 희생하여 이웃을
살리고자 하는 벗이요, 친구를 두고
살아가는 훈련이 되어 있으며 그와 같
은 삶으로 살아왔다면,
26 지금은 이웃을 위해서 희생할 수 있으
며 너희를 위해 희생할 수 있는 벗이
요, 친구가 수없이 있는 오늘이 되어
야 할 것이나,
27 하나도 만들지 못했다는 것은 지금까
지 흘러온 종교 집단이요, 하늘에 오
르는 길이요, 사랑을 베풀며 나에게
오른다 가르친 그들이 얼마나 사악한
삶을 살아온 것인가?
28 그들은 사막에서 허우적거리다 그저
모래 위에 쓰러져 죽음이니, 날짐승의
먹이가 되는 그와 같은 형국으로 살아
가는 것이며,
29 지금 가고 있는 너희가 그와 같은 자
라는 이 무서운 사실을 깊이 깨우치지
아니하며, 두려움 속에서 나의 법전을
접하는 깨달음을 얻지 못할 때,
30 너희는 영영 그 아름다운 이웃을 얻을
수 없으며, 사막에서 길을 잃고 방황
하다 죽어 가는 초라한 인간이라는 것
을 잊지 말라, 사랑하는 나의 아들딸
들아!
31 이를 명심하여 너희들 것으로 변화되
는 삶을 살지 않는 자는 어리석은 자
이며 가장 우매한 자임을 잊지 말라.

5,414 번째 하나님 말씀

2003년 3월 9일 08시 33분

1 사랑하는 나의 아들아!
2 "네, 아버님! 말씀하옵소서."
3 너희가 하늘에 오르는 길이요, 천사처
럼 행할 수 있는 것은,
4 나의 성령이 너희 가슴에 그득히 담기
며 그 그릇에 성령이 그득히 채워졌을
때 너희가 천사가 되며 나 여호와와
같은 심성으로 살아갈 수 있음이니라.
5 그러니 그 간단한 이치 하나를 어찌하
여 그리 행하지 못하는가?
6 나의 성령을 가슴의 그릇에 그득히 채
웠을 때, 너희가 천사요, 나 여호와의
뜻대로 살도록 변화되는 것이며,
7 하늘에 오르는 길을 올 수 있다는 것
을 내가 너희에게 그리 누누이 가르치
거늘, 어찌하여 마음의 작은 그릇을
비우지 못하는가?
8 너희가 마음의 그 작은 그릇을 한번

비워 보도록 하라, 사랑하는 나의 아
들딸들아!
9 너희 마음의 그릇을 다 비웠을 때 그
곳에 내가 성령을 채워 줌이니라.
10 먼저 그를 비우도록 그리하라.
11 먼저 네 마음을 비우고 세상을 보라.
12 그러면 너희가 세상을 보는 눈이 달
라질 것이니라.
13 네 마음의 그릇 속에 사악한 것이 그
득히 들어 있으며 사악한 것으로 채워
져 있을 때, 너희는 날 수 없으며 높이
볼 수 없으며 높이 올라갈 수 없음이
니,
14 세상의 아름다움을 내려다보지 못하
며 지상에서 이루어지는 사악한 것만
이 너희 가슴에 차곡차곡 더 쌓인다
면 너희들이 하늘에 오를 수 있는 나
의 성령을 채워 줄 그릇에 공간이 없
음이니 어찌해야 하겠는가?
15 그 마음을 다 비워라.
16 마음을 비워 놓으면 그곳에 나의 성령
이 그득히 채워짐이니,
17 너희들의 역사함이 모두가 이루어질
것이니라.
18 성령이 채워질 수가 없다 하면 내가
어찌하겠는가?
19 내가 아무리 너희에게 채워 주려 하
여도 나의 성령을 받지 못한다면 너희
는 올라갈 수 없느니라.
20 너희들이 낮은 자세로 살라 그리하지
아니하였던가?
21 높은 자리에 있고자 하면 너희들이 낮
은 자세가 되라 하였음이니,
22 낮은 자세로써 사악한 마음을 갖지 아
니하며 사악한 행동을 보이지 않았을
때 높이 오를 수 있음이니라.
23 그리하여 높이 올라 세상을 보기 시작
하면 어떤 것이 악인가 어떠한 것이
선인가 스스로 판단할 때가 있음이니,
24 너희가 지상에서 한 발짝도 높이 올라
오지 못하기 때문에 내려다보지 못함
이니라.
25 너희가 한 발짝, 두 발짝 높이 오를 수
있는 것은 나의 성령이 너희 가슴에
얼마나 채워졌느냐에 따라서 그 가벼
움에 따라서 오름이니라.
26 너희 가슴의 그릇에 사악한 것이 채워
져 있으면 도저히 올라올 수도 없으며
오를 수도 없는 것이며,
27 나의 성령이 너희 마음의 그릇에 채워
져 가벼우면 너희가 한 발짝, 두 발짝
높이 올라올 수 있음이니,
28 높이 올라와 내려다보면 너희는 세상
의 그 모든 이치를 다 알게 될 것이니
라.
29 너희가 높은 자가 되려면 낮은 자가
되라 하였음이니, 너희는 만백성의 종
이 되라 하였음이니라.
30 너희가 종이 되었을 때 만백성의 지도
자가 된다는 것을 어찌하여 모르는가?
31 내가 사랑하는 만백성을 지도하고자
선택한 너희가 가장 낮은 자요, 만백
성의 종이 되라 하면,
32 너희가 정녕 낮은 자요, 종으로서 너
희가 존재하도록 하려는 것이더냐?
33 아니니라.
34 너희가 지도자로서 만백성을 깨우치
며 그들이 하늘에 오르는 길의 대역사
를 이루기 위하여 너희가 오늘의 훈련
이요, 너희의 다짐을 먼저 함이니,

35 너희가 낮은 자요, 만백성의 종이 된
그와 같은 자세로 살아갈 때, 너희 자
신의 마음의 그릇이 비워짐이니, 거기
에 스스로 성령이 채워짐을 알라, 사
랑하는 나의 아들딸들아!

5,415 번째 하나님 말씀

2003년 3월 9일 08시 39분

1 사랑하는 나의 아들아!
2 "네, 아버님! 말씀하옵소서."
3 나로부터 세상에 나간 모든 백성은 하
루의 삶을 즐겁고 기쁘게 살아가라 그
리 말하였음이니라.
4 그리고 너희는 항상 감사하는 마음으
로 살며 행복한 마음으로 살아가라
내가 말하지 아니하였던가?
5 그러나 나의 피조물 만백성이 다 그와
같이 살지 못함이니라.
6 그러니 나로부터 선택된 백성 너희만
이라도 하루하루 삶을 나에게서 생명
을 받아 나간 그 은혜에 감사하는 마
음을 가슴 깊이 심는다면,
7 너희는 하루하루를 즐거운 마음으로
살며 감사하는 마음으로 살며 행복한
마음으로 살아갈 수 있음을 잊어서는
아니 될 것이니, 오늘의 삶을 그와 같
은 마음으로 살라.
8 그와 같은 마음으로 살 때 너희가 세
상에서 아름다움을 볼 수 있으며 서로
소중함을 알게 되니 이를 명심해서
살아가도록 그리하라.
9 그와 같은 마음으로 살지 못할 때 너
희는 여기서 더 무서운 결과를 초래함
이니라.
10 너희가 그와 같이 아름다운 삶을 살지
못하며 즐겁고 행복한 마음이요, 감사
한 마음으로 살지 아니하고 고통스럽
고 시련이라 생각하고 살 때,
11 사탄들은 너희를 무너트리고 쓰러트
리려고 항상 호시탐탐 노리며 기다리
고 있으니, 너희가 그렇기에 넘어지느
니라.
12 너희가 사탄에게 넘어지는 것이 무엇
이 대수냐 그리 말할 것이니라.
13 너희가 사탄에게 넘어지는 것이 오늘
은 즐거운 삶인 것 같으나 그것은 영
원한 죽음이요, 희망이 없는 삶이요,
그리도 갈구하던 나에게 오를 수 없는
그와 같은 삶이니라.
14 여기서 더 중요한 것을 깨달아야 할
것이니라.
15 너희가 그와 같이 행복한 마음을 버리
고 삶으로 인하여 사탄에게 무너질
때, 너희의 모든 믿음은 구원의 길이
아니요, 지옥의 길로 가는 것을 알아
야 할 것이니라.
16 너희가 그와 같은 마음으로 살 때 하
루하루 살아가는 그 삶은 즐거운 삶이
아니요, 생수를 마시고 사는 것이 아
니라,
17 사탄에게 넘어지는 순간 그 소중한 생
명을 죽이는 독극물을 마시는 것과 같
은 형국으로 살아가는 것이 너희이니
라.
18 지금 모든 종교 집단이요, 그 지도자
와 따르는 신도들이 구원의 생수를 마
시려고 살아가는 것이 아니요,
19 그 마음이 이기주의로 변하여 그들이
지금 독극물을 끝없이 마시고 또 마시

며, 그것이 생수며 저희가 살아갈 길
이라 생각하며 하늘에서 소생할 것이
라 그리 생각하나,
20 독극물을 마시고 또 마시는 그들이 어
찌하여 살 수 있단 말이던가?
21 그와 같은 삶을 사는 그 불쌍한 백성
을 너희가 깨우쳐야 할 것이니라.
22 독극물을 저희가 사는 물이요, 생수라
생각하며 구원의 길이요, 구원의 생수
라 말하고 마심이니,
23 저희가 죽어 썩어져 가는 독극물을
마시고 있음이니, 머지않아 다시 살
수 없으며 다시 태어날 수 없는 것이
지금 그들의 삶이니라.
24 그러니 이제 그들 삶에서 가장 중요
하고 귀한 나의 법전을 읽고 정독하라
그리 말하라.
25 더 이상 그들이 물을 마시면 상해 썩
어져 헤어날 길이 없으며 그때는 나
의 법전을 눈이 어두워 볼 수 없으며
기력이 쇠진하여 볼 수 없으며 귀가
어두워 들을 수 없음이니,
26 너희가 영원히 변할 수 있는 그 기회
를 잃고 살게 됨이니라.
27 그와 같은 운명을 그들 스스로 개척하
는 삶을 살도록, 나의 백성이요, 또 나
의 아들을 따르는 제자 너희가 그들
을 구원해야 함을 잊지 말라, 사랑하
는 나의 아들딸들아!

5,416 번째 하나님 말씀

2003년 3월 9일 08시 47분

1 사랑하는 나의 아들아!
2 "네, 아버님! 말씀하옵소서."
3 구약 시대의 역사함은 무엇이더냐?
4 모세와 더불어 너희가 나로부터 선택
된 백성이기에 선택된 땅으로 너희를
이주시켜, 너희가 나의 은혜에 감사하
며,그리고 항상 감사 기도를 하며 살
아가게 하고자 하였으며,
5 천사와 같은 자들만이 존재하는 아름
다운 지상 낙원을 역사하고자 하였음
이니라.
6 그러나 너희가 나의 뜻대로 살지 아니
하였으며 그리 행하지 아니하였으며,
그 욕심이라는 것 때문에 너희가 고통
이 없는 삶에서 나에게 오를 수 있는
그 모든 기회를 저버렸음이니라.
7 그리하여 내가 너희에게 십계명이라
는 열 가지 계명을 내려보내 이를 지
키고 살라 그리 말하였음이니라.
8 그러니 이것은 무엇이던가?
9 내가 너희를 사랑하기 때문에 너희가
편안하고 여유 있는 마음으로써 열 가
지의 계명을 지키면서 하늘에 오르라
그리 말하였거늘,
10 너희는 이 편안한 방법이요, 이 간단
한 열 가지의 계명을 지키지 아니하
며, 지킬 수 없다 그리 말하며,
11 너희가 편안한 자세로써 조금만 노력
하면 모두 천국의 세상을 이룰 수 있
는 것을 거부하였으며 이를 거절하여
그와 같은 험악한 세상의 삶을 자초하
였느니라.
12 가장 편안하며 가장 쉽게 너희가 구원
받을 수 있는 열 가지의 계명을 내가
내렸음이니, 너희가 이를 지키지 아니
하며 그 간단한 방법으로써 구원을 받
지 아니하며 사악한 마음으로 변하기

에,

13 내가 너희에게 고통과 시련으로써 하늘에 오르도록 제2단계의 방법으로 신약 시대를 열어 그와 같이 가도록 하였으며 너희들을 그리 가르치게 하였음이니라.

14 그러나 너희가 이를 또한 거절하였음이니라.

15 너희가 이를 듣지 아니하며 편안하게 기도하며 간단한 방법으로써 하늘에 오를 수 있는 모두를 버렸기에,

16 너희에게 예수의 그 고통을 보도록 하였으며, 예수가 죽어 가는 그와 같은 고통 속에서 너희가 죽음 못지않은 그 고통의 깨달음을 얻지 아니하면 하늘에 오를 수 없는 너희의 그 깨달음을 내가 그와 같이 다스려 가고자 하였음이니라.

17 그리하여 간단한 십계명 열 가지만 지키면 되는 가장 쉬웠던 모세의 시대에 너희가 지키지 아니하여,

18 예수가 죽어 가는 그와 같은 고통을 너희가 직접 체험하며 느껴야만 하늘에 오를 수 있는 길을 내가 너희에게 열어 주고자 하였으며 너희를 그리 다스리고자 하였음이니라.

19 그때만 해도 예수의 이름을 찾으며 너희는 꽃방석에 앉아서 나에게 오를 수 있는 그와 같은 기회였음을 알아야 할 것이니라.

20 그러나 너희들이 꽃방석에 앉아서 기도하며 나에게 오를 수 있는 그것까지 또 버렸음이니,

21 모세 시대에 계명을 지키지 아니하고 살았으며, 신약 시대에 예수의 그 뜻을 따르지 아니하였으니,

22 너희가 사악한 것이 극에 달했으니 내가 너희를 더 이상 놔둘 수 없으며, 이제는 그와 같은 방법으로써는 구제할 수 없기에,

23 내가 지금 너희를 구속하는 방법이요, 너희를 옭아매는 방법이요, 너희가 숨을 쉬지 못하게 하는 방법으로써 내가 너희를 구원하여 나에게 오를 수 있는 제3단계의 강한 방법으로써 너희를 다스림이니, 이게 바로 심판의 시대이니라.

24 그리하여 너희가 더 어렵고 힘들게 나의 법전대로 살아가지 아니하면 하늘에 오르는 길을 볼 수 없도록 너희를 속박하며 더 강하게 조여 감을 알아야 할 것이니,

25 오늘의 나의 법전을 읽고 깨우쳐 너희가 하늘에 오르는 길이 힘들고 어려운 길이라는 것을 알아야 할 것이니라.

26 모세의 시대에 가장 편안한 시대에 너희가 바로 섰더라면, 예수의 시대에 죽음과 같은 그 고통의 세상에서 너희가 그 삶을 느끼면서 그 무서운 깨달음 속에서 하늘에 오르는 길을 보게 하지 아니하였을 것이니라.

27 그러나 예수의 시대 또한, 너희가 그리 사악했으니,

28 이제는 내가 너희를 다 속박하여 감옥에 가두어 숨을 쉬지 못하도록 그와 같이 압박하면서 강제로 끌어올리고자 하는 것이 내가 심판하는 것이요,

29 나의 법전에 그 무서운 내용을 기록하여 세상에 내려보낸 뜻임을 너희는 알아야 할 것이니,

30 이 단계에서 너희가 또 깨우치지 못
한다면, 가장 편안한 모세의 시대요,
31 꽃방석에 앉아서 기도하는 예수의 시
대요,
32 이제 속박하는 이 시대를 너희가 거
부하며 여기서 변화하지 아니한다면,
33 그다음 단계는 어떠한 것인가를 알아
야 할 것이니라.
34 그리하여 너희가 깨닫지 못하니 이제
는 너희를 속박하고 구속하여 쇠사슬
로 꽉꽉 묶어 숨도 못 쉬게 하는 이와
같은 방법으로써 내가 심판을 하며 너
희에게 마지막 기회를 줌이 여기에 있
음이니,
35 이 이상 강한 체벌을 받으며 나에게
올라올 그 기회도 이제 없음이니라.
36 더 이상 기회를 주지 아니함이니, 이
속박된 쇠사슬에서 헤쳐 나올 수 있는
것은, 그리고 너희가 편안한 마음으로
써 구원의 길에 올 수 있는 것은 나의
법전을 정독하고 깨우쳐 바로 서는 길
밖에 없음을 알라.

5,417 번째 하나님 말씀

2003년 3월 9일 09시 36분

1 사랑하는 나의 아들아!
2 "네, 아버님! 말씀하옵소서."
3 이 지상에 내가 낙원을 만들어 너희를
살게 하였음이니,
4 이 지상의 모든 것이 다 제자리를 지
키며 제가 역사할 수 있는 것을 다 역
사하고 살아갔더라면, 오늘날같이 이
와 같은 험악한 세상은 되지 아니하였
을 것이니라.
5 지금 믿음의 길을 가는 너희가 정말
믿음의 열매를 충실히 맺어 만백성이
먹을 수 있는 그 과일로 익었더라면,
오늘과 같은 형국은 되지 아니하였을
것이니라.
6 수천 년 동안 흘러오는 그 믿음 속에
서 너희가 나에게 오른다 하며 나에게
오르는 백성을 인도한다는 그와 같은
믿음의 열매가 진정 내가 원하는 열
매가 아니요, 만백성이 먹을 수 있는
열매가 아니요, 새로운 생명이 태어나
는 그 기초가 되는 열매를 맺지 못했
기 때문에, 지금같이 어렵고 힘든 제3
의 시대를 열어 감이니라.
7 제3의 시대에 이 땅을 천국으로 만들
고자 하는 것이 나의 법전이며,
8 바로 나로부터 선택된 백성으로 하여
금 이 세상을 지배하게 하고자 하며
그들로 하여금 영원히 먹고살 수 있는
그 열매를 맺는 나무를 심고자 하는
것이 나 여호와의 뜻임을 너희는 알
아야 할 것이니라.
9 지금 믿음의 길을 가는 백성 너희는
들어야 할 것이니라.
10 너희가 정녕 하늘에 오르는 열매를 맺
는 삶을 살지 못했다면, 내가 이 땅을
천국으로 만들어 너희가 영원히 먹을
수 있는 그 열매가 열리는 나무를 심
고자 하는 나의 뜻을 거역하지 말며,
이를 사탄이요, 이단이라 거부하지 말
라.
11 너희가 알게 될 날이 머지않았음이니
라.
12 지금 2천 년 동안, 열매를 맺을 수 있
는 나무에서 열매를 맺지 못한 것이

너희이니라.
13 그러니 나무에 아무리 잎이 무성하다
해도 열매를 열지 못한다면, 그 나무
는 가치가 없으며, 그 모든 나무의 뿌
리는 끝이 날 것이니라.
14 꽃이 피고 열매를 맺어 씨를 뿌리지
못하는 그 나무는 가치가 없듯이, 아
무리 무성한들 무엇하는가?
15 그저 무성했다 베어서 태워 버리는 것
이 열매를 맺지 못하는 나무의 운명이
아닌가?
16 너희가 먹고 취할 수 있는 열매 맺는
나무를 심는 것이 곧 내가 지금 심판
의 역사를 이룸이니라.
17 그리하여 그 열매만을 이 세상에 뿌리
고자 함이며,
18 거두어 씨 뿌릴 가치가 없는 것은 다
태워 버리고 이 지상에 존재치 못하도
록 하고자 함이며,
19 열매를 맺을 수 있는 씨앗을 찾아 다
시 심는 것이 심판의 역사가 시작되
며, 그를 심는 것이 나에게서 선택된
백성 너희가 해야 할 일이니라.
20 아무리 이를 심어라 줘도 심지 않고
버리는 자, 그리고 내가 보이지 않는
데서 그저 그걸 먹어 치워 없애며 땅
만 파고 심었다 하는 자, 정녕 씨앗을
뿌리지 않으니 그 열매가 열겠는가?
21 이제는 내가 심으라 하면 심고, 뿌리
라 하면 뿌리는 그와 같은 백성만이
존재하는 세상을 만들고자 하는 것이
니라.
22 그 뜻을 너희가 알았다면 나의 아들
이 가는 길을 거부하지 말며 감히 사
탄이요, 이단이라 욕하지 말라.
23 그리고 그를 보고 따르는 너희야말로
정녕 이 시대에 썩어서 열매가 열리
지 못하여 열매 여는 나무를 심는 그
임무를 수행하는 것이니, 너희가 흔들
리지 말아야 하며 마음에 동요가 있어
서는 아니 됨을 알라.

5,418 번째 하나님 말씀

2003년 3월 9일 10시 06분

1 사랑하는 나의 아들아!
2 "네, 아버님! 말씀하옵소서."
3 모세의 구약 시대는 너희가 편안히 나
여호와에게 오를 수 있었음이니라.
4 이는 간단하게 십계명이라는 것을 지
켜 나에게 오를 수 있었으나, 너희는
나의 뜻을 따라 하늘에 오르는 길을
선택함이 아니요, 너희 스스로 자신을
버렸으며 나 여호와에게 등을 돌렸음
이니라.
5 그리하여 그보다도 더 강한 신약 시
대를 내가 내려 너희를 구원하고자
했음이나,
6 그 또한 너희가 거부했으며 그를 따
르지 아니하였으며 또 너희가 사악한
자로서 변하여 지금에 전락하게 되었
음이니라.
7 그리하여 너희를 더 그와 같은 방법
으로써 다스릴 수 없기에 이제는 강제
로 구속함이니라.
8 내가 너희를 구속하여 심판이 시작되
었다는 것을 알아야 할 것이니라.
9 창조주 나의 법전을 읽고 깨우치는 자
는 하늘에 남을 것이요, 내 옆에 존재
할 것이요, 그렇지 않은 백성은 내 옆

에 있지 못하며 내침을 받을 것이니,
10 너희는 하늘의 그 경사스러운 잔치에
오르는 백성이 되라 함이니라.
11 너희가 하늘의 그 경사스러운 잔치에
참석하지 못하며 쫓겨나는 백성이 되
어서는 아니 되느니라.
12 너희가 경사스러운 잔치의 그 행사에
참석하지 못하고 나로부터 쫓겨나는
사람이 되는 것은 바로 무엇이더냐?
13 하늘에 오름이 아니요, 지옥으로 간다
는 것을 알아야 할 것이니라.
14 어찌하여 똑같은 삶을 살아가는 이 세
상에서 똑같은 조건에 살아가는 너희
가 하늘나라의 경사스러운 나의 잔치
에 참석하지 못하고 문전에서 쫓겨나
는 사람이 되고자 하는가?
15 너희는 이 이치 하나를 깨닫는다 하면
이게 곧 무엇이던가?
16 너희가 나의 율법이요, 나의 계명대로
살아가는 것이며 성서에 깊이 기록되
어 있는 내용을 알아 행하고 사는 것
이니라.
17 그러나 너희는 그를 다 행하지 못하
며 지키지 못하기에, 내가 너희를 구
속하여 얽매어 놓고 지금 심판을 시작
함이니,
18 내가 너희를 강제로 다스리고 심판하
느니라.
19 그리하여 나의 법전을 내려보내 너희
를 심판하기 직전에 한 번의 기회를
너희에게 줌이니,
20 이제 잘못 살아온 것을 후회하며 깨우
쳐 반성하며 나의 법전을 읽고 너희가
아름답고 자신 있는 삶을 살며, 심판
대에 설 때 한 점의 부끄럼이 없는 그
와 같은 삶을 살아야 할 것을 잊지 말
라.
21 이제 머지않은 그 심판대에 너희가
두려워 서지 못하는 삶을 산다는 것은
바로 너희가 영원히 사는 세상에서
나를 보지 못하며 지옥 불에 가 나를
찾지도 못하며 울부짖는 그와 같은 영
원한 삶을 살아야 한다는 것을 잊지
말라.
22 너희가 짧은 인생인 육의 삶을 위하여
영원히 사는 새로 태어나는 영광을 얻
는 그 영혼을 죽이는 어리석은 짓을
하지 말라, 사랑하는 나의 아들딸들아!

5,419 번째 하나님 말씀

2003년 3월 9일 12시 02분

(강론을 마치며)

1 사랑하는 나의 아들아!
2 나로부터 선택되어 내가 쓰고자 하는
백성 너희는 한두 시간이요, 단시일
내에 너희를 쓴다 생각하지 말라.
3 창조주 나 여호와가 쓰고자 하면 단
몇 초 안에도 너희를 바꿔서 쓸 수 있
으며 다스려서 쓸 수 있다 하나,
4 그와 같은 기대요, 그와 같은 생각을
하지 말라.
5 너희 스스로 완벽한 나의 종이요, 나
의 백성으로 만들어 너희가 역사하는
것은 그와 같이 해서 모든 것이 이루
어지는 것이 아님이니라.
6 너희는 모세라는 사람이 역사함을 알
고 있느냐?
7 그가 그 썩은 지팡이로 능력을 발휘하
며 왕 앞에 가서 당당히 말할 수 있도

록 그를 세울 때까지 얼마나 많은 세
월이 흘렀더냐?
8 그는 왕 밑에서 왕자로서 하나도 부족
함 없이 살았음이니라.
9 풍족한 생활을 하고 살았던 그를 내가
얼마 동안 훈련하며 가르쳤는가?
10 그는 왕족으로서 교육을 받았으며, 상
식을 배웠으며, 부하를 다스리는 방법
을 배웠으며, 전쟁하는 방법을 배웠으
며, 인간을 통제하는 그와 같은 모든
것을 다 배웠음이니,
11 과연 그 당시 교육 수준이 너희만 못
하다 생각하며, 그가 가진 것이 너희
만 못하다 생각하는가?
12 그와 같이 못 하기에 내가 그를 그리
불러냈던가?
13 내가 그를 쓰기 위하여 그 백성을 구
원하는 데 40년이라는 그 사막 생활
의 고통을 그가 겪었음이니라.
14 매일같이 향수로 목욕하고 살았으며
산해진미로써 살아가던 그가 그 사막
에서 물 한 방울이 얼마나 소중한가
를 알았으며, 짐승을 기르면서 그 생
명이 얼마나 소중한가를 알았으며,
15 그는 얼마만큼 자기 자신을 다 버리고
낮추며 그 고통의 세월을 갔던가?
16 모세는 그와 같이 고통과 시련 속에서
나로부터 그 백성을 구원하는 대명을
받아 그 일을 했으니,
17 그가 들고 있는 썩은 지팡이는 40년
동안 고통과 시련 속에서 낮아지고 낮
아진 그 역사의 대가며,
18 그리했기에 내가 그 지팡이로부터 모
두를 다 말했으며, 왕 앞에 가서 내 말
을 듣지 아니하면 네 자식을 죽일 것
이라 그리 말할 수 있는 용기를 가졌
으며 그리 행할 수가 있었음이니라.
19 너희는 나의 백성이요, 나의 아들딸로
서 선택된 자요, 만백성을 구하는 그
책무를 맡아 내가 내리는 법전을 만들
며 이를 듣고 배우며 깨우쳐 너희 스
스로 변하는 이 과정에 과연 얼마만큼
그 역사를 이루었다 하는가?
20 모세가 썩은 지팡이로써 기적을 이루
며 모두를 역사했듯이,
21 너희가 그 고통과 시련을 겪었을 때
내가 너희에게 그리 주지 아니한다면
나 여호와는 공의의 하나님이 아니니
라.
22 그와 같은 시련을 겪었을 때 내가 너
희에게 그와 같은 역사를 줌이니라.
23 욥의 시련 또한 마찬가지니라.
24 너희가 욥과 같은 시련에도 그 믿음이
변하지 아니하고 갈 때, 내가 너희에
게 그보다 몇 배 더 많은 은혜와 영광
을 내려 줄 것이니라.
25 그러나 그렇지 아니하고 준다면 나는
공의의 하나님이 아니니라.
26 그렇다면 그 욥의 시련은 무엇이며 욥
의 고통은 무엇인가?
27 모세는 40년 동안 모두를 다 버리고
짐승과 같이 사는 그 삶 속에서 그 자
신을 얼마만큼 버렸으며 낮췄는가?
28 그와 같은 삶을 살고도 모세의 그 썩
은 지팡이가 기적을 이루듯이, 내가
너희에게 지팡이를 주지 아니한다면
나 여호와는 공의의 하나님이 아닐 것
이니,
29 너희가 그와 같은 자세가 되었을 때,
그와 같은 삶을 살았을 때 내가 너희

에게 줄 것이니라.
30 나의 아들 예수가 육으로 와 세상에
살다 나의 오른편에 와 있음이니,
31 그는 죽음으로써 그 죽이는 자를 사랑
해 달라 했으며 용서해 주는 그 마음
이었으니,
32 그 마음으로 너희가 변했을 때 너희
도 내 우편에 당당히 올 수 있으며,
33 그와 같은 깨달음을 똑같이 가졌을 때
내가 너희를 거둬들이지 아니한다면
난 공의의 하나님이 아니니, 너희는
오늘 이 무서운 이치를 알라.
34 너희가 그와 같은 뜻을 안다면 어찌
행하고 살아가야 할 것인가를 알 것이
니,
35 내가 너희에게 모세처럼 광야에서 고
통을 겪으라는 것도 아니요, 예수처럼
목숨을 바쳐 그리하라는 것도 아니니
라.
36 다만, 너희가 욕심이요, 사악한 마음
이요, 악을 즐기는 마음이요, 선을 선
택하지 못하는 그 마음 하나를 다스려
악을 행하고자 하는 마음을 너희는 선
으로 바꿔라.
37 너희 자신 안에 있는 그 마음 하나를
바꿔 달라 하는 것이 나 여호와의 간
곡한 뜻이거늘,
38 너희가 얼마나 좋은 형편이며 얼마나
좋은 뜻에서, 그리고 얼마나 좋은 환
경이요, 생활에서 내가 너희에게 오르
라 그리 말하는가?
39 너희는 모세보다 몇천 배 나은 환경이
요, 예수의 고통보다 몇천 배 나은 환
경에서 너희를 다스리라 하였거늘,
40 나의 아들딸이요, 너희 몸에 나의 성
령이 임하여 너희와 더불어 같이 가
며 너희 이름을 하늘에 올려놨다 그리
하였거늘,
41 너희가 나에게 바친 것이 무엇이며 행
한 것이 무엇이며 역사한 것이 무엇인
가 돌이켜 보라.
42 너희도 지금 잘못된 믿음의 길을 가는
자와 똑같이, 행함이 없이 그저 말로
만 달라 하면 얻고 구하면 준다는 그
와 같은 생각을 버리지 못하고 있다면,
43 오늘 이 순간부터 너희가 긴장하는 마
음으로 살아가라.
44 인간의 초심으로 돌아가 그리 살라.
45 그렇지 아니하면 너희는 정녕 나에게
올 수 없음이니, 내가 너희 손을 놓을
수 있다는 걸 잊지 말라.
46 나의 아들 또한 바로 서지 못할 때 내
가 그 손을 놓을 것이며 그를 거둬들
이지 아니하는 것이 나 여호와이니라.
47 나 여호와는 만인의 공의의 하나님이
기 때문에 그러함을 너희는 잊지 말
며,
48 나 여호와의 뜻을 깊이 새겨 행하도록
그리하라, 사랑하는 나의 아들딸들아!
49 내가 너희를 깊이 사랑하노라.

5,420 번째 하나님 말씀

2003년 3월 9일 13시 20분

1 사랑하는 나의 아들아!
2 "네, 아버님! 말씀하옵소서."
3 이 세상에 존재하는 그 모두를 과연
누가 만들었으며 누가 존재하도록 그
리했다 말하는가?
4 너희는 나 여호와의 권능이요, 나 여

호와로부터 모두가 이루어졌다 그리
말함이니,
5 이 세상의 모든 것은 다 누구의 것이
던가?
6 나 여호와의 것이 아니던가?
7 그런데 너희는 어찌하여 인간 세상에
살아가면서 남의 것을 갖고 더 갖고자
덜 갖고자 시시비비를 하고 싸우며 살
아가는가?
8 이 세상 모든 것은 남의 것을 갖고 서
로 주인이라고 싸움하며 얽히고설킨
형국으로써 살아가는 것이 너희의 삶
이 아니던가?
9 너희가 그와 같은 마음으로 살아가려
거든 이 세상 모든 것은 나 여호와가
창조하였으며 내가 만들었다는 말을
하지 말라.
10 너희가 그와 같은 말을 할 수 있는 자
라면, 재물이요, 이 세상에 존재하는
것을 가지고 서로 시시비비하고 싸우
며 언성을 높이고 그와 같은 삶을 살
아가는 것은 아니 되는 것이 너희이니
라.
11 이제 너희는 믿음이 무엇이며 깨달음
이 무엇이며 하늘에 오르는 백성이라
는 것이 무엇인 줄 알겠는가?
12 세상의 모든 이치를 다 들여다볼 수
있으며 그 이치 속에서 너희가 하나
하나 진실을 깨닫고 살아가는 것이니,
13 너희는 지금 육의 세상의 삶이요, 육
의 생각을 벗어나지 못하였기 때문에
너희가 하늘의 뜻을 알 수 없음이니라.
14 하늘의 뜻을 알지 못하는 자는 하늘에
올라올 수 없음이니,
15 바로 그를 깨우쳐 주고 가르쳐 주는
것이 나의 법전이니라.
16 너희가 하늘의 뜻을 알기 위하여 나
의 법전을 읽어야 하며,
17 너희가 하늘의 뜻을 알지 아니하면 나
에게 오를 수 없음이니, 내가 너희에
게 전하여 깨우치고자 하는 그 뜻을
알 수가 없음이니라.
18 사람이 죽어 가면서 말하지 아니하였
더냐?
19 세상 것을 아무리 알려 해도 알 수 없
는 것이 인간이며, 창조주의 그 뜻에
는 누구도 도전할 수 없다는 것을 깨
닫고 죽어 가는 사람들이 있다 내가
나의 아들을 통하여 너희에게 깨우쳐
주었으니,
20 그들이 어찌하여 그와 같은 결론을 내
리고 갔겠는가?
21 그리고 그들이 무엇인가를 가지고 갈
수 없다는 것을 스스로 알며 그를 위
해서 살아왔다는 것이 얼마나 불행한
것이며 얼마나 불쌍한 것인가를 알고
있을 것이니라.
22 너희가 인간 세상에 몸을 감추기 위해
걸치는 옷 한 벌이요, 한 끼 식사할 수
있는 그것이면 그보다 더 행복한 사람
이 없으며,
23 적게 가진 자가 위대한 자요, 적게 가
진 자가 행복한 자라는 그와 같은 뜻
을 너희는 모를 것이니, 죽어 갈 때 그
를 알게 됨이니라.
24 육의 세상에 살아가는 것은 그득히 쌓
아 놓으며 많이 가진 것이 행복하며
좋은 옷, 좋은 것을 너희 발 앞에 많이
두는 것이 영광이요, 축복이라 생각하
나,

25 영원히 사는 세상에 들어오는 삶을 향
해 가는 자는 적게 가진 자요, 좋은 것
을 갖지 아니한 자요, 남들이 쓰다 버
린 것을 가지고 그저 살아갈 수 있는
마음의 자세로 살아가는 것이 가장 행
복한 자요, 가장 위대한 자라는 것을
알아야 할 것이니라.
26 그를 모르고 살아가는 것이 너희들이
니, 갖지 아니하고 살아가는 것은 하
늘의 뜻이요, 많이 갖고자 하는 것은
육의 생각의 욕심이니, 하늘의 뜻과
육의 생각의 차이가 그리 있음이니,
27 너희는 그것을 깨우치기 위해서 평생
을 살아가도 깨우치지 못함을 알아야
할 것이니라.
28 너희가 60평생이요, 70평생을 산다
해도 많이 가진 자가 행복한 자요, 부
귀영화를 누리며 권력 있는 자가 행복
하며 남을 부리는 자가 행복하다 생각
하나, 하늘의 뜻은 그것이 아니요,
29 그저 부림을 당하는 자가 행복한 자
요, 많이 갖지 아니한 자가 행복한 자
요, 누덕누덕 제 가슴에 쌓아 놓지 아
니한 자가 행복한 것이니,
30 하늘의 뜻과 지상의 뜻이 이와 같이
엄연히 다름이니, 너희가 이를 깨우치
는 데 평생을 살아가도 깨우칠 수 없
는 것이니라.
31 너희 제자들은 그를 깨우치고 그를 알
고 가는 자가 되어야 한다는 것을 잊
지 말며,
32 나의 법전을 읽고 깨우친 너희를 내
가 사랑하기에 하늘의 법도와 지상의
법도는 정반대인 것을, 그리하여 내가
반대로 돌아가는 삶을 살라는 것이니,
33 너희가 반대로 돌아가는 삶을 살고 연
구할 때 그 속에서 위대한 진리를 알
것이며 내 마음을 알 것이며 내 뜻을
알 것이니라.
34 그와 같이 하지 아니하는 자는 내 뜻
을 보지 못함이니, 내가 뭐라 말하였
더냐?
35 너희가 평생 살아가며 깨우치고 하늘
에 오르라 하여 내려보낸 성서를 속을
들여다보지 못하고 겉만 붙잡고 그저
빙빙 돌다 너희 스스로 죽어 가는 것
이며,
36 그저 말로써 떠들다, 말로써 수다 떨
다 그냥 죄만 짓고 가는 것이 너희라
하였음이니,
37 이와 같은 이치를 깨닫고 알아야 할
것이며 깨달아 너희 것으로 만들도록
그리하라.
38 하늘의 백성이면 하늘의 이치를 봐야
할 것이며, 하늘에 오르는 백성은 하
늘의 진리를 알아야 할 것이니,
39 그 길을 보고 못 보는 것은 너희 마음
에 달렸음이니 그리 알라.

5,421 번째 하나님 말씀

2003년 3월 9일 18시 41분

1 사랑하는 나의 아들아!
2 "네, 아버님! 말씀하옵소서."
3 그 시대의 그 역사에 따라서 너희는
다 자기의 책무와 자기가 할 일을 받
아서 세상에 나옴이니라.
4 노아의 방주의 그 노아는 책임을 다한
그 역사로써 그와 같은 구원을 받았으
며, 욥은 그 책무를 다했으며 흔들리

지 않는 믿음으로 그가 그리 행하였으
며 그 또한 축복을 받았음이니라.
5 아브라함이 이삭을 바치라 할 때 그
아들을 바칠 수 있었던 것은 무엇이던
가?
6 자기의 책무와 직분을 다함이니라.
7 내가 160권의 법전을 세상에 내 심판
하며 새로운 시대요, 새 역사를 이루
고자 하는 것도 너희의 작은 희생이
요, 작은 노력 없이는 모든 것이 이루
어질 수가 없는 것이니라.
8 너희는 각자가 자기의 임무가 있음이
니라.
9 나의 성전에 와 나의 아들의 제자인
너희는 각자 자기가 해야 할 임무가
있으며 자기가 넘고 가야 할 길이 있
음이니라.
10 때로는 힘들고 어려운 길이요, 때로는
너희가 넘지 못할 어렵고 힘든 고비
에서 마음과 몸이 힘에 부친다 하여
주저앉아서는 아니 되는 것이니라.
11 각자는 다 소임이 있으며 맡은 바 책
무가 있으니, 그것에 너희가 최선을
다할 때 세월이 지난 다음에 그 모두
를 다 알 것이니,
12 인간의 머리요, 인간의 생각으로써 너
희가 판단하지 말라.
13 모두는 다 나 여호와의 깊은 뜻이요,
생각이 있으며 내가 역사하여 가는 것
이니라.
14 너희 머리로 생각하며 너희 생각으로
써 모든 것을 계획하고 실천한다면 그
건 말 못하는 엄청난 변화의 역사를
이루는 것이니라.
15 나의 아들은 60이라는 그 나이에 너
희 선생으로서 나의 아들로서 지금
대명을 이끌어 가니,
16 그가 다스려 가야 길이 있으며 그 나
름대로 깨우쳐 가야 할 길이 있으며
그가 인내하고 넘어야 할 그 산과 같
은 길이 있음이니,
17 너희가 모두 다 그를 도와서 같이 가
는 것이며, 그와 더불어 가는 삶을 살
기에 너희에게 희생이요, 고통이 다
같이 따르는 것이니라.
18 나의 아들이 힘들고 어려운 것만큼 너
희도 다 힘들고 어려운 길이며 너희가
어렵고 힘든 만큼 나의 아들 또한 그
이상으로 힘들고 어려운 길을 가고 있
으니, 너희는 너희로서 책무가 있어야
할 것이니라.
19 조용한 다락방에서 기도하는 자, 성전
을 운영할 자, 그리고 그를 따라서 가
야 할 자, 그리고 법전을 만드는 데 역
사할 자,
20 너희는 다 책무가 있음이니, 너희는
그 책무에 충실하면 되는 것이며,
21 그건 나의 주관이요, 나의 아들이 묵
상과 기도로써 모두를 역사함이니 너
희는 그리 알면 될 것이니라.
22 너희는 나의 아들이 바로 가고자 하며
바로 서고자 하는 그 길에 모두가 더
불어 가는 똑같은 나의 아들딸이니,
23 나의 아들의 손을 잡고 너희가 같이하
는 데 한마음이요, 한뜻이 되는 것이
가장 중요함을 알아야 할 것이니라.
24 한마음이요, 한뜻이 같이 이루어져 역
사하는 너희가 되어야 할 것이니,
25 나의 성전에서 공부하는 너희 제자들
이 한마음이요, 한뜻과 같이 이루어져

야 함이니,
26 그 길을 위하여 내가 너희를 선택하
여 쓰고자 함이니, 너희는 두려워하지
말며 맡은 바 책무요, 너희가 할 수 있
는 그 일에 최선을 다하라.
27 그것이 너희가 오늘의 모든 역경을
이기고 나가며, 나의 아들이 백발이
되어 만백성에게 한 점의 부끄럼이 없
이 섰을 때, 그때 가서 내가 너희에게
상을 내릴 것이며 너희의 공로를 내가
알 것이니라.
28 모두를 대를 위해 소를 접어 두고 가
야 하는 삶의 이 시대를 너희가 잘 극
복하고 아름답게 넘어가는 것이 현명
한 처신이요, 너희가 가야 할 길이라
는 것을 잊지 말라.
29 한 권의 책을 갖다 주는 것도 그 책무
가 있는 것이며, 하나의 낙엽을 갖다
주는 것도 그 책무가 있으며, 한 송이
꽃을 꺾어다 성전에 바치는 것도 다
책무가 있어서 그리하느니라.
30 나의 아들에게 너희가 재물과 금화를
가져가는 것, 또한 너희가 다 그와 같
이 해야 하기 때문에 그와 같은 역사
가 이루어지는 것이니라.
31 나의 아들 주변에 일어나는 그 모두는
내가 다 주관하는 것이며 내가 역사함
이니, 너희가 나의 아들과 더불어 가
는 그 삶 또한 나를 대신하여 사는 자
라 하였으니,
32 너희는 서로 너와 내가 없으며 하나
라는 마음을 가지고 살라.
33 그리하여 나의 아들의 주변에서 같이
역사하는 자, 너희가 최선을 다하여
직분을 다하며 아름다운 마음으로 옆
에서 지켜 주는 것, 그것 또한 너희의
책무이며,
34 모두는 다 너희의 책무이며 책임이며
너희가 가야 할 임무가 있음이니,
35 이제 나의 아들이 백발이 되어 이 세
상의 만백성 앞에 드러내 놓아도 한
점의 부끄럼이 없는 그 변화가 되었을
때,
36 오늘날 너희의 수고로움은 그때 알 것
이며, 왜 그 길을 갔는가 그 모두를 다
알게 될 것이며, 옛이야기를 하며 살
아갈 날이 머지않았음이니 그리 알라.
37 서로 하나가 되도록 최선을 다하며,
맡은 바가 적다 하여 행하지 아니하는
행동을 하지 말며, 맡은 것이 크다 하
여 기쁘게 생각하지 말라.
38 작든 크든 나로부터 명해지는 것은 그
공이 다 같으며 그 수고로움이 다 같
다는 것을 잊지 말라.
39 작은 죄라 해서 짓지 말며, 작은 선행
이라 해도 행하라 하지 않았던가?
40 내가 작은 명령이라도 너희가 그를 따
랐을 때 백사장 밑에서 뽑아낸 땅콩이
라는 것처럼 주렁주렁 달린 큰 역사를
할 수 있으며, 아무리 큰 것 같아도 뿌
리가 없는 것도 있음이니,
41 너희 머리로 평가하고 판단해서 하는
일을 하지 말라.
42 오늘 너희가 맡은 책무요, 너희가 행
하는 그 모두는 다 나의 뜻에 의해 하
는 것이니 다 소중한 것이며 귀한 것
이니라.
43 내가 큰 성전을 주었다 하여 그를 더
사랑함이 아니요, 내가 5달란트의 사
업을 할 수 있는 역사를 시켰다 해서

그를 더 사랑하며 귀히 쓰는 것이 아
니며,
44 그저 너희가 낙엽 하나를 주워서 나
에게 바치며 낙엽 하나를 고이 씻어
아름답게 책갈피에 꽂는 마음, 그 모
든 정성은 다 똑같으니라.
45 나의 성전에 와 너희가 하나의 어떤
역사를 하는 것, 작든 크든 그것은 다
똑같으며, 너희가 나가서 만백성을 깨
우치고 인도하는 것, 많은 사람을 깨
우쳤다 해서 내가 상을 주며 위대한
것이 아니니라.
46 한 사람을 깨우쳤더라도 그가 얼마만
큼 깨우치느냐의 비중이 중요하며, 그
가 어떠한 노력을 기울여 그 한 사람
을 인도했는가가 중요하니,
47 한 사람을 깨우쳤다 해서 불안해하지
말며, 만 명을 깨우친 자가 있다 하여
그 앞에 너희가 기죽지 말며 그를 위
대하다 생각하지 말라.
48 또한, 만 명을 깨우쳤다 해서 위대한
것처럼 뽐내는 자는 한 사람을 구한
자만도 못하며 구하지 않은 자만도 못
함이니,
49 그건 다 내가 역사하는 것이지 너희가
하는 것이 아니니라.
50 이 세상의 모든 재물이나 재산은 내
것이지 너희 것이 아니며, 너희가 그
걸로 아옹다옹 싸우는 어리석은 짓을
한다 했으니,
51 만 명을 끌어오는 것도 내가 너희에게
명해서 끌어오는 것이요, 한 명을 끌
어오는 것도 내가 명해서 끌어오는
것이니 그 비중은 다 똑같다는 것이니
라.
52 나의 명에 의해 나의 뜻에 따라 움직
이는 모두는 다 같음이니라.
53 그러니 오늘의 너희가 어떠한 임무를
맡든 어떠한 일을 하든 불안해하지 말
며 두려워하지 말라.
54 모두는 다 세월이 지난 다음에 너희가
그 상을 알 것이며 그 노고를 알 것이
며 그 역사함을 알게 될 것이니,
55 이와 같은 마음으로 살아가는 자세로
써 나의 법전을 정독하고 강론을 들으
며 그리 깨우쳐 가도록 하라.
56 아직은 모두가 완벽하지 못하며 아직
은 모두가 완벽하게 갖춰지지 아니하
였으며 아직은 완벽한 성과가 이루어
지지 아니하였음이니,
57 성과를 이루기 위해서 모두가 다 지금
필요한 것이며 준비 단계인 것을 너희
는 알아야 할 것이니라.

5,422 번째 하나님 말씀

2003년 3월 9일 18시 46분

1 사랑하는 나의 아들아!
2 "네, 아버님! 말씀하옵소서."
3 모세 시대의 그 백성에게 내가 열 가
지의 십계명을 내리며 그리 지키고 사
는 것이 구원의 길이라 하였음이니,
4 모세의 시대만큼 편안하고 간단한 방
법으로써 간단한 계명을 지키며 하늘
에 오를 기회는 없음이니라.
5 그때보다도 더 간단한 방법으로 너희
가 오를 수 있는 그와 같은 시대는 없
음이니라.
6 그리하였거늘, 그 시대의 백성이 그를
지키지 아니하며 그를 버렸음이니, 너

희가 나로부터 등졌으며 나를 떠나는
그와 같은 형국을 이루었음이니라.
7 그리하여 너희를 그와 같은 방법으로
는 다스릴 수 없기에, 강한 신약 시대
를 열어 너희를 또다시 구원하고자
하였음이니라.
8 그러나 너희는 그 또한 거절하였으며
나를 거부하였으며 너희가 사악한 마
음으로 이 세상을 다 덮는 그와 같은
형국에 이르렀으니,
9 이를 나 여호와가 더 이상 너희를 방
관할 수 없기에 마지막 제3의 시대에
나의 법전을 내려 내가 너희를 구속하
기 위하여 심판하고자 하는 것이 나
의 뜻임을 알아야 할 것이니라.
10 160권의 나의 법전에 지키고 행할 내
용을 상세히 내려보냈으니 그 울타리
안에서 너희가 벗어날 수 없으며,
11 그 울타리를 벗어난 자는 맹수에게 먹
히는 양과 같다는 것을 알아야 할 것
이니라.
12 너희가 나의 법전 160권의 울타리를
벗어나는 것은 너희가 양의 우리를
벗어나 사자요, 늑대 굴에 들어가 저
자신이 죽음으로 가는 자와 같을 것
이니,
13 내가 너희를 우리에 묶어 놓고 구속하
여 심판하는 나의 법전이 세상에 내려
가는 것이니,
14 구약 시대요, 신약 시대보다 더 무서
운 심판대에 서는 것임을 알아야 할
것이며,
15 그 모두를 몸소 행하고 지키는 삶을
사는 것은 인간으로서 보통 의지와 노
력으로는 갈 수 없는 힘들고 어려운
것을 내가 너희에게 명하여 다스리고
자 하는 것이 나의 뜻이니라.
16 내가 여기서 너희를 구속하여 묶어
놓고 심판하니,
17 너희는 창조주 나 여호와가 내리는 이
새로운 성경이요, 나의 법전을 읽고
깨우치는 순간에 어렵고 힘든 그 고비
를 넘고 넘는 자는 하늘나라 나에게
남는 영광을 얻을 것이며 내 곁에 남
을 것이며,
18 그렇지 못한 백성은 나로부터 내침을
받는다는 것을 알아야 할 것이니라.
19 너희가 그리 갈구하고 원하는 하늘의
나의 나라에 오고 못 오는 그와 같은
삶은 너희에게 달렸음이니라.
20 하늘에는 매일같이 아름다운 행사가
있으며 아름다운 잔치가 있으며 즐거
운 것이 있으며, 너희가 그렇게 원하
는 풍악이 그치지 않는 그와 같은 아
름다운 세상이 벌어져 있음이니라.
21 너희가 그 잔치에 초대받지 못하며 문
전에서 쫓겨나는 그와 같은 인간의 형
태로써 서지 말라.
22 그것이 얼마나 소중한 역사이며 얼마
나 귀한 삶인가를 너희가 알아야 할
것이니라.
23 내가 이와 같은 내용을 다시 한 번 여
기에 기록하여 너희에게 전하는 것은,
내가 만들어 베푸는 그 잔치에 나의
백성으로서 참석하지 못하며 문전 박
대를 당하여 쫓겨나는 그와 같은 슬픈
너희가 되지 말라 함이니라.
24 너희가 쫓겨나서 거리를 방황하는 것
이 아니요, 지옥 불에 가 그 대가를 치
름이니, 얼마나 고통스럽고 아픔을 느

껴야 하는가를 그때 가서 알게 될 것
이니라.
25 나의 천국의 집에서 열리는 잔치에 참
석할 수 있는 자격을 갖춘 백성이 되
도록 그리하라.
26 거기에 참석지 못하는 자는 영원히 버
림을 받는다는 것을 잊어서는 아니 될
것이니 그리 알라.

5,423 번째 하나님 말씀

2003년 3월 9일 18시 54분

1 사랑하는 나의 아들아!
2 "네, 아버님! 말씀하옵소서."
3 나의 백성 그 수억의 생명을 세상에
내보내, 나가 살다 나에게 오라 그리
하였으나, 나에게 부름을 받아 내게
온 백성이 없다 그리 말하였으니, 이
얼마나 가슴 아픈 일이던가?
4 너희가 세상에 태어나고 죽어 가며 그
와 같이 계속 반복되는 그 세월 속에
얼마나 많은 나의 백성이 세상에 나왔
다가 죽어 갔으며 그와 같은 역사가
흐르고 흘렀던가?
5 그러나 그 많은 백성 중에 나로부터
선택되어 내 부름을 받고 내 옆에 온
자가 없다 그리 말하였음이니, 그 길
이 과연 얼마나 어렵고 힘든 길인가를
너희는 알겠는가?
6 그와 같이 어렵고 힘든 길을 지금의
믿음의 길을 가는 그 백성은 무어라
말하는가?
7 그저 말로써 수다 떨며 울고불고 기도
하면 구원을 받았다 그리 생각하며
하늘나라 나에게 오른다 그리 생각하
니, 그들이 얼마나 어리석은 백성인가
그들에게 전하라.
8 너희가 나로부터 구원을 받았으며 하
늘에 오를 수 있는 것이라 그리 말하
며 재물을 바치면 구원을 받는다 그리
말하는 것은, 나 여호와의 뜻과는 아
무런 관계도 없는 제 생각이며, 저희
가 착각 속에서 그리 부르짖고 사는
것이라는 것을 그들에게 전하라.
9 내가 선택하지 않은 백성은 절대로 하
늘에 오를 수 없으며 천국의 문에 들
어설 수 없는 것이니,
10 내가 선택하여 이끄는 백성이 아닌 다
음에는 구원의 '구'자도 부르지 말라
그리 전하며,
11 그들이 지금 허황된 속에서 살아가고
헤매며 암흑 속에서 지금 천국에 가는
길이라 길도 모르고 허덕이는 그들에
게 이제 꿈에서 깨어나라 그리 전하라.
12 하늘에 오르는 백성은 내가 선택한 백
성이요, 내가 선택한 자만이 하늘에
오름이니,
13 내가 선택하지 아니한 백성은 꿈도 꾸
지 말라 그리 전하도록 하라.
14 내가 너희에게 뭐라 말하였는가?
15 육의 세상에 살며 아무리 호화로운 권
좌에 있으며 부귀영화를 누리고, 아무
리 천재와 같은 재능을 가졌다 하여도
육의 삶은 육의 삶으로써 그것이 끝나
는 것이요, 그 누구도 영혼의 삶을 들
여다볼 수 없다 내가 그리 말하지 아
니하였던가?
16 영혼의 삶은 영혼의 삶이 따로 있는
것이니라.
17 그리하여 육의 삶의 세상의 법도와 하

늘의 법도가 엄연히 구분되어 있음이
니,
18 육으로 사는 너희의 삶이요, 또한 영
혼은 영혼의 삶이라는 것을 구분하여
그 선을 넘고 못 넘는 것은 나 여호와
의 뜻이라는 그 엄연한 사실을 너희가
인정해야 함을 알아야 할 것이니라.
19 그를 부정하고 착각 속에 살아가는 자
는 너희 스스로 죽음의 길로 가는 것
이라는 걸 잊어서는 아니 될 것이니라.
20 우선 나의 법전을 읽고 깨우친 백성이
요, 나의 아들을 따르는 제자 너희는
하늘의 삶과 육의 삶이 엄격히 구분되
어 있으니,
21 너희가 아무리 어떠한 영광을 누린다
해도 육의 삶에서는 육이요, 내가 너
희를 부르지 아니하고 내가 손을 내밀
어 받아들이지 아니하며 내가 선택하
지 아니한 백성은 영혼의 세상을 알
수 없으며 그 법도를 알 수 없으며 오
를 수 없음이니라.
22 오로지 나에게 선택된 백성이요, 내가
쓰고자 하는 백성이요, 나의 뜻에 순
종하며, 사랑하는 아름다운 마음을 가
지고 사는 백성을 내가 구원하며,
23 나의 계명이요, 나의 법전대로 살아가
는 백성이 바로 나로부터 선택된 백성
이라는 것을 만백성에게 전하여 그들
이 나의 법전을 읽고 깨우치도록 그리
전하라, 사랑하는 나의 아들딸들아!

5,424 번째 하나님 말씀

2003년 3월 9일 18시 58분

1 사랑하는 나의 아들아!
2 "네, 아버님! 말씀하옵소서."
3 이 세상 모든 백성이 나의 아들이요,
나의 딸이 아닌 자가 없음이니라.
4 모두가 소중한 나의 아들딸이니라.
5 너희는 내가 처음에 내려보냈던 그 아
름다운 마음의 삶을 살고 나에게 올라
와야 함이니,
6 너희가 똑같은 나의 아들딸이라 하나,
내 뜻을 거역하며 순종하지 아니하며
살아가는 그와 같은 백성은 이제 나를
아버지라 부르지 말라.
7 나는 너희 아버지가 아님을, 오늘 나
의 아들을 통하여 말함이니라.
8 사악한 짓을 하는 자, 나의 뜻에 따르
지 아니하는 자, 내 뜻을 거역하고 사
는 자는 내가 나의 아들딸이라 하지
아니함이니 너희가 나를 아버지라 부
르지 말라.
9 나의 뜻을 순종하고 거역하지 않으며
나의 계명에 따라 살며 나의 법전대로
살고자 하는 백성, 나는 그 백성의 아
버지임을 이제 전함이니 그리 알라.
10 너희가 모두를 다 바쳐 내 율법과 계
명과 법전을 지키고 살고자 노력하며
행동으로 실천하며 살아갈 때, 나는
너희의 아버지요, 내가 너희에게 구원
의 손을 내려보냄이니,
11 인간 세상에서 사랑하는 자식을 그 어
려운 곳에서 구원할 때의 아버지의 마
음처럼 내가 너희에게 손을 내밀어 나
의 아들딸들을 구원함이니,
12 그와 같은 구원의 길을 선택받지 못한
자는 나를 감히 아버지라 부르지 말라
내가 너희에게 전하느니라.
13 위로는 나의 뜻을 모르며 아래로는 성

경의 뜻도 모르는 자들이 어찌하여 나
를 아버지라 부르며 구원을 받았다 그
리 말하는가?
14 위로는 나 여호와의 뜻을 알아야 할
것이며, 아래로는 성경의 뜻을 깊이
깨우쳐,
15 모두를 말로만 행하는 것이 아니라 몸
소 실천하며 살아가는 그와 같은 행위
를 하지 아니하는 자는 나와는 아무런
관계도 없다는 것을 내가 오늘 법전을
통하여 전함이니라.
16 너희는 모두 소중한 나의 아들딸이니
라.
17 그러나 나를 버리고 나를 거역하는 자
로 하여금 나를 따르며 순종하는 선하
고 착한 백성마저도 지옥으로 가는
그와 같은 형국이 이루어짐이니,
18 그들이 사악한 수법이요, 사악한 복음
을 전하는 방법으로써 나의 백성까지
지옥으로 이끌어 감이니,
19 그리하여 내가 나의 뜻을 거역하는 자
는 나를 아버지라 부르지 말라 함이니
라.
20 나를 아버지라 부르고 소리 지르며 사
악한 행동을 하는 자가 지금 잘못 가
는 종교 지도자요, 그들이 나의 피조
물 만백성을 지옥으로 이끌어 가니,
나는 오늘부터 너희 아버지가 아님이
니라.
21 그리하여 선량하고 착한 나의 백성까
지 지옥 불로 보내지 아니하기 위하여
내가 너희 아버지가 아니라 함이니라.
22 나의 뜻에 따르며, 거역하지 아니하
며, 계명을 지키며, 법전을 지키며, 내
가 이룬 모든 그 뜻에 따라 사는 그와
같은 백성이 나를 아버지라 부를 수
있는 자격이 있음을 너희는 알아야 할
것이니라.

5,425 번째 하나님 말씀

2003년 3월 9일 19시 07분

1 사랑하는 나의 아들아!
2 이 세상 많은 백성 중에 나를 부르며
나의 아들 예수의 보혈로써 구원을 받
았다 말하며, 나의 아들 예수를 '주 예
수'라 찬송하며 '구세주'라 소리 지르
는 자들이 과연 어떠한 형태로 살아가
야 하는가?
3 그와 같이 부르짖는 자들은 나의 뜻이
요, 내가 행하라는 법도에 따라서 살
아가는 것이 올바른 자세가 아니더냐?
4 그러나 나를 부르짖으며 말로는 그리
말하는 지금의 종교 집단이요, 그 지
도자들이 나의 뜻을 거역하는 행위만
을 골라서 하며, 그와 같은 행위만을
일삼아 하고 있으면서,
5 저희가 구원하는 자요, 인도자요, 모
든 백성을 하늘에 오른다 그리 사악한
짓을 하고 있음을 너희는 알아야 할
것이니라.
6 지금의 모든 종교 지도자들이 감히 나
의 아들 예수를 부르며 예수의 자리에
앉고자 하는 그 착각 속에 사는 것이
그들이니라.
7 예수는 모든 백성이 한 형제라 하였거
늘,
8 그 형제라는 백성이 저희를 터치하지
못하며 다스리지 못하며, 그들 위에
저희가 군림하고 있으니, 바로 무엇이

더냐?
9 예수보다도 더 높은 자리에 앉고 싶어
앉아 있다는 착각을 하는 것이 그들
의 행위요,
10 저희는 손끝 하나 움직이지 아니하고
나의 사랑하는 백성이 노력하여 얻은
그 재물을 영수증 하나 없이 버젓이
착취하여 거둬들이며,
11 거둬들이기 위하여 저희가 모든 방법
을 열 가지 백 가지 수없는 명칭을 붙
여 거둬들이는 데 혈안이 되어 있는
그와 같은 행위를 하고 있으며,
12 내가 그들에게 먹고살라 준 것을 어
찌하여 그들 것을 그리 거둬들이는 행
위를 하는가?
13 너희는 어렵고 무거운 짐을 지려 하지
아니하느니라.
14 너희는 절대로 힘들고 어려운 것을 스
스로 앞에서 하지 아니하며, 나의 백
성이 고통스럽고 힘들게 살아가는 그
모두를 외면하며 고개를 돌리느니라.
15 있는 자가 바쳤을 때 그 이름을 수없
이 불러 주며,
16 그가 사업에 실패해 거지가 되었을
때, 예전에 너희에게 베푼 그 감사함
을 생각하며 그를 구제하고자 하는 것
이 아니라,
17 그에게서 등 돌리며 다른 사람을 찾
는다 내가 말하였으니, 그것이 바로
너희의 실상이니라.
18 나의 법전을 읽고 깨우친 백성은 쓰러
진 자를 더 사랑하며 쓰러진 자를 일
으켜 세우기 위하여 그 모두를 다 바
쳐 온갖 정성을 다 들임이니,
19 과연 평생 모두를 다 바친 자와 바치
지 아니한 자가 쓰러질 때 그를 구하
고자 하는 행위가 어느 것이 진정한
사랑이며 나의 백성이 가는 길이며 나
의 뜻에 따라 사는 백성인가?
20 그러나 지금 종교 집단이요, 지도자
너희는 무거운 짐은 절대 지지 아니
하려 하며 남의 고통을 대신 지려 하
지 아니하며 고개를 외면하는 그와 같
은 자이니라.
21 너희는 모든 가르침이요, 성서를 가르
침에 대해서 부족함을 감추기에 혈안
이 되어 있으며,
22 그리하여 너희는 알지 못하는 것, 부
족하며 신도만큼도 못한 자질을 감추
기 위하여 형식에 얽매이며 구속의 법
도를 내세우며 규율을 세우는 그와 같
은 사악한 행위로 이끌어 가는 것이
지금 종교 집단 너희가 하는 짓이니라.
23 좋은 것은 제가 먼저 받아야 하며, 좋
은 것은 제가 먼저 챙겨야 하며, 좋은
것은 저희 집에 쌓아 놓아야 하는 것
이 지금 너희가 하는 행위요,
24 그를 갖다 주는 자의 그 이름을 불러
주며 '아멘!' 몇 마디 해 주고 그저 거
둬들이는 것이 너희이며,
25 미안하게 생각하며 감사한 마음도 갖
지 않는 것이 너희요, 당연하게 생각
하며,
26 있으면 더 가져오라 하며, 더 아름다
운 것이 있으면 그것을 가져오라 하며,
27 누가 더 좋은 것을 가졌는지를 알리
라 할 정도로 그와 같은 행위를 하는
것이 지금의 너희 사악한 지도자들이
가는 행위이니라.
28 모든 모임이요, 회당에 모일 때 상석

에 앉아 대우를 받고자 하는 것이 너
희이니라.
29 모든 나의 피조물 만백성에게 존경받
고 싶어 하며 위대한 자라 칭송 듣고
싶어 몸살이 나 있는 것이 지금의 종
교 지도자 너희이니라.
30 그리고 재물을 긁어모으기 위하여 악
을 쓰고 있음이니라.
31 해도 해도 너희가 나의 뜻을 너무 거
역하며 나의 뜻을 위반하고 있기에,
32 그 신도들이 불쌍하여 이와 같은 진상
을 나의 법전에 기록하여 너희 가슴
에 전하며 손에 들려 주니, 이를 읽고
도 깨우치지 못한다면 그것은 너희
탓이니 그리 알라.
33 내가 너희들에게 오늘 이와 같이 상
세하게 기록하여 손에 전해 주거늘,
34 그러고도 너희가 깨우치지 못한다면,
죽어 그 죄의 대가가 어떤 것인지를
알게 될 것이니, 그때 후회하고 통곡
해도 이미 때는 늦음을 알라.
35 종교 지도자들이 가장 기본적인 기초
도 모르느니라.
36 낮추는 자는 높아지는 것이며 높이는
자는 낮아짐이니,
37 높아지고자 하면 낮은 자세로써 살라
는 그와 같은 깨달음도 알지 못하며,
38 더 높아지고자, 더 높은 자리를 위해
그저 높아지고자 죽고 못 사는 것이
너희들의 지금 추한 모습이니라.
39 이 세상에 가장 보잘것없는 것이 바로
종교 지도자 너희이니라.
40 낮은 자세로 높아지는 것이 아니라,
그저 높아지고 싶어 혈안이 되어 있는
것이 너희이니라.
41 그리고 앞뒤 행동이 다른 자들이 너희
이니라.
42 그중에 너희의 가장 사악한 죄가 무엇
인 줄 알겠는가?
43 그 모든 것을 덮어 주고 용서해 줄 수
있으나,
44 저희도 천국에 오지 못하면서 내가 사
랑하는 나의 백성이 천국에 오고자 하
는 그 길을 막으며 그들을 가지 못하
게 하며 지옥으로 인도하는 그와 같은
행위를 내가 용서할 수 없어, 모두를
이리 기록하여 너희에게 전하나니,
45 이를 읽고 깨우쳐 과연 이와 같은 뜻
이 아니며 내가 나의 아들을 통하여
잘못 가르치며 잘못 전한다 하거든 너
희가 나의 아들을 단죄해도 내가 할
말이 없으나,
46 이 중에 있는 것을 그와 같이 행하는
자가 있다 하면, 너희가 지금 법전을
읽고 깨우쳐 하늘에 오르는 길을 달려
와야 할 것이니,
47 시간이 없음을 알아야 할 것이니라.

5,426 번째 하나님 말씀

2003년 3월 9일 19시 12분

1 사랑하는 나의 아들아!
2 모든 종교 집단이 만백성을 구한다 하
여 복음을 전하고 다니는 그것이 어떠
한 행위인 줄 알겠는가?
3 그것은 천국으로 가는 길을 가르치고
인도하는 것이 아니요, 지옥으로 이끌
고 가는 행위를 지금 하고 있음을 알
아야 할 것이니라.
4 너희가 모든 백성에게 복음을 전하여

하늘에 오르는 길이요, 구원의 길이라
인도하는 것이 구원의 길이 아니요,
지옥으로 이끌어 가는 행위를 하고 있
음이니,
5 이와 같은 자들의 행위를 누가 막을
것이며, 이를 단죄할 수 있는 자가 누
가 있는가?
6 이 세상에 아무도 없음이니라.
7 지금 잘못된 것을 아는 자는 시시비비
를 하기 싫으니까 말을 하지 아니하며,
8 안다 해도 확실한 소신이 없으며 나
여호와의 뜻이 무엇인지를 모르기에,
저희도 다 같이 구약과 신약을 가지고
공부했으며 그 속에서 한 무리이기 때
문에,
9 그 행위가 잘못되었다는 것을 느꼈다
해도, 깨달은 자가 그 깊이가 없으며
깨달음이 얕으니, 그가 그걸 단죄하고
다스릴 수 없으며 가르칠 만한 능력이
없느니라.
10 지금 나의 법전을 읽고 깨우쳤으며 나
의 강론을 들은 나에게 선택된 사랑하
는 아들딸 너희만큼 하늘의 이치요,
세상 이치를 모름이니,
11 너희만이 그들과 대담할 수 있으며,
갑론을박하며 하늘의 뜻을 전할 수 있
느니라.
12 그 속에서 깨우쳐 바로 가고자 하는
자들은 깊이가 없으며 넓이가 없음이
니, 자신 있게 싸울 수 있는 그 힘이
없느니라.
13 나의 법전이 있는 것을 모르며 새로운
성경이 세상에 내려와 있는 것을 모르
기 때문이니라.
14 심판을 위한 기준이요, 근본인 새로운
성경, 나의 법전을 접하고 공부하여
하늘의 뜻을 아는 것은 너희뿐이니,
15 너희가 해야 할 일이며 너희가 막아
야 한다는 것을 알아야 할 것이니라.
16 사랑하는 나의 아들딸들아, 그들이 그
와 같이 광분하는 짓이 무엇인 줄 알
겠느냐?
17 내가 너희에게 일찍이 깨우쳐 주었듯
이, 제가 가지 못하며 알지 못하여 지
옥으로 가면서,
18 만백성을 구하는 것이 아니라 남들까
지 지옥으로 이끌어 가는 그와 같은
행위를 하니,
19 그들이 부끄러워 감히 그와 같은 행위
를 할 수 없도록 너희가 나의 법전을
만백성에게 전하며 빨리 역사하는 그
와 같은 길이 이루어져야 함을 잊지
말라.

5,427 번째 하나님 말씀

2003년 3월 9일 22시 28분

1 사랑하는 나의 아들아!
2 "네, 아버님! 말씀하옵소서."
3 수천 년 동안 흘러내려 온 종교 집단
이요, 그 지도자들이 나의 피조물 만
백성을 깨우쳐 하늘에 오르게 한다 하
나,
4 그들은 정녕 나의 뜻을 알지 못하며,
나의 참진리를 가르치는 것에 전념하
는 것이 아니요, 진리를 가르쳐 만백
성을 깨우쳐 그들이 하늘에 오르는 길
을 스스로 올 수 있도록 역사함이 아
니라, 재물을 거둬들이는 것에만 전념
하고 있으니,

5 지금 그들이 무엇을 가르치고 무엇을
깨우친다 말하겠는가?
6 그들은 말하느니라.
7 저희가 먹고사는 그와 같은 인생의
삶에서 종교 지도자요, 목사라는 그
직함을 하나 받기만 하면 살아가는 데
아무런 지장이 없으며, 편안히 먹고사
는 데 지장이 없다 그리 말함이니,
8 종교 지도자요, 목사라는 자들이 그와
같은 말을 하며 그러한 의식을 하고
있음이니, 그들에게서 무엇을 배우며
무엇을 가르친단 말이던가?
9 그들이 목사요, 종교 지도자라는 그
직함을 받는 그 순간부터 저희 목구멍
에 풀칠하는 것은 아무 지장이 없으며
살아가는 것은 편안히 살 수 있다 그
리 말함이니, 그게 무엇이더냐?
10 노동자만도 못한 것이 그들이며, 농부
만도 못한 것이 그들이니라.
11 저희가 노력해서 하는 것은 하나도
없으며, 농부나 노동자는 스스로 몸으
로 때우며 농사를 짓고 노력하여 피
땀 흘려 그 대가를 거둬들여 살아가나,
12 이들은 그와 같은 노력함도 없이 나의
피조물 만백성의 고혈을 빨아먹는 그
와 같은 행위에만 모두를 다 바치고
있느니라.
13 그리고 저희가 성전을 하나 만드는
것이 저희의 목구멍에 풀칠하는 것으
로 만족하며 굶어 죽지 아니한다 그
리 말함이니, 그것이 무엇이더냐?
14 장사꾼이요, 사업가로서 저희가 하는
것이지, 어찌 진리를 가르친다 하겠는
가?
15 그 속에서 그와 같은 종교 지도자가
무슨 진리를 가르치며 만백성에게 나
에게 오르는 길을 인도한다 말을 하
는가?
16 그들은 속을 알지 못함이니라.
17 그저 겉만 핥는 그와 같은 자들이니,
그들에게 가서 구원을 받겠다 몸부림
치는 나의 백성을 구원할 자 과연 누
가 있겠는가?
18 이 세상에 너희밖에 없음이니라.
19 내가 너희를 사랑함이며 내가 너희를
아들딸이라 부르는 그 의미가 어디 있
겠는가?
20 너희만 한 종교 지도자요, 너희만큼
생각하는 종교 지도자가 세상에 없음
이니 이를 어찌하겠는가?
21 너희만큼 깨우친 자가 없으며 너희만
큼 생각하는 자가 없으며 너희만큼 따
라서 행하는 자가 없음이니,
22 그리하여 너희가 소중하며 귀한 나의
아들딸이라 그리 말하는 것을 알라.
23 너희는 목구멍에 풀칠하기 위해, 너희
가 지도자가 되기 위하여 나의 성전에
와서 나의 법전을 공부하며 그리 배우
지 아니하느니라.
24 너희는 그러한 생각을 감히 하지 아니
하니라.
25 너희는 나의 법전을 공부하며 나의 아
들을 통하여 강론을 듣는 것이 목구멍
에 풀칠하기 위하여, 먹을 것을 남기
기 위하여 그와 같이 살아가는 자들은
아니며,
26 감히 두려워 그와 같은 말을 할 수 없
을 것이니라.
27 하늘에 내가 존재함을 알며 나의 백성
이요, 나의 뜻을 역사하는 자들이, 나

의 사업이요, 내가 가르치는 참진리를
전하는 역사를 한다는 그들이, 그리고
나의 모형으로 가장 아름답게 만든 사
랑하는 나의 백성을 저희가 하늘로 인
도한다 하면서,
28 저희의 목구멍에 풀칠하는 것은 걱정
없으며 종교 지도자는 그 길을 위해서
는 걱정할 것이 없다 그와 같이 말을
함이니,
29 그게 나 여호와가 존재함을 아는 자이
며 나를 믿는 자이며 참진리를 가지
고 공부하는 자인가?
30 그들은 목에 풀칠할 수 있는 것만을
생각하니, 목에 풀칠하지 못한다면 노
력하지 아니할 것이며, 공부하지 않을
것이며, 성서를 공부하지 아니하니 그
깊은 뜻을 모르는 자들이니라.
31 그저 먹고살기 위한 수단과 방법으로
써 저희가 목자요, 종교 지도자라 하
여 성전을 짓고 가니, 그곳에서 얼마
나 추악하고 더러운 일이 이루어지고
있는가?
32 그 내면을 들여다보면 그 사악함은
말할 수가 없음이니라.
33 저희는 공부하고 나의 진리를 가르치
는 것이 아니라, 재물을 긁어모으는
데만 모든 것을 다 바치고 있음이니,
34 추하고 더러운 모든 문을 닫을 것이
며, 그 속에 있는 백성이 등을 돌려 뛰
쳐나오도록 하는 것은 오로지 그들 손
에 법전을 들려 주는 그 역사만이 그
들을 구원하는 길이며, 그곳에 거미줄
을 치게 하는 역사임을 너희는 깊이
깨우쳐야 할 것이니라.

5,428 번째 하나님 말씀

2003년 3월 9일 22시 38분

1 사랑하는 나의 아들아!
2 "네, 아버님! 말씀하옵소서."
3 너희가 살아가는 세상에서 앞을 못 보
는 사람을 뭐라 말하느냐?
4 장님이라 그리 말하느니라.
5 지금의 종교 집단이요, 지도자 그들이
지금의 모든 믿음을 가르치고 가는 그
길이 장님의 형태로 믿음을 가르치고
있음이니라.
6 그들이 눈이 있어도 성경의 속뜻을 모
르며 내가 원하는 뜻을 알지 못하기
에, 나를 거역하며 내 뜻을 거역하는
그와 같은 가르침을 지금 행하고 있으
며, 그것이 하늘에 오르는 길이라 그
리 말하고 있음이니라.
7 너희에게 내가 일찍이 깨우쳐 말하였
음이니라.
8 구약과 신약은 가지요,
9 내가 원래 너희에게 원하는 믿음이요,
참진리요, 복음이 아니라 말하였느니
라.
10 내가 최초에 너희에게 가장 먼저 세상
에 나의 법을 내렸으며 나의 진리를
너희에게 내린 것은 바로 아담과 이브
에게 내가 내린 명령이니라.
11 내가 아담과 이브에게 내린 그 명령이
진정한 나의 가르침이요, 나의 법도
요, 본 뿌리며, 너희의 구약과 신약의
그 모두는 가지라는 것을 너희는 오늘
알고 넘어가야 할 것이니라.
12 나 여호와가 최초로 아담과 이브의 사
람을 만들며 그들에게 선악과를 따먹

지 말라는 금지령을 내렸으며 그를 지
키라 하였으니,
13 이게 최초에 내가 인간을 만들면서 이
세상에 법도를 다 만들어 내리는 그와
같은 시기임을 알아야 할 것이니라.
14 내가 선악과를 따먹지 말라 그리 가르
쳤음이니, 그들이 나를 믿으며 나의
뜻을 순종했다면 그것을 따먹지 아니
하였을 것이니라.
15 그와 같이 그들에게 규약을 지킬 법도
를 내리는 그 순간에 세상에서 지키고
살아가야 할 모든 규약을 내가 다 내
려 준 것이니,
16 그 이후에 그와 같이 아담과 이브에게
선악과를 따먹지 말라 명한 것을 그들
이 지키지 않고 따먹었기에 나에 대한
믿음이 거기서부터 무너졌으며 나의
법도요, 질서가 파괴되기 시작하였느
니라.
17 그리하여 내가 선악과를 따먹지 말며
지키라는 나의 명령에 순종하도록 가
르쳤던 세상에 최초에 내린 그 법도가
무너졌기에,
18 그걸 보강하고 바로잡아 완전하게 시
행하기 위하여 구약을 내린 것이니라.
19 그러나 그 구약 시대 또한 너희가 실
패하여 내가 신약을 내렸음이니,
20 구약과 신약 또한 그걸 보충하기 위한
가지의 역할로써 내렸음이니,
21 구약과 신약 성경은 내가 아담과 이브
에게 최초의 인간을 만들며 그때 내렸
던 명령이요,
22 '너희는 선악과를 따먹지 말라' 이는
나의 뜻에 따라 순종하며 살아가라는
뜻이며,
23 나에 대한 진정한 믿음이 어떤 것인가
를 너희가 알고 살라 그리 말하였음이
니,
24 오로지 내가 내린 명령을 지키는 것이
너희는 나에 대한 믿음이니, 그 믿음
이 가장 위대한 것인 것을 내가 먼저
최초에 전했음을 너희는 이제 알아야
할 것이니라.
25 선악과를 따먹지 말라 너희에게 내린
것이 내가 이 세상에 처음으로 내린
명령임을 너희는 알아야 할 것이며,
나 여호와가 너희에게 첫 번째 내린
가장 중요한 명령이니라.
26 너희는 이 소중함을 알아야 할 것이
며, 성서의 구약과 신약의 그 본질을
알아야 할 것이며, 구약과 신약이 세
상에 내려와 있는 그 뜻을 알아야 할
것이니라.
27 내가 아담과 이브에게 선악과를 따먹
지 말라 명한 것을 그들이 어겼기에,
그걸 보충하고 완벽하게 만들려고 내
려간 것이 구약이요, 신약이니라.
28 지금 너희가 그와 같은 것을 지키지
못하며 또 이와 같은 험악한 세상을
만들었기에 내가 바로잡기 위하여 너
희에게 나의 법전을 지금 세상에 내
려보내니,
29 이 법전 또한 아담과 이브에게 처음에
내렸던 그 명령을 완벽하게 하고자 하
는 것이 나의 뜻임을 너희는 알아야
할 것이니라.
30 모두는 다 그 교본이니라.
31 내가 최초에 내렸던 그 명령의 교본임
을 너희는 알아들어야 할 것이니라.
32 지금 그와 같은 뜻을 알지도 못하며

깨닫지도 못하는 것이 종교 지도자들
이니라.
33 너희는 내가 내린 교본이요, 최초로
내린 나의 뜻이 무엇인지도 알지 못하
며, 그저 너희가 지금 눈먼 장님이 앞
을 못 보듯이 눈은 떠 있으나 나의 법
전이요, 성경이요, 내가 가르치고자
하는 그 모두를 알지 못함이니.
34 어느새 너희는 나에 대한 믿음을 가르
치는 것이 아니요, 너희도 모르기에
가르칠 수 없음이니,
35 너희는 목에 풀칠하기 위한 삶을 살아
가기 때문에, 그를 위하여 금화와 은
화를 거둬들이는 것이 우리 부자의 이
름을 팔아 너희가 간판을 내걸고 거짓
장사를 하는 것임을 너희는 알아야
할 것이니라.
36 그리하여 너희가 지금 천 갈래 만 갈
래 갈라져 있음이니라.
37 너희가 만든 종교 집단이요, 교회요,
성전이라는 곳에서 나의 진리만을 가
르치며 금화와 은화를 거둬들이는 장
사꾼으로서 변질되지 아니하였다면,
누구도 그 성전을 세우지 아니할 것이
며, 아무나 종교 지도자요, 목사가 되
는 그 길을 가지 아니할 것이니라.
38 너희가 목에 풀칠하는 것이요, 호의호
식하고 살 수 있는 그 장사가 너무나
도 잘되고 호황이며, 너희 말대로 불
황을 타지 않는 장사이기 때문에 너희
가 그 사업장을 만들다 보니 천 갈래
만 갈래로 갈라지고 찢어졌음이니,
39 거기에 바로 내가 성경에 미리 너희의
오늘이 있음을 예언한 것이니라.
40 그것 때문에 가는 자, 재물을 모으고
자 하는 자, 너희가 갈기갈기 찢어질
것이라 내가 성서에 기록한 내용대로
오늘날 너희가 바로 그 형국을 이루
고 있음이니라.
41 종교 지도자가 어렵고 힘든 길이라면
너희가 과연 그와 같이 할 수 있겠는
가?
42 밑천을 들이지 않고 장사할 수 있는
사업장으로 변했기 때문에 지금 장사
하는 사업장으로서 수천 수억의 종교
집단이요, 교회라는 것이 세워졌으니,
43 그 한 가지만 보더라도 너희가 얼마나
믿음이 아닌 장삿속으로 가는가?
44 진정한 믿음의 길을 가는 자는 고달픈
자이니라.
45 너희의 믿음의 선조요, 예언자요, 대
제사장이요, 나의 아들 예수요, 모세
요, 그 누가 호의호식하며 편안한 삶
을 살았는가?
46 그들은 고통의 길이요, 고행의 길을
가며 나의 피조물 만백성을 구하고자
하였음이니라.
47 모세는 목숨을 내놓고 그 왕족에게 대
항하였으며,
48 나의 아들 예수는 목숨을 바쳐서 그리
했으며 모두가 고통과 시련 속에서 이
세상을 살다 갔음이니,
49 그들은 진정한 믿음을 깨우치고자 하
였음이니라.
50 그렇지 아니한 자들은 다 장삿속이니,
그들의 고통스러운 그것을 역이용하
여 그를 팔아먹으며 그를 선전하며 관
광용으로 그들을 내놓고 비춰 주면서
너희 목구멍에 풀칠하는 데만 연연하
는 추하고 더러운 자들이니,

51 너희는 나를 아버지라 부르지 말며,
나의 종교 지도자라 말하지 말며 나로
부터 선택된 지도자라 그리 말하지 말
라.
52 이제 나의 아들이 지금 2천 년이 흐른
다음에 나의 성령을 받아 160권의 법
전을 세상에 내보내니,
53 그는 떨어진 옷을 걸치고 살아가는 것
을 영광으로 생각하며, 저 자신을 위
해서는 죽을 때까지 어떤 것도 사들이
지 아니하며, 제 몸에 걸치고 호의호
식하려고 좋은 것을 준비하지 아니한
다 그리 말함이니,
54 바로 이 시대에 그와 같이 갈 수 있는
것은 나의 아들이요,
55 몇천 년 전에 나의 구약과 신약의 많
은 제사장이요, 선지자요, 그 모든 제
자가 간 그 길을 지금 걸어가는 자가
있음이니,
56 바로 이것은 그 시대에 나에게 선택된
제자요, 제사장이요, 선지자요, 오늘
날 나로부터 똑같은 그 역사를 행하고
있으니,
57 그리하여 이는 하늘나라 나의 아들이
라는 것을 너희는 알아야 할 것이니
라.
58 너희와의 차별화가 여기에 있음을 알
라.

5,429 번째 하나님 말씀

2003년 3월 10일 08시 02분

1 사랑하는 나의 아들아!
2 "네, 아버님! 말씀하옵소서."
3 너희가 생활하면서 잉크라 하여 색소
가 있는 그 물로써 글씨를 써서 의사
표시를 하는 그와 같은 것이 있느니라.
4 그 잉크라는 것을 이 병에서 저 병으
로 옮기고자 할 때,
5 옮기고자 하는 그 병 속에 물이나 썩
은 물이 있다면, 그 물에다 잉크를 부
었을 때 그 잉크는 제 색소요, 제 기능
을 발휘하지 못하며 제 생명을 다하지
못하느니라.
6 그와 같이 너희가 잉크라는 것은 제
색소가 같은 것끼리 있을 때 그것으로
글씨를 쓸 수 있으며 그를 사용할 수
있는 것이 아니던가?
7 잉크라는 것을 옮길 때 다시 옮기는
그 병 속에 물이 있다면, 물이 있는 것
만큼 그 잉크는 제 기능을 발휘하지
못하느니라.
8 그 색소는 흐려지며, 결국 글씨를 쓰
지 못하며, 너희가 의사 표시하여 영
원히 기록하고자 하는 그와 같은 역사
를 할 수 없느니라.
9 지금 내가 여기서 너희에게 하고자 하
는 말은, 나의 아들을 통하여 160권의
가장 중요한 나의 성령을 받아 너희를
깨우치고 바로 하늘에 오를 수 있는
것을 지금 너희 가슴에 옮겨 붓고자
하는 것이 나의 뜻이니라.
10 160권이라는 너희가 세상에 살면서
하늘에 오르는 길의 원액을 너희에게
부어 주고 너희 가슴에 넣어 주려 하
나,
11 너희가 본래 가지고 있는 물과 같은
악한 마음이요, 원액과는 정녕 반대되
는 그와 같은 색소가 있음이니,
12 거기에다 부은들 잉크가 제 색의 기능

을 발휘하지 못하듯이, 나의 소중한
이 십계명이요, 율법이요, 구약과 신
약 그 모두를 받쳐 주고 완벽하게 하
는 나의 법전, 새로운 성경을 아무리
너희 가슴에 심으려 해도,
13 너희가 본래 가진 마음을 비우지 아
니하면 그걸 받아들일 수 없으며, 그
기능을 발휘할 수 없는 것이 지금의
형국임을 알아야 할 것이니라.
14 잉크라는 색소를 부을 때, 받을 새로
운 병이 비워져 있어야 원액이 그대로
옮겨져 그 기능을 발휘할 수 있으며,
물이 담겨 있는 병에다 부으면 그 잉
크는 쓰지 못하는 것처럼,
15 내가 아무리 160권의 하늘에 오르는
원액인 나의 성령의 뜻을 전한다 해도
너희 가슴속에 잘못된 것이 담겨 있는
한 이를 바로 깨우칠 수 없으며 너희
에게 성령이 임할 수 없음이니,
16 너희 가슴에 있는 모든 마음을 비워야
할 것이니라.
17 잉크를 부을 그 병에 물이 있어서는
안 되므로 그를 다 씻어 내듯이,
18 너희가 지금 가진 그 마음을 완전히
비워 버려야 나 여호와의 성령을 너희
에게 부어 줄 수 있음을 알아야 할 것
이니라.
19 이제 나의 아들을 따르는 제자들이요,
나를 따르며 내가 존재함을 믿으며 나
를 경배하는 백성, 너희는 마음에 있
는 것을 다 비워 내며 뽑아내어야,
20 내가 성령의 160권의 법전이라는 이
원액을 너희에게 부어 주었을 때, 너
희가 그 기능을 제대로 발휘하며 그
색깔을 그대로 지키고 보존할 수 있다
는 것을 잊어서는 안 되느니라.

5,430 번째 하나님 말씀

2003년 3월 10일 08시 13분

1 사랑하는 나의 아들아!
2 "네, 아버님! 말씀하옵소서."
3 저희가 지금 나로부터 선택되어 대명
을 받았다는 백성이 세상에 수없는 각
종 명칭과 이름을 갖고 그 뿌리를 내
리고자 하고 있음이니라.
4 그리하여 그들을 보고 지금의 종교 집
단이 뭐라 말하는가?
5 이단이요, 사탄이라 말하며, 거짓 선
지자로서 세상을 혼란케 하며 나의 백
성을 현혹하려고 등장하는 것들이니,
그리 현혹되지 말라 그들은 가르치느
니라.
6 이 세상에 별별 이름을 다 가지고 그
와 같이 뿌리를 내리는 자들이 있느니
라.
7 그러나 지금의 종교 지도자들이 그들
을 사탄이요, 이단이라 말하며 욕하나,
8 그들과 지금의 종교 집단은 크고 작은
것뿐이지 똑같은 자들이라는 것을 알
아야 할 것이니라.
9 너희가 말하는 작은 집단, 이단이요,
사탄이라 말하며 저희 마음대로 선택
되었다는 종교의 그 소집단이나 지금
의 대집단이나 지도자들은 똑같은 자
요, 똑같은 형태이니,
10 나 여호와가 내려다보기에는 그리 보
고 있으며, 그러하니라.
11 내가 그리 보는 것이 과연 틀리다 말
할 자격이 있으면 너희가 나에게 그리

말해 보라.
12 지금의 종교 집단, 지도자들은 어찌
살아가는가?
13 너희도 그와 마찬가지니라.
14 저희가 지도자라는, 아름답고 소중한,
나를 대신한다는 그 이름을 금화와 은
화에 사고파는 추한 모습으로 살아가
는 것은 대집단이나 그 밑에 있는 지
도자라고 말하는 너희나 나로부터 선
택받았다 하여 각종 이름을 내걸고 만
백성을 현혹하여 그들을 이끌어 가고
자 하는 자들이나 똑같음이니라.
15 종교 지도자요, 나로부터 명받은 자라
저 자신의 이름을 팔며 그 종교 집단
을 팔아, 그리고 우리 부자의 이름을
팔아 호의호식하는 자,
16 진리를 가르치기 전에 금화와 은화를
먼저 생각하는 그와 같은 자는 나로부
터 선택된 백성이 아님을 알라.
17 나로부터 선택된 진정한 지도자요, 목
자는 금화와 은화에 저 자신을 팔지
아니하며, 백성으로부터 각종 명칭을
붙여 이유 없는 그 헌금과 재물을 거
둬들이지 아니하느니라.
18 수십 가지 이름을 갖다 붙여 지금 재
물을 거둬들이는 너희 집단이나 혼자
그 명칭을 붙이고 나로부터 명을 받았
다 하여 사기극을 벌이는 자들이나
다 똑같은 행위이니라.
19 하나도 다른 것이 없는 것이 너희임을
알아야 할 것이니라.
20 나로부터 선택된 지도자는 정녕 만백
성으로부터 재물을 거둬들이는 그와
같은 사악한 짓을 하지 아니하며,
21 나 여호와가 다 다스려 주며 그가 갈
수 있는 역사를 내가 해 줌이니 그것
이 다른 것이니라.
22 이 세상에 말로써 나로부터 명을 받았
다는 자요, 또는 글로써 몇 줄 써낸 것
으로써 나로부터 은혜 받은 자요, 명
받은 자며 만백성을 구하는 역사를 받
은 자라 그리 말하는 너희는 결국은
존재하지 못하며 다 사그라져 간다는
것을 알아야 할 것이니라.
23 나로부터 명받아 새로운 시대에 역사
하는 것은 구약과 신약보다도 더 많은
나의 성령의 뜻을 책으로 펴내며, 만
백성이 아무리 보지 아니하려 해도
보지 아니할 수 없는 역사를 이룰 것
이며,
24 너희가 썩고 잘못된 너희 마음에 계
속 붓고 또 부어 정화하듯이 지금 나
의 법전을 세상에 내보냄이니, 이는
너희가 짐으로 질 수 없는 역사의 법
전이요, 책이 내려감이니라.
25 이것이 바로 나로부터 선택된 나의 아
들이요, 나로부터 명받은 목자요, 만
백성을 구원하는 자임을 너희가 알아
야 할 것이니라.
26 너희가 지고 일어설 수 없는 그와 같
은 나의 성령이 책으로 세상에 내려감
이니, 끝도 한도 없이 계속 내려보내
는 것이 나로부터 선택된 나의 아들이
요, 만백성을 구하는 목자라는 것을
너희는 알아야 할 것이니라.
27 그리고 성전을 짓는다 하여 백성에게
재물을 거둬들이며 갈취하는 자, 믿음
이요, 진리를 가르치는 것이 아니라
재물을 모으는 데만 급급한 자는,
28 무당이 춤을 추며 재물을 거둬들이며

점을 쳐 준다 하여 재물을 거둬들인
자, 그리고 돼지머리 놓고 절하며 재
물을 바치라 하는 자, 죽은 영혼이 먼
길을 떠나니 가는 길이 외롭지 않게
하려면 재물을 바치라 하여 거둬들이
는 그와 같은 미신을 하고 있는 자,
29 그들과 아름다운 성전을 지으면 나 여
호와의 축복이요, 하늘에 와 상을 받
는다 그리하여 너희 영혼을 구한다 말
하는 너희는 하나도 다른 것이 없으며
다 똑같으니라.
30 다만, 너희가 누구를 팔아먹고 그리하
느냐 그것뿐이니라.
31 조상을 팔아먹으면서 재물과 금화를
거둬들이는 자, 나 여호와요, 나의 아
들의 이름을 팔면서 재물을 거둬들이
는 자, 너희는 여기서 너희 자신이 똑
같으며 하나도 차이가 없으며, 그게
그거라는 것을 알아야 할 것이니라.
32 그리하여 오늘 내가 너희에게 못을 박
아 전함이니,
33 진정 나로부터 선택된 백성은 헌금과
재물을 걷지 아니하며,
34 수십 가지 이름을 붙여 거둬들이는,
나의 백성으로부터 고혈을 빠는 그와
같은 행위를 하지 않도록 내가 하는
것이며,
35 그와 같은 행위를 하는 자는 사탄이
요, 이단이요, 사악한 자요, 말세에 썩
은 세상을 더 썩게 하는 그와 같은 자
가 바로 너희라는 것을 잊지 말라.
36 지금 미신이요, 이단이라 하는 자들이
나 대형 종교 집단에서 나의 아들의
이름으로 찬송하며 그 이름으로써 구
원받았다 울고불고하며 말로써 천국
에 갈 수 있는 모두를 받았다 말하는
자들이 똑같은 자들이요, 한 치도 틀
림이 없음이니, 너희 자신이 바로 보
고 스스로 깨우쳐 바른길을 가도록 그
리하라.

5,431 번째 하나님 말씀

2003년 3월 10일 08시 21분

1 사랑하는 나의 아들아!
2 "네, 아버님! 말씀하옵소서."
3 내가 성경에 기록하여 너희에게 전하
기를, 이 세상 모든 질서가 파괴되며
수많은 종교 집단이 대혼란을 이루며
거짓 종교 지도자가 세상을 덮었을
때, 내가 하늘의 심판을 내릴 것이라
그리 말하였으며,
4 그때 가서는 내가 더 이상 인내하지
아니할 것이며 너희를 구속하고 다스
려 심판한다 기록하였음이니,
5 너희가 살고 있는 이 세상에 지금보다
더 많은 종교 집단이 난무할 수 없으
며, 그리고 선택된 자라 말하는 수많
은 거짓된 자들이 지금 이 시대보다도
더 많은 시대는 없었음이니라.
6 너희가 하늘에 오르는 길이라 하여 수
없이 퍼져 나가는 그 종교 집단이 십
자가를 내거는 모습처럼 이토록 난무
한 적이 없었으며,
7 지금 온갖 이름을 갖고 저희가 이 시
대의 지도자요, 이끄는 자라 하여 간
판을 내거는 자가 지금처럼 혼란한 시
대도 없었음이니,
8 지금이 당연히 심판의 시대요, 내가
예언한 너희를 다스리는 시대라는 것

을 알아야 할 것이니라.
9 지금 너희가 얼마나 진정한 믿음을 위하여 가는 것이던가?
10 그렇지 아니하느니라.
11 나의 피조물 만백성을 인도한다는 종교 지도자 너희 입으로 하는 그 말이 바로 너희가 사탄이요, 사악한 자라는 것을 증명함이니라.
12 너희는 뭐라 말하는가?
13 종교 집단의 간판 하나만 내걸어 놓으면 너희가 처자식과 먹고사는 데는 아무런 지장이 없는 것이 지금의 세상이라 그리 말하여, 너희가 종교 집단의 하나의 간판을 내거는 것을, 먹고사는 호구지책으로써 그것을 만드는 것이지, 너희의 깨우침을 위하여 가는 것이 아니지 않은가?
14 감히 나로부터 선택된 종교 지도자요, 만백성을 구한다는 자들이 그 종교 집단의 하나의 간판을 받아 내걸면서 하는 말이,
15 '이제 나는 이것을 걸었으니 먹고사는 데는 지장이 없으며 세상사 살아가는 데 나보다 편하게 사는 자 없을 것이다.' 그 생각을 하고 너희가 그걸 하니, 바로 장삿속이 아니고 무엇이더냐?
16 너희가 먹고살기 위해 하나의 상점이요, 사업장을 벌이는 것과 똑같이 지금 종교 집단의 간판을 따 거는 것을 그리 생각하고 있음이니,
17 이 얼마나 너희가 무서운 현실이며 잘못된 자리에 있는가?
18 종교 지도자들이 감히 그와 같은 말을 한다는 것은 바로 무엇을 말하는가?
19 믿음은 관계없고, 그저 사탄과 사악한 자들이니, 너희가 말하기를, '불공에는 관심이 없고 잿밥 거둬들이는 데만 관심이 있다' 하니, 그런 자가 뭐라 시부렁거리는지 알 수 없듯이,
20 너희가 믿음의 길을 가는 것이 그러하니라.
21 너희가 처자식과 배불리 먹고사는 것은 이미 해결됐다 하며 그를 위하여 간판을 내거는 그와 같은 말을 직접 하고 사는 세상이니,
22 거기에 어떠한 진리가 있으며 나 여호와의 뜻을 전할 여지가 어디에 있겠는가?
23 내가 뭐라 말하였느냐?
24 너희가 잉크를 옮겨 부을 때 그 병에 물이 있으면 그 잉크는 제 기능을 발휘할 수 없으며 쓸 수 없다 내가 말하였으니,
25 너희가 참진리라는 나의 뜻이요, 성령으로써 그득 충만하게 채워져 나의 피조물 만백성을 가르친다 해도 너희가 실수할 수 있으며 잘못 가르칠 수 있거늘,
26 너희가 성전을 짓는 것은 의식주를 해결하는 방법으로써 지으며, 그걸 짓기만 하면 배불리 먹고산다 하여 그 간판을 걸기에 혈안이 되어 있으며,
27 인간이 내리는 그 간판을 따기 위해 온갖 정성이요, 모두를 다 바치는 자들이니,
28 과연 너희가 나로부터 선택된 지도자요, 그러한 백성이라 말할 수 있는가?
29 그리하여 너희가 나의 진리를 깨우치기 위해 이 세상에 종교라는 집단의 간판을 내걸었다면 지금의 백 분의

일, 천 분의 일도 안되었을 것이니라.
30 힘들고 어려운 길을 가는 것이 종교
지도자요, 목자라면, 너희는 그 길을
가지 않았을 사악한 자들이니라.
31 재물을 모으는 즐거움이 있으며, 제왕
같은 대우를 받으며, 너희가 평생 먹
고사는 데 지장이 없기에 너희는 그
걸 장삿속으로써 뻗어 나가다 보니
먹고사는 호구지책으로써 역사하는
것이 거기에 증명되니,
32 너희가 먹고살려고 만드는 그 성전이
요, 교회라 하는 곳이 과연 나의 피조
물 만백성을 구원하는 길이라 말할 수
있는가?
33 이제 두 번 다시 그런 소리가 너희 입
에서 나오지 않도록 하라.
34 그와 같은 자들이 나에게 왔을 때 입
을 봉하는 벌을 면치 못할 것이니라.
35 선지자를 사탄의 무리라 그와 같이 날
뛰는 자, 그러한 자들이 이 세상에 난
무하며,
36 지금처럼 더 많은 간판을 내거는 자가
없으며, 더 많은 자가 선택된 자가 없
다 하며,
37 지금의 종교 집단이 장삿속으로써 나
의 아들이 그 고통 속에 죽어 간 십자
가를 내걸기에 급급한 이와 같은 시대
는 없었음이니,
38 내가 지금 심판하는 시대요, 너희를
다스리는 시대이니, 그리하여 다스리
는 마지막 시대에 내가 너희에게 법전
이라 하여 너희가 지키고 깨우칠 기
회를 한 번 줌이니,
39 여기서 바로 서는 자는 구원을 받을
것이며, 그렇지 못한 자는 얼마나 무
서운 대가를 치러야 하는지를 너희가
죽어 왔을 때만이 알게 될 것이니라.
40 너희가 육의 세상에서 사는 것을, 죽
지 아니하고 영원히 존재할 것처럼
세상 것을 다 너희 소유물로 하며 개
인의 명예와 재산을 위해 살아가나,
너희는 죽음을 넘지 못하는 것이니,
41 그와 마찬가지로 엄연히 그 죽음이 있
듯이, 너희가 죽어 나에게 그보다도
더 정확한 심판이 기다림이니라.
42 그리고 그 심판은 너희가 속일 수도
없으며 거짓 할 수도 없으며 변명할
수도 없는 것이 나에게 와 받는 심판
이니라.
43 너희 인간 세상에서는 죄를 짓고도 안
지었다 버티는 자, 그리고 재물을 받
고 변호해 주는 자, 그리하여 그를 또
타협하는 자, 인간 세상에는 너희는
조율이 있으며 조정이라는 것이 있을
것이니라.
44 살인을 한 자에게도 그를 조정함이
있으며 기회가 있으며 조율함이 있으
나,
45 하늘에 오르는 것은 변호사가 없으며
변호하는 자가 없으며 하나도 빠짐없
이 있는 그대로 대가를 치르니,
46 너희는 이 무서운 사실을 알라.
47 변호해 줄 사람이 없으며 너희 손을
들어 줄 사람이 없으며, 너희 편을 들
어서 너희를 변호해 줄 사람이 아무도
없다는 것을 너희가 죽어 내 앞에 왔
을 때 알 것이니라.
48 내가 법전에 기록하여 미리 하늘의 뜻
을 너희에게 깨우쳐 주는 것은, 너희
를 내가 더 구원해 주고자 하는 나의

뜻이라는 것을 알라.

5,432 번째 하나님 말씀

2003년 3월 10일 08시 39분

1 사랑하는 나의 아들아!
2 "네, 아버님! 말씀하옵소서."
3 너희가 '예수 천국, 불신 지옥'이라 들고 다니며, 그리고 모든 백성을 구원한다 하여 너희가 지금 복음이라 전하고 있는 그 행위는 나의 피조물 만백성을 구원의 길로 인도하는 것이 아니요, 지옥으로 끌고 가는 행위라는 것을 알아야 할 것이니라.
4 그와 같은 자들이 있는 한, 나의 피조물 만백성은 계속 죽음의 지옥으로 가는 상황이 끊어지지 않고 이어짐이니,
5 이제 나의 법전을 읽고 깨우친 만백성 너희가 그들을 단죄하며 그들을 막아야 하는 것이 너희가 해야 할 임무임을 알아야 할 것이니라.
6 나의 법전을 읽고 깨우쳐 하늘의 뜻이 무엇이며 나 여호와가 역사하고자 하는 것이 무엇인지, 그리고 너희에게 기도하는 것을 가르쳐 주었으며,
7 어떠한 종교 지도자든 재물에 저 자신을 팔고 사는 그와 같은 행위를 하는 자들은 사탄이요, 이단이요, 사악한 자라 말하였음이니,
8 그들을 바로 막아야 하는 것이 너희가 해야 할 대명임을 잊어서는 아니 될 것이니라.
9 저 자신이 어찌 되는지도 모르며 구원을 받지도 못하면서 남들까지 지옥으로 이끌어 가는 행위를 하는 자들을 너희가 막지 아니한다면 나의 피조물 만백성이 지옥의 고통을 면하지 못할 것이니,
10 그들을 구원해야 한다는 것을 잊지 말라.
11 내가 너희에게 일찍이 말하지 아니하였는가?
12 저 자신을 구원하는 그 마음으로, 자식을 구원하는 그 마음으로써 나의 피조물 만백성이 잘못 가는 길을 다스려 막으라 하였음이니라.
13 그를 막지 아니하면 그 사악한 뿌리는 천 년 아니라 만 년을 간다 해도 영원히 없어지지 않을 것이니,
14 내가 천 년 후에 하늘에서 이루어진 것같이 지상에 낙원을 이루고자 하는 이를 역사할 수 없는 것이 지금의 그들이 그와 같은 복음을 전하는 행위가 그치지 않기 때문이니라.
15 이제 너희가 나의 법전으로써 만백성의 귀를 뚫리게 하며 눈을 열어 주는 그와 같은 역사를 함으로,
16 스스로 나의 피조물 만백성이 그들을 배척하며 그들의 말에 귀 기울이지 않는 그와 같은 대변화의 역사를 이루는 것이니,
17 이를 위해 내 법전을 만백성의 손에 쥐어 주는 그와 같은 역사가 이루어져야 한다는 것을 잊어서는 아니 되며, 잠시도 게을리해서는 아니 됨을 알라.
18 복음이라 전하는 그들의 뿌리가 남아 있는 한 영원히 사악한 종교 집단들의 뿌리는 뽑을 수가 없으니,
19 그들이 복음을 전하는 그 행위부터 막

아야 함을 잊지 말라.
20 저 자신과 제가 서야 할 자리도 모르며 제가 지금 어디에 있는지도 모르면서 복음을 전한다고 떠드는 그와 같은 자들이 세상에 난무하며 세상을 이리 소란케 함이니,
21 너희를 다스려 심판하고자 하는 것이나 여호와의 뜻이니라.
22 내가 성서에 기록하여 전하기를 구원받을 자와 나로부터 버려질 자를 선별하는 시대가 온다 하였음이니,
23 지금 너희가 '불신 지옥'이라 부르짖으며 복음이라는 것을 계속 전하고 있으며 나의 피조물 만백성을 구원이 아니라 지옥으로 이끌어 가는 이 시대에 그리하여 내가 너희를 선별하는 역사의 심판이 다가왔음을 알라.
24 그와 같은 행위를 더 이상 볼 수 없으며, 그와 같은 자들이 존속하는 한 나의 피조물 만백성이 지옥으로 가는 그 길을 막을 수가 없기에, 내가 지금 선별하는 시대가 되었음을 너희는 알아야 할 것이니라.
25 내가 선별한다 하였음이니, 지금 믿음의 길을 가는 백성 너희만큼은 나로부터 부름을 받을 것이며 선택된 백성이라 너희가 그리 생각하고 살고 있지는 않은가?
26 그러나 너희는 그 생각에서 벗어나야 할 것이니라.
27 이 세상에서 너희가 나로부터 부름을 받을 수 있을 만큼 아름답게 산 자가 과연 얼마나 있다 생각하는가?
28 너희를 내가 부르는 것이 아니요,
29 너희가 스스로 나에게 다가오는 변화의 역사를 이루어야 한다는 것을 알아야 할 것이니라.
30 노아가 방주를 만들어 그들을 태우고 떠나고자 그 준비를 하여 방주에 타는 날까지도 사람들은 죽음이 닥쳐오는 것을 모르고 있었으며,
31 그래서 먹고 마시고 즐기고 장가들고 시집가는 그와 같은 행위를 하였음이니,
32 코앞의 죽음을 모르는 그 백성이 방주에 탄 백성처럼 그리 구원받을 것이라 생각하며 나에게 부름을 받을 것이라 생각하고 사는 것이 지금 너희가 착각 속에 사는 믿음이라는 그 길을 가는 자들이니,
33 너희는 부름을 받는 것이 아니요, 부름을 받지 않기 위해 도망가는 자들이니라.
34 부름을 받는 길이 아니요, 내가 너희를 부를까 봐 두려워 사탄의 꼬임에 의해 지옥 불로 지금 계속 달려가고 있다는 것을 알아야 할 것이니라.
35 너희가 지금 그와 같은 길을 나의 뜻과는 관계없이 나에게서 멀어지는 역행의 길을 두 손 쥐고 달려가면서, 너희만은 선별되어 구원받는다는 그런 생각을 하니,
36 너희는 착각과 환상 속에서 깨어나지 아니하면 아니 됨을 알아야 할 것이니라.
37 너희는 성서에 기록된 그 구절을 또한 읽으면서 그중의 한 명이 너희라 생각할 것이니라.
38 '두 사람 중에 한 사람은 데려감을 당하고 한 사람은 버림을 받을 것이라'

그리 기록되어 전하니,
39 그 내용에서 버림받는 것은 지금 믿음
의 길을 가지 않는 백성이며,
40 나 여호와요, 내 아들의 이름을 부르
짖으며 구원받았다 소리 지르는 너희
는 부름을 받는 백성이라 착각하고 있
음이니,
41 그 꿈에서 깨어나라.
42 너희는 선택되었다 알고 있으나, 그것
은 나 여호와가 너희를 불러 데려가는
것이 아님을 알라.
43 너희 스스로 깨우쳐 피나는 노력으로
써 나에게 점수를 받아 선택을 받는
것이요,
44 그때 너희가 부름을 받는 것이요, 내
가 너희에게 들림을 명하는 것을 알아
야 할 것이니라.
45 너희는 나의 법전을 읽고 깨우쳐 변화
하는 삶을 살며, 그와 같이 스스로 변
하지 아니하면 나에게 올 수 없으며
나에게 올 기회마저 없다는 것을 알라.
46 지금 믿음의 길을 가는 백성이라 하여
내가 선택하며 너희를 버리지 않고
거둬들인다 생각하는 자, 나에게 그리
오는 것이 아니니라.
47 너희가 나의 법전이요, 십계명이요,
율법을 지키고 아름답게 변해 가는 그
모습을 볼 때, 내가 하늘에 와 살 수
있는 자를 거둬들임이니,
48 그렇지 아니하는 자는 내가 쳐다보지
아니하며 너희는 버림을 받는 것이니
라.
49 어두운 골방에서 너희 가슴에 손을 얹
고 정녕 생각해 보며 한번 너희 자신
의 점수를 매겨 진정한 회개와 반성을
해 보라.
50 너희가 과연 나로부터 구원을 받을 수
있으며 부름을 받을 수 있는가,
51 남들은 버림을 받아도 너 자신만은 나
여호와에게 부름을 받을 자격이 과연
있는 자인가
52 여기서 깊은 반성과 회개와 깨달음이
있어야 할 것이니라.
53 너희는 이제 잠에서 깨어나라.
54 나의 법전을 읽고 그대로 행하며 사랑
을 실천하는 자만이 나에게 버림을 받
지 않는 백성이요,
55 법전을 보고 깨우치지 못한 백성은 그
누구도 나에게 들림을 받고 부름을 받
는다는 그 착각에서 이제 깨어나야 할
것이니라.
56 내가 나의 아들을 통하여 내리는 160
권의 이 법전 속에 내가 구약을 거부
하며 신약을 거부하며 나의 아들 예수
자체를 부인하는 내용이 거기에 있는
가?
57 모두를 다 내가 거기에 준하여 서로
보강하며 바로 깨우쳐 바르게 역사하
기 위한 보충의 자료라 그리 말하였느
니라.
58 내가 아담과 이브에게 선악과를 먹지
말며 죄를 짓지 말고 살라 명했던 그
진리를 보강하기 위하여 구약과 신약
이요, 나의 법전이 세상에 존재한다
했듯이,
59 너희가 이를 깨우쳐 바로 공부하여 깨
닫지 아니한다면, 너희는 내가 선악과
를 따먹지 말라 명한 그들에게 내린
법도요, 그 사랑의 의미요, 믿음의 뜻
자체를 알 수 없느니라.

60 그러니 내가 마지막 시대에 너희를 심
판하고자 내리는 나의 법전을 읽고 깨
우쳐 행하는 자만이 나에게 부름을 받
는 것이요, 그렇지 않은 자는 나에게
버림을 받는다는 것을 잊지 말라.

5,433 번째 하나님 말씀

2003년 3월 10일 08시 45분

1 사랑하는 나의 아들아!
2 "네, 아버님! 말씀하옵소서."
3 '너희는 항상 깨어 있으라' 하며 깨어
있어야 한다 내가 가르쳤으니, 너희는
그 뜻이 무엇인지 아는가?
4 이는 곧 나 여호와가 너희에게 육의
죽음을 대비한 삶을 살며, 영원히 다
시 태어나는 삶을 대비하여 살라는 가
르침을 너희에게 알려 줌이니라.
5 죽음을 대비하는 삶을 살지 않는 자는
정녕 나에게 구원을 받을 수 없다는
것을 내가 너희에게 말함이니라.
6 곧 죽음을 대비하라는 것은 무엇을
의미하는가?
7 그것은 바로 너희가 하늘에 오르는 길
을 오라 함이니,
8 이는 항상 너희가 변화하며 나의 진리
를 연구하며 나의 법전에 따라 사는
것이며 나의 계명을 지키고 너희의 삶
을 바로잡아 아름다운 삶을 살아가는
그와 같은 변화를 의미하는 것이니라.
9 '깨어 있으라' 함은 무엇이더냐?
10 항상 움직이며 살아 있음을 말하는 것
이 아니던가?
11 아무리 큰 호수의 물이라도 물이 고여
있으면 그 물은 썩게 되어 있으며, 고
인 물은 아무 데도 쓸 수 없으며 썩은
물은 다 버려야 하지 않는가?
12 너희가 깨어 있다 하여 움직이지 아니
하며 변화하지 아니하는 것은 너희는
곧 죽어 있음이요, 구원을 받을 수 없
느니라.
13 그러니 내가 너희에게 '깨어 있으라.'
하는 것은 너희가 육의 죽음을 대비하
며 새로운 영혼의 생명이 탄생할 수
있는 삶을 바로 보고, 살아 있어 움직
이며 깨닫는 변화의 역사를 이루라 함
이니라.
14 오늘보다 내일의 깨달음이 높으며 다
음 날에 더 깨달음이 높은 그와 같은
깨달음을 갖고 살아가는 것이며, 변화
되기 위해 사는 삶을 살라 함이니,
15 이는 곧 너희가 변화하였을 때 죽음
앞에 두려움이 없을 것이며, 너희의
육은 죽어 가나 영혼은 구원을 받는
그러한 역사의 삶을 살라 하여,
16 내가 너희에게 죽어 있는 자요, 고여
있는 물이 되지 말며, 깨어 있는 자,
살아서 움직이는 자, 그래서 변화하는
역사를 이루는 자가 되라 함이니라.
17 성령이 내려올 때는 너희는 심판의 시
대가 임하였으니, 그때 너희가 당황하
지 말며 살아 있는 자가 되어야 하며
깨어 있는 자가 되며,
18 너희는 죽음을 두려움 없이 맞이할 수
있는 그와 같은 깨어 있는 삶을 살라
하는 것이 나 여호와의 가르침임을 알
아야 할 것이니라.
19 내가 곧 심판을 내릴 것이며 내가 너
희를 구속하여 심판하는 때가 온다 하
였음이니라.

20 그리하여 너희가 그때를 대비하여 아
름다운 삶이요, 그리고 사랑을 베풀며
나의 계명이요, 나의 법전대로 사는
그와 같은 삶을 노력하라는 것이며,
21 그리 변화하는 삶을 사는 자가 나에게
구원받는 것이요,
22 그 준비를 너희가 단단히 하지 아니하
면 아니 되니, 그는 죽어 있는 것이요,
깨어 있는 자가 아니기에,
23 너희가 변하는 삶을 살라 하는 것이
깨어 있는 자라 함을 너희는 잊지 말
라.

5,434 번째 하나님 말씀

2003년3월 10일 08시 54분

1 사랑하는 나의 아들아!
2 "네, 아버님! 말씀하옵소서."
3 내가 너에게 뭐라 말하였느냐?
4 몸이 성치 못한 자, 그 불편한 사람을
너희가 볼 때, 그와 같은 삶을 살아가
는 사람이 너 자신의 삶이요, 너를 대
신하여 사는 삶이라 그리하여 봉사하
는 정신을 아끼지 말라 하였으며,
5 그들을 위하여 너희가 도울 수 있는
것에 주저하지 말라 내가 일찍이 깨우
쳐 주었음이니라.
6 그와 같은 마음이 아름다운 마음이요,
남의 슬픔과 아픔을 같이 나누는 행함
이 거기에 있다 내가 그리 말하지 아
니하였던가?
7 그러하니 너희는 더 중요한 일이 있으
며 더 급한 일이 있으며 더 긴히 행하
여야 할 사명이 있다는 것을 또한 잊
어서는 아니 될 것이니라.
8 그 봉사하는 마음보다도 더 강한 마음
으로써 나의 피조물 만백성을 구해야
하는 것이 너희들이니라.
9 지금 지옥 불로 끌려가는 백성, 그 너
희 형제를 위하여 그들을 구원하는 데
그 모두를 다해야 함을 알아야 할 것
이니라.
10 몸이 불편한 이웃의 형제를 너 자신이
라 생각하고 살라 내가 말했듯이,
11 너희가 구원의 길이라 하여 그를 알지
못하며 지옥으로 달려가는 너희 형제
를 위하여, 너희 자신이 지옥 불로 달
려간다는 그와 같은 생각을 한다면 그
들을 구원하는 데 주저해서는 아니 될
것이니라.
12 너희 자신이 지금 지옥 불로 달려가는
것을 알고 있으며 끌려가는 것을 알고
있다면,
13 어떠한 방법을 강구해서라도 구원의
길로 돌아서려고 몸부림을 칠 것이며,
수단과 방법을 다 동원하여 너희 자신
이 거기서 구원의 길로 돌아서고자 하
는 몸부림을 칠 것이며 그 역사를 행
하고자 할 것이니라.
14 너희는 지옥으로 끌려가는 너희 형제
를 그와 같은 마음으로써 구원하지 아
니하면 아니 됨을 알아야 할 것이니라.
15 이제는 너무나 굳어져 있으며 너무나
단단하게 세뇌된 그 백성을 돌리려면,
너희가 목숨을 바치는 봉사와 희생의
마음이 아니고서는 한 사람도 돌려세
울 수 없는 것이 지금의 종교 집단들
이요, 그곳에 젖어 있는 자들이니, 그
를 어찌해야 하겠는가?
16 그들은 깨진다 해도 깨지는 것을 두려

워하지 아니하며, 부서진다 해도 부서
지는 것을 두려워하지 아니하는 그와
같은 자들이니라.
17 그들이 죽음을 두려워하지 아니하며
믿고 가는 그 믿음이 하늘을 향하여
나의 뜻에 오는 그 믿음이라면 나 여
호와가 얼마나 좋겠는가!
18 이 세상은 온통 의인으로 다 덮일 것
이니라.
19 그러나 그들은 이기심을 버리지 못하
며 욕심을 버리지 못하며 지금 가고
있는 그 길이, 저희가 하는 행동이 나
의 뜻에 어긋나는 짓만을 골라서 하고
있다는 것을 모름이니, 그들을 돌려세
우기는 너무나도 어렵고 힘든 것이니,
20 너희 모두를 다 태우는 정성으로써 해
야만 그들을 구원할 수 있다는 것을
알아야 할 것이니라.
21 그와 같은 너희가 모두를 다 바쳐 고
통과 시련을 인내하면서 지옥 불로 달
려가는 나의 피조물 만백성을 구원하
는 것이 너희의 임무이니라.
22 만백성을 구하여야 함이니, 지옥 불로
끌려가는 그들을 위하여 너희가 모두
를 희생하여 그들을 구원하는 데 최선
을 다해야 함을 잊어서는 아니 될 것
이니라, 사랑하는 나의 아들딸들아!

5,435 번째 하나님 말씀

2003년 3월 10일 16시 22분

1 사랑하는 나의 아들아!
2 "네, 아버님! 말씀하옵소서."
3 내가 보낸 그 노신사가 와 너에게 와
뭐라 말하더냐?
4 무엇인가를 알고 깨우쳐야 법전을 읽
고 깨우치는 것이 아니냐, 제가 알아
야 깨닫는다는 말을 너에게 하지 않
던가?
5 지금 모든 종교 지도자들이 그러하니
라.
6 저희가 알지 못하고 가르치며 알지 못
하고 만백성을 지도한다 함이니,
7 과연 그들이 가르치는 것이 어찌 되겠
는가?
8 저희가 나의 진리요, 참뜻을 모르기에
무서운 줄 모르고 두려운 줄 모르느니
라.
9 그리하여 제 자식에게 세습 체제를 이
루고자 하며, 제 자식을 믿음의 지도
자로 만들려 하며, 저희가 믿음에 자
신이 없기에 재물을 쌓아 놓는 행위를
함이니라.
10 너희는 알아야 할 것이니라.
11 나의 법전이요, 나의 뜻을 역사하는
곳에 자금을 투자하며, 나의 뜻의 복
음을 전하는 데 필요하여 남들에게서
지원을 받을 수는 있으나,
12 너희 자신의 생활을 위하여 비축하고
쌓아 놓는 것은 종교 지도자가 해야
할 일이 아니며 가야 할 길이 아님을
알아야 할 것이니라.
13 그들은 저 자신이 아무것도 모르고 가
르치고 있음이니, 제가 무엇을 가르치
고 무슨 짓을 하고 있는가를 모르니,
그들이 하는 것은 바로 무엇이냐?
14 그저 재물을 거둬들이는 것밖에는 할
것이 없음이니라.
15 그리하여 인간의 삶의 향락을 위하여
제 스스로 살아감이니, 그들은 어찌

말하는가?
16 너희 가슴에 섬뜩한 말로써 울려 놓
고 저희가 재물을 거둬들이느니라.
17 저희의 모든 재물은 나 여호와의 것이
요, 그러기에 저희에게 갖다 바치는
것은 내 것을 저희에게 갖다 주는 것
이며 나에게 바치는 것이며 너희 것을
바치는 것이 아니라 그리 말함이니,
18 그를 바치지 아니하는 자는 도적질하
는 자며 내 재물을 도적질하는 강도와
같은 자라 그리 말하니,
19 너희가 그 말을 들을 때 가슴이 얼마
나 섬뜩하며 두려웠겠는가?
20 너희는 한 푼도 빼지 말고 정확하게
십일조를 바치라 하며, 그 십일조는
너희 것이 아니요, 나 여호와의 것이
라 말하며, 그를 바치지 않는 자는 나
여호와의 재산을 도적질하는 강도와
같다고 말함이니,
21 그 얼마나 섬뜩하며 얼마나 두렵고
무섭겠는가?
22 그 말에 아무 소리 못 하며 너희가 그
를 바치는 그와 같은 형국이 되어 있
음이니,
23 이것이 너희가 사랑을 베풀고 나누며
사는 것인가?
24 어찌하여 너희의 어렵고 힘든 그 십일
조를 내가 거둬들인단 말이던가?
25 너희가 쓰고 행하기도 바쁜 그 돈을
어찌하여 십일조를 바칠 수 있으며,
어찌하여 내가 그 돈을 거둬들인다 말
하는가?
26 육의 세상의 부모가 제 입에 넣으려고
자식의 입의 것을 뺏으며, 제가 아름
다운 것을 가지려고 자식의 재물을
빼앗아 챙기는 자가 있던가?
27 어찌하여 만유의 공의의 하나님이요,
만백성을 사랑하는 나 여호와라 하면
서, 너희가 어찌 나를 그리 평가하며
욕하는가?
28 너희는 이것이 얼마나 사악한 죄인 줄
모르느니라.
29 모든 재물은 나의 것이니 그 십일조라
는 것은 나 여호와의 재물 중에서 너
희가 바치는 것이니, 그걸 정확하게
바치지 않는 자는 여호와 하나님이요,
창조주요, 구세주의 돈을 훔치는 도적
이요, 강도라 그리 말함이니,
30 거기에 감히 항변할 자가 어디 있으며
거부할 자가 어디에 있는가?
31 이와 같이 사악한 자들이 하는 행위이
니라.
32 그리하여 자식의 입에 들어가는 것을
뺏어 먹는 부모요, 자식에게 줘야 할
것을 가로채는 그와 같은 부모는 인간
세상에도 없거늘,
33 나 여호와를 그보다 더 사악한 부모로
그리 만들고 있으며 나 여호와를 그리
평하고 있음이니 그 죄가 얼마나 사악
한 것이며,
34 나의 이름을 팔며 나의 형편을 팔며
내 뜻을 팔아 너희가 그리 빙자함이
니, 그 죄를 너희가 어찌 갚으려 하는
가?
35 이 무서운 사실 앞에 너희는 현혹되지
말라.
36 나 여호와는 너희에게 한번 준 재물을
너희가 은밀히 쓸 수 있도록 다 가르
쳐 주었음이니,
37 너희가 내 재물을 도적질하는 것이 아

니요, 내가 너희에게 준 재물을 거둬
들이는 그들이 강도요, 도적질하는 자
이니,
38 도둑에게 바치면서 내 재물을 함부로
쓴 그 죄를 더 짓지 말라, 사랑하는 나
의 아들딸들아!

5,436 번째 하나님 말씀

2003년 3월 10일 16시 30분

1 사랑하는 나의 아들아!
2 "네, 아버님! 말씀하옵소서."
3 나의 아들 예수의 그 귀중하고 소중한
피의 대가로 너희가 다 구원을 받았으
며 너희를 다 샀음이니, 그리하여 너
희는 구원받았다 그리 말하느니라.
4 너희는 나의 아들의 고통스러운 죽음
의 대가를 무엇으로써 보상할 것이며,
나의 아들이 너희를 위하여 죽어 간
그 아픔의 고통을 너희가 어찌 살아가
야 할 것이며, 그 은혜를 어찌 갚아야
할 것인가를,
5 그리 생각하고 살아가야 하는 것이 너
희가 인간 세상의 도리가 아니던가?
6 너희를 구원하기 위하여 나의 아들 예
수가 피를 바쳐 그 피의 대가로 너희
를 샀으며 너희를 구원의 길로 인도하
기 위하여 너희를 샀다 말하면,
7 너희를 구원의 길로 인도한 나의 아들
의 그 고통스러움에 대하여 너희가
무엇으로써 보답할 것이며 은혜를 갚
을 것인가 그와 같은 생각을 하고 사
는 것이 인간 세상의 도리며 하늘나라
의 법도가 아니겠는가?
8 너희가 남에게 작은 선물을 하나 받아
도 갚고자 하며 그 대가를 치르고자
하며 그 감사함을 표시하는 것이 너희
인간 세상의 삶이니,
9 너희는 나의 아들이 그렇게 고통스럽
게 죽어 가며 흘린 피로써 너희를 구
원해 주며 너희를 샀다 그리 말하면서,
10 너희는 과연 나의 아들에게 무엇으로
써 그 대가를 지불했으며 그를 위로한
행위를 했다 생각하는가?
11 고통 속에 죽어 간 나의 아들의 죽음
을 너희는 아무런 보상이요, 대가를
치를 생각도 없이 그저 그 보혈로써
구원을 받았다 생각하며 하늘에 올라
올 수 있는 자격을 받았다 그리 생각
하니,
12 과연 너희가 그 뜻이 그대로 이루어질
것이라 생각하는가?
13 너희는 은혜를 모르는 자이니라.
14 은혜를 모르는 자이기에 그와 같은 고
통 속에서 너희를 구원한 예수의 죽음
을 그저 말로써 너희 죄를 대신하여
대속했으며 너희는 구원받았다 그리
말함이니,
15 예수가 원했고 실천했던 그 사랑의
행함이요, 나의 뜻과 내가 모든 역사
하고자 하는 것을 너희는 지키고 따르
는 것이 예수의 죽음에 보답하는 것이
며,
16 예수가 피 흘려서 너희 죄를 다 사해
주었던 것처럼 너희가 나의 아들 예
수가 기존 종교를 개혁하기 위하여 그
들을 바로잡고자 했던 그 역사를 이루
어 나가는 것이 너희가 해야 할 길이
니라.
17 나의 아들이 회당에서 경배하지 말며

많은 사람 앞에서 기도하며 예배 보지 말라 그리 말한, 그와 같이 그가 개혁하고 고치고자 했던 것을 너희가 따라야 할 것이거늘, 너희는 그 깨우침을 실천하지 아니하느니라.
18 그리고 그대로 지금도 사는 것이 너희가 아니던가?
19 피의 대가로 구원을 받았다 말하는 백성, 너희 조상은 어찌했던가?
20 너희 조상으로 하여금 나의 아들 예수를 죽게 하였음이니라.
21 예수가 회당을 짓지 말라 하여 나의 아들 예수를 죽인 것은 바로 무엇이더냐?
22 회당을 짓고 그곳에서 예배 보고 경배하는 그것을 폐지할 수 없으며 그 역사를 하고자 하여 나의 아들 예수를 죽게 하였음이니,
23 지금 너희가 교회라는 것을 지었으며 너희의 회당이라는 것을 지어 그곳에 모여 교육하며 하늘에 오르는 길이라 하여 나의 진리를 가르친다는 그와 같은 행위를 함이니, 바로 무엇이더냐?
24 나의 아들 예수는 그 회당을 폐하려 했으며, 그 폐하는 것을 반대하여 나의 아들을 죽게 하였으니, 너희가 누구의 후손이라는 말이던가?
25 너희가 나의 아들 예수의 보혈로써 구원을 받으며 너희가 나의 아들 예수가 행한 것을 따르는 진정한 나의 백성이요, 선택된 자라면,
26 나의 아들 예수가 회당을 짓지 말며 많은 대중 앞에서 기도하며 금식하는 모습을 보이는 그와 같은 형국을 하지 말라 했던 것을 그대로 실천하는 것이 너희가 나의 아들 예수를 따르는 백성이요, 나로부터 선택된 백성이니라.
27 예수를 죽게 하며 회당을 짓지 말라는 그들을 따라 너희가 지금 수많은 성전이요, 회당을 지었으며,
28 거기다 십자가를 매달아 놓고 나의 피조물 만백성에게 재물과 금화를 거둬들이는 그와 같은 행위를 하고 있음이니,
29 과연 그것이 예수를 따르는 백성이요, 나로부터 선택된 백성이요, 종교 지도자가 할 수 있는 일인가?
30 나의 사랑하는 예수는 어찌 살았는가?
31 그 삶이 비참하고 고통스러움은 말할 수 없었음이니라.
32 그가 궁궐 같은 집을 짓고 그곳에서 안주하며 살았던가?
33 너희처럼 각종 이름이요, 이유를 붙여 수십 가지 재물을 받으며, 그 재물을 거둬들이는 것에 축복이 있다 그리 말하며 나로부터 은혜를 받는다는 그와 같은 사기극을 벌였던가?
34 그가 어찌 역사하였으며, 너희처럼 거두어들이며 갈취하는 삶을 살았는가?
35 나의 아들 예수가 너희처럼 남의 재산을 거둬들여 호의호식하며 살았는가?
36 그리고 너희는 나의 아들의 가장 중요한 것을 배워야 할 것이니라.
37 나의 아들이 회당을 짓고 한 곳에서 설교했으며 많은 백성을 평생 가르치면서 거기서 재물과 은화를 거둬들였던가?
38 나의 아들은 그리하지 아니하였음이니라.
39 너희처럼 한번 걸려들면 평생 재물을

거둬들이며 종과 같이 부려 먹는 그
와 같은 형국으로써 나의 아들은 설교
하지 아니하였음이니라.
40 그는 많은 사람이 모여들 때마다 이
곳저곳으로 옮기면서 가서 설교했으
며, 한 번의 설교로써 만백성을 깨우
치고 가르쳤으니, 그것이 무엇인 줄
알겠는가?
41 그는 진리를 가르쳤으며 나 여호와의
뜻을 갖고 깨우쳤기 때문에 거기에 모
인 백성 그들에게 내가 깨우침을 주며
깨달음을 주는 역사를 이루었음이니,
42 나의 아들은 이곳저곳으로 옮기며 사
람들을 찾아다니면서 가르치고 깨우
쳤음이니라.
43 너희도 그와 같은 나의 아들 예수의
뒤를 따르며,
44 나의 아들 예수의 보혈로써 구원을 받
았다면, 모든 회당을 철폐하며, 가족
단위로 기도하며,
45 사람이 모인 곳에 가 재물이요, 금화
를 거둬들이는 그와 같은 사악한 자의
행동이 아니라, 그저 나의 진리를 가
르치고 깨우쳐 주는 길로 가야 할 것
이니라.
46 그와 같이 아니 하는 자는 나와 아무
런 관계도 없느니라.
47 나의 아들은 사람들이 모인 곳에 다니
면서 한 번의 설교로써 그를 깨우쳤
음이니, 그는 진리를 가르쳤기 때문에
그러하니라.
48 너희는 진리가 아니기 때문에 한 곳
에 모아 놓고 평생 같은 방법으로 재
탕, 재탕 그리하면서 가르치는 자들이
나로부터 선택된 종교 지도자라 하니,
이제는 그러한 말을 하지 말라.
49 이 세상을 오염시키며 하늘까지 오염
시키는 추하고 더러운 말을 하지 말라.
50 나의 아들의 고귀한 피의 대가로 사탄
들이 부귀영화를 누리고 살아가는 지
금의 형국에서,
51 나의 백성 너희가 그들에게 재물을 바
치고 힘을 주며 용기를 북돋우는 그와
같은 일을 하기에 너희가 지옥으로 가
는 것이라 내가 말했음이니라.
52 하늘에서 이를 바라보는 나의 가슴이
터질 것 같은 이 괴로운 마음을 너희
가 안다면, 나의 법전을 읽고 깨우치
라.
53 누가 감히 하늘의 뜻을 이리 전할 것
이며, 너희의 물리적인 집단이요, 그
많은 종교 집단이요, 사악하기 이를
데 없는 너희에게 이와 같은 참진리를
깨우치겠는가?
54 나의 아들 예수처럼 목숨을 내놓고 가
는 길이며 그 모두를 다 버리고 가는
나의 아들의 모습을 너희는 한번 들여
다봐야 할 것을 잊지 말라.

5,437 번째 하나님 말씀

2003년 3월 10일 16시 36분

1 사랑하는 나의 아들아!
2 "네, 아버님! 말씀하옵소서."
3 나의 뜻에 살아가는 백성이요, 하늘에
오르고자 하는 종교 지도자요, 그곳에
가 신도라 하여 구원의 길을 목매어
가고자 하는 백성 너희는 들어야 할
것이니라.
4 잘못된 종교 지도자들의 가르침에 얽

매여 오늘의 그저 나의 아들 예수의
보혈로써 구원을 받았으며 피의 대가
로 너희를 다 샀다 그리 생각하는 믿
음을 가진 자들은 너희 스스로 지옥
으로 간다는 것을 잊지 말라 내가 수
차 너희에게 전했음이니,
5 어찌하여 이 무서운 말을 한쪽 귀로
듣고 한쪽 귀로 흘리는가?
6 너희가 정녕 나로부터 구원을 받는 그
영광을 얻고자 한다면 나의 아들이 행
하고 살았던 그 모습 그대로 살아가는
것이며 그가 행한 대로 닮아가고자 노
력하는 것만이 나에게 구원받는 길이
니라.
7 나의 아들은 사랑을 베풀고 나눔을 보
여 주었으며, 재물을 챙기지 아니하였
으며 제 곳간에 쌓아 놓지 아니하였으
니,
8 곳간에 쌓아 놓는 자는 종교 지도자가
아니며 참지도자가 아니며 나를 향하
여 오는 자가 아니니라.
9 나를 믿지 못하고 불안하기에 창고에
쌓아 놓는 그와 같은 추한 행위를 하
는 것이 아니던가?
10 나의 아들이 전하고자 했던 복음을 그
대로 실천하며 전하는 것, 그를 찾아
너희가 그 고달프고 어려운 삶을 실제
로 살아가는 것이 나에게 오는 길이라
는 것을 너희 스스로 깨우쳐 행하면
될 것이니라.
11 그렇지 않으면 나로부터 명받는 지도
자가 아니며 나로부터 대명을 받은 자
가 아니라는 것을 알라.
12 그들은 다 사탄이니라.
13 너희를 이끌어 하늘에 오르는 길을 인
도한다는 자들이 나의 아들 예수가 베
풀었던 그 사랑만큼, 그가 행했던 삶
을 그대로 살아가지 아니하는 자는 다
사탄이니라.
14 나로부터 만백성을 구하라는 명을 받
은 자가 없기 때문이며 나 여호와가
직접 그들에게 명을 내린 적이 전혀
없기 때문임을 알라.
15 내가 명을 내리지 아니한 자가 어찌하
여 나를 대신하여 지도자요, 만백성을
구하는 그 역사를 한다는 말이던가?
16 나로부터 명을 받은 자가 없으며 내가
명을 내린 자가 없다 하였음이니, 그
들이 다 사탄이니라.
17 내가 모세에게 명했으며, 나의 아들
예수에게 명했으며, 지금 나의 아들에
게 성령을 전하여 이 역사를 이루는
것 외에 너희는 아무것도 믿어서는
아니 될 것이며,
18 재물을 거둬들이며 현혹하는 자, 그들
이 다 말세요, 종말의 시대에 오는 사
탄이라는 것을 너희는 이제 알아야 할
것이니라.
19 너희는 감히 청지기라는 말도 내 앞에
서 쓰지 말라.
20 너희는 나로부터 선택된 자요, 명받은
종교 지도자라 그리 말하지 말라.
21 너희는 청지기라는 말을 내 앞에서 써
서는 안 되며, 자격이 없는 너희들이
니라.
22 이제 재물을 거둬들이며 수십 가지
명칭을 붙여 사랑하는 나의 백성의 고
혈을 빨아먹는 그 추하고 더러운 행위
를 하는 자들은 사탄이요, 악마요, 사
악한 자들이니,

23 나로부터 선택된 지도자가 아니라는
것을 너희가 알아야 할 것이니 그리
알고 행하도록 하라.
24 너희가 갖다 바치고도 죄를 짓는 것이
며, 나에게 바친다는 것이 너희가 죄
를 짓는 것임을 알라.
25 창조주 나 여호와가 어찌하여 재물이
필요하며, 너희 인간 세상에서 그리
소중하다는 금화와 은화가 나에게 무
엇이 필요하던가?
26 나 여호와가 걸치는 것이 있는가, 먹
고사는 것이 있는가?
27 그리하여 나는 창조주 하나요, 형체를
갖지 않은 나 여호와이니라.
28 내가 형체가 있으며 몸이 있어 너희와
같이 살아가는 신으로서 존재한다면
나도 걸쳐야 할 것이며 먹어야 할 것
이니, 내가 쌓아 놓는 것을 생각해야
하며 걸칠 것을 생각해야 하니,
29 내가 거둬들이지 아니하며 너희의 재
물을 받지 않는 것은 나는 걸치지 않
으며 먹지 않으며 잠자지 않으며 쉬지
않기 때문이니라.
30 오로지 창조주 전지전능한 나 여호와
신은 하나라 하였으니 너희와 차별화
가 되거늘,
31 이제 인간 세상에서 필요한 재물이요,
너희 육의 세상에 필요한 걸치는 옷이
요, 명예요, 그와 같은 것을 어찌하여
나에게 견주어 그리 말하는가?
32 내가 그렇다면 너희와 똑같은 인간이
며, 형체를 가진 자며, 내가 너희처럼
사악해질 수 있으며, 공의로운 판단도
하지 못하는 그와 같은 형체를 가진
사람이라 하지 말라.
33 이 세상 모두의 창조주요, 형체가 없
는 것은 나 여호와 하나뿐이라 하였으
니, 나는 아무것도 필요 없느니라.
34 나는 그저 성령으로써 너희를 깨우쳐
내려 주는 것뿐이며, 너희가 나간 자
리로 바로 돌아올 수 있도록 내가 깨
우쳐 주는 것 외에는 아무것도 없음이
니,
35 나는 형체가 없으며 먹을 필요가 없으
며 걸칠 것이 없으며 명예를 얻어 이
름 석 자 붙일 곳이 없으며 나는 아무
것도 걸칠 수 없는 전지전능한 신이니
라.
36 너희가 그걸 알고 깨우쳐 행한다면,
오늘에 바치라, 하늘에 쌓으라 하는
것이 얼마나 사악한 사기극이며 불쌍
한 짓이며 괴상한 짓인가?
37 너희가 어찌하여 그를 모르는가, 사랑
하는 나의 아들딸들아!

5,438 번째 하나님 말씀

2003년 3월 10일 16시 45분

1 사랑하는 나의 아들아!
2 "네, 아버님! 말씀하옵소서."
3 너희가 살아가는 것은 과연 무엇이던
가?
4 너희의 삶이라는 그 자체가 지옥과 천
국으로 갈라지는 그 선상에서 너희가
심판을 받는 것이 너희의 운명이 아니
던가?
5 이 세상에 태어나 부귀와 영화를 누리
며 재물을 쌓아 놓고 사는 자, 권력을
잡고 휘두르는 자, 그 모두는 다 지옥
과 천국의 갈림길의 선상에서 심판에

따라 움직이는 것이 너희이니라.
6 그리하여 너희는 참진리를 깨우치며
나 여호와의 뜻에 살다가 구원을 받고
자 하여 애절히 살아가는 것이 불쌍한
나의 백성이 아니던가?
7 그 불쌍하고 순박한 나의 백성을 혼동
케 하는 것이 지금의 종교 집단이 하
는 작태이며 행위이니라.
8 너희가 없었더라면 나의 피조물 만백
성은 오늘과 같이 이기적이요, 사악한
마음으로 부모와 형제간에 인간 본성
의 정마저도 저버리며 살아가지는 아
니하였을 것이니라.
9 너희가 가지고 가르치는 성경은 나로
부터 한 권의 똑같은 성경이니라.
10 구약과 신약의 그 모든 성경이요, 십
계명이요, 율법이 다 똑같거늘,
11 그걸 가르친다는 자들이 '성결 교회'
집단이요, '장로 교회' 집단이요, '감리
교회' 집단이요, '순복음 교회'라 하여
수십 가지의 그 교회 집단의 이름으로
갈라져 너희가 그들을 깨우친다고 나
서고 있음이니,
12 그리하여 나의 사랑하는 피조물 만백
성이 참진리요, 구원의 길을 찾지 못
하고 방황하며 살아가는 것이 그들의
형국이니라.
13 너희가 지금 가는 그 형태를 나 여호
와가 한마디로 뭐라 표현하면 되겠는
가?
14 너희는 이 세상의 온갖 것을 섞은 잡
탕찌개와 같은 것이 지금의 종교 집
단이 가는 그 형태이며, 그 속에서 이
루어지는 것이 너희들이니라.
15 섞어찌개의 잡탕 속에서 익어 가는 것
이 지금의 종교 집단이요,
16 수천수만 개 이름으로 갈라진 그 모두
를 가마솥에 넣고 끓이는 찌개와 같은
것이 너희들이니라.
17 너희는 어떠하던가?
18 너희는 그 속에서 그저 더불어 익어
가고 죽어 가는 저희가 최고라 그리
말함이니라.
19 조리사가 잡탕찌개, 섞어찌개를 위하
여 뿌리는 양념 맛만도 못한 주제들이
감히 그곳에서 제가 최고라 말하고
있으니,
20 결국 섞어찌개가 익어 인간의 목으로
넘어가는 그 운명에 지나지 않는 음식
과 같은 주제가 너희가 지금 가고 있
는 종교 집단의 형태며, 그 모습을 그
대로 표현함이 적절함을 알라.
21 그러니 너희만이 구원의 길이라 말하
지 말라.
22 섞어찌개가, 인간의 목으로 넘어가는
운명밖에 되지 않는 너희가 어찌하여
너희만이 위대한 종교요, 너희만이 하
늘에 오를 수 있는 믿음의 길이라 그
리 말을 하는가?
23 너희가 죽어 가는 그 믿음에서 깨어나
는 나의 사랑하는 백성이 되어야 할
것이니라.
24 너희가 지금 하나의 섞어찌개요, 잡탕
속에 가고 있다는 것을 잊어서는 아니
될 것이니라.
25 거기서 나오는 자, 그들이 지금 서로
내가 하나의 가마솥에 넣고 끓이는 찌
개처럼 저 자신이 뜨거워 견디지 못하
며, 제가 익어 가는 주제들이 나의 피
조물 만백성을 구원한다 부르짖으며,

저만이 최고라 소리 지르는 형국이니,
26 그보다 더 비참하고 잔악한 짓이 없으
며, 더 능력 없는 것이 그들이라는 것
을 이제는 너희가 알아야 할 것이니
라.
27 내가 이들을 단죄할 것이며, 이들을
벌하기 위하여 나의 법전이 세상에 내
려감이니,
28 너희가 하나의 성경을 가지고 같은 종
파가 다 갈라져 떠드는 그 모습이 바
로 내가 그 모두를 다 가마솥에 넣고
하나의 섞어찌개를 만드는 재료로 집
어넣는 것만도 못한 형국이 너희의
가치라는 것을 잊지 말라.

부 록

【하나님께서 가르쳐 주신 운동】

천재지변이 일어날 때, 동물이나 미물들은 미리 알고 대피하지만, 인간은 알지 못하고 큰 화를 당합니다. 하나님께서 인간에게 가장 높은 지혜를 주시고 완벽하게 창조해 주셨기에 동물들보다 더 잘 알 수 있지만, 욕심으로 마음이 혼탁해져서 한 치 앞을 보지 못하는 것입니다.

마찬가지로, 인간은 누구나 스스로 필요한 운동을 해서 건강을 지킬 수 있도록 하나님께서 만들어 주셨습니다. 우리의 머리에서 우리 몸에 필요한 동작을 해 달라고 끊임없이 신호를 보내지만, 인간이 혼탁하게 살아서 그 신호를 알아채지 못합니다. 그러니 자연스럽게 자기 몸이 원하는 그 신호를 따라서 운동하는 것이 하나님께서 가르쳐 주신 운동 방법입니다. 바로, 우리의 영이 육을 이끄는 운동입니다.

▶ 하나님 운동법

1. 눈을 감고, 발을 어깨너비로 벌리고 바르게 선다.
2. 몸에 힘을 풀고, 허리를 숙이면서 손과 머리를 아래로 내린다.
3. 허리를 펴고 싶을 때, 천천히 펴면서 하고 싶은 동작을 하면 운동이 시작된다. (사람마다 다르다.)
4. 멈추지 말고, 어떤 동작이든지 자기 몸의 느낌대로 계속 이어서 한다.

▶ 참고 사항

① 눈을 감은 상태로 아무 생각 하지 않고, 자기 몸의 느낌대로 움직입니다.

② 마음을 비우고, 욕심을 버리고, 지난날의 잘못을 반성하면서 몇 차례 시도하다 보면, 자기도 모르게 하고 싶은 동작이 끊임없이 생깁니다.

③ 운동 장소는 방 안이든 운동장이든 관계없으며, 걷거나 달리고 싶을 때는 눈을 떠도 됩니다.

④ 매일 40분 이상, 주 4회 이상, 3개월 이상 하면 음식 조절에 들어갑니다.
- 음식으로 생긴 병은 음식으로 치료하게 되며, 어떤 음식을 먹어야 하는지 스스로 알게 됩니다.
(자기 몸에 필요한 음식만 먹고 싶어집니다.)

⑤ 사랑하는 사람과 함께 운동하면 서로 치료해 주기도 합니다.

⑥ 운동을 하다가 몸의 어느 한 부분을 계속 손으로 자극한다면 그쪽에 이상이 있는 것이니, 의사에게 상담을 받고 적절한 치료를 받으면 됩니다.

⑦ 다이어트 및 기타 건강관리에 효과적입니다.

⑧ 꾸준히 운동하여 영이 맑아지면, 자신의 과거와 미래를 스스로 보게 됩니다.

누구나 스스로 하실 수 있습니다.

간 행 사

《새로운 성경》은:

· 새로운 성경은, 하나님께서 선량하고 선한 자를 선택하여 십계명을 암송하도록 하시고, 십계명을 암송한 다음에 음성으로써 들려주시는 말씀을 듣고 그대로 카세트테이프에 녹음해서 받아쓴 책입니다.

· 90분짜리 녹음테이프 700여 개에 달하는 말씀으로, 1999년 8월부터 2004년 7월까지 총 160권(권당 288쪽)을 완성하였으며, 그 이후에도 현재까지 계속 말씀을 내려 주고 계십니다.

· 새로운 성경은 "하늘을 두루마리 삼고 바닷물을 먹물 삼아 쓰고 써도 다 못 쓴다"는, 끝없이 방대한 하나님의 말씀이 두루마리로 직접 내려오는 것입니다. 이러한 새로운 성경은 구약과 신약을 폐하려는 것이 아니라 "인봉된 성서의 비유의 뜻"을 상세히 설명하여 완성하고자 하나님께서 직접 내려 주신 말씀입니다.

《새로운 성경》의 구성:

· 제 목: 2013년, 160권 모음집을 발간하면서, 본 도서의 제목을 "하나님! 말씀하옵소서"에서 《새로운 성경》 으로 명해 주셨습니다.

· 단행본: 각 권당 288쪽(신국판) 책이 160권까지 시리즈로 출판됩니다.
(모음집은 단행본을 16권씩 묶어서, 총 10부로 구성됩니다.)

《새로운 성경》의 성경적 근거:

· 신약 성경 [요한복음] 16장 13절에 "진리의 성령이 오시면 그가 너희를 모든 진리 가운데로 인도하시리니 그가 자의로 말하지 않고, 오직 듣는 것만을 말하며" 하신 말씀처럼 하나님의 음성을 들은 것만 기록하였으며,

· "장래 일을 너희에게 알리시리라" 하신 말씀과 같이 개인, 나라, 인류의 "장래"일을 하나님께서 알려 주시는 것만 기록하여 책으로 만들었습니다.

《새로운 성경》의 기록 방법:

- 1999년 8월부터 하나님께서 저에게 들려주시는 음성을 기록하였습니다. 처음에는 제가 들은 말씀을 불러 주면 저의 아내가 기록하여, 2000년 1월 29일에 1권 초판이 세상에 나왔습니다. 2000년 4월부터는 주시는 말씀을 받아 녹음기에 기록하여 시리즈로 출간하기 시작하였습니다.

- 녹음을 시작하면서 하나님의 말씀을 받는 데 가속도가 붙었고, 2001년 5월 3일에 1부(1~16권까지)를 인쇄하여 출판하였으며, 2004년 7월까지 총160권 분량의 말씀을 받아 기록하였습니다.

하나님께서 저에게 주신 것은:

- 첫째, 만백성을 상대로 내려 주시는 "기도", 둘째, 수시로 내려 주시는 "묵상", 셋째, 개인의 과거, 현재, 미래를 알려 주시는 "개인 기도", 넷째, 개인의 건강을 위해서 내려 주시는 "음식 처방", 다섯째, 하나님께서 가르쳐 주신 "운동"등이 있습니다. 이 중에 첫 번째, "기도"를 책으로 편찬하였습니다. 사람의 생사, 개인의 미래에 관한 천기는 수록하지 말라 하셨습니다.

강론 안내:

- 하나님께서는 지금도 매일 저에게 새로운 하늘의 비밀의 말씀을 내려 주고 계십니다. 수시로 내려 주시는 말씀을 정리해서 제자를 육성하라는 말씀에 따라 매주 강론을 하고 있습니다. 누구나 무료로 들으실 수 있습니다. (book160.com)

《새로운 성경》을 읽는 분들에게 드리는 선물:

- 개인 기도: 개인의 과거, 현재, 미래에 관하여 말씀을 내려 주십니다.

- 음식 처방: 사람은 음식을 먹고살다가 건강을 잃으니, 음식과 운동으로 건강을 되찾는 방법을 알려 드립니다. 단, 하나님이 계심을 믿고, 십계명을 지키겠다고 진실로 서약하는 분들께 알려드립니다.

《새로운 성경》의 은혜와 기적:

- 새로운 성경 전160권은 16권씩 묶어서 총 10부의 모음집으로 구성됩니다. 모음집 한 부를 읽고 깨우치는 자에게 하나님께서 다음과 같은 기적이 있다고 하셨습니다.

· "첫째, 그가 죽어 하늘에 갔을 때 그의 죄를 묻지 아니하며, 구원을 받는 위대한 은혜가 있으며, 둘째, 그의 소원과 소망이 이루어지고, 셋째, 죽은 자(부모, 형제, 자식, 사랑하고 은혜 입은 분)의 이름으로 구입한 책을 읽고 누군가 한 사람이 깨우칠 때, 그 죽은 자가 지옥에서 천국으로 구원을 받게 되며, 넷째, 유산, 중절 수술 등으로 태어나지 못한 아이를 위하여 구입한 책을 보고 한 명이 깨우쳤을 때, 그 아이가 사람으로 다시 한 번 태어나는 은혜를 받는다."

· "새로운 성경"을 3회 이상 정성을 다해 정독하는 자, 성서의 비밀을 알게 되고, 세상의 이치를 알게 되며, 세상을 지배하고 통제할 수 있는 지혜를 다 얻게 된다고 하셨습니다. 이 책은 만백성이 정독하고 이웃에게 전하여, 평생 가슴에 묻은 슬픔과 고통의 짐을 벗고 미래를 위한 힘찬 삶을 살아가도록 하는 책입니다.

끝으로

· 하나님께서는 흰 눈이 세상을 덮듯이 새로운 성경을 온 세상에 전하라고 하셨습니다. 《새로운 성경》을 각국어로 번역해서 온 인류에게 구원의 길을 깨우쳐 주고, 그 수익으로 가난하고 어려운 백성을 구제하여, 만백성의 영과 육을 함께 구원하는 선지자의 임무를 수행하라고 저에게 명하셨습니다.

· 하늘에서 내려 주신 말씀의 보화를 만백성에게 나누어 주는 것이 선지자의 임무라고 하셨습니다. 새로운 성경을 통해서 얻는 재물을 사용할 곳도 하나님께서 일일이 명해 주십니다. 모든 재물은 저의 자의로 쓸 수 없고, 하나님께서 명하시는 대로만 쓰여집니다.

· 어떤 명분으로든 십일조나 각종 헌금을 거두어들이지 말라 하셨으며, 국내뿐 아니라 각국에 성전과 단독 서점을 운영하며, 한국의 많은 젊은이들을 전 세계에 지도자로 내보내라고 하셨습니다.

· 우리는 세계적으로 새로운 성경을 보급하며 어려운 이들을 돕는 역사를 해 나갈 것입니다. 지금까지 비록 몇 명 안 되는 제자들과 함께 이러한 일을 역사했지만, 앞으로도 계속 하나님께서 기뻐하시는 일들을 해 나갈 것입니다. 부족한 저희에게 여러분들의 지혜와 성원을 보내 주시기를 바랍니다. 많은 분들의 참여와 도움을 간절히 기다립니다. 감사합니다.

한국어로 내려온 《새로운 성경》 단행본을 출간하며
2016년 4월 10일

발행인 **김 용 철**

한국어로 내려온

새로운 **성 경** · 5부 · 제73권

지은이 하나님 말씀
대역자 김용철

초판인쇄 1쇄 2017년 4월 3일

펴낸 곳 도서출판 하얀마음
등록번호 제 10-2107호 (2001년 2월 14일)
주소 서울시 노원구 덕릉로86길5, 2층
전화번호 02) 313-1114
팩스 02) 393-5554
전자우편 book160@hanmail.net
편집위원 조나영 김미향 이석교
제작지원 김창현 김지영

도서상담 1600-7527
ISBN 978-89-5875-173-1 (04230)
978-89-5875-100-7 (세 트)

값 10,000원
잘못된 책은 구입하신 곳에서 바꾸어 드립니다.

※이 책은 10부로 제작되며, 각 부 16권씩 총160권으로 구성됩니다.※

1부	2부	3부	4부	**5부**	6부	7부	8부	9부	10부
1권	17권	33권	49권	65권	81권	97권	113권	129권	145권
2권	18권	34권	50권	66권	82권	98권	114권	130권	146권
3권	19권	35권	51권	67권	83권	99권	115권	131권	147권
4권	20권	36권	52권	68권	84권	100권	116권	132권	148권
5권	21권	37권	53권	69권	85권	101권	117권	133권	149권
6권	22권	38권	54권	70권	86권	102권	118권	134권	150권
7권	23권	39권	55권	71권	87권	103권	119권	135권	151권
8권	24권	40권	56권	72권	88권	104권	120권	136권	152권
9권	25권	41권	57권	73권	89권	105권	121권	137권	153권
10권	26권	42권	58권	74권	90권	106권	122권	138권	154권
11권	27권	43권	59권	75권	91권	107권	123권	139권	155권
12권	28권	44권	60권	76권	92권	108권	124권	140권	156권
13권	29권	45권	61권	77권	93권	109권	125권	141권	157권
14권	30권	46권	62권	78권	94권	110권	126권	142권	158권
15권	31권	47권	63권	79권	95권	111권	127권	143권	159권
16권	32권	48권	64권	80권	96권	112권	128권	144권	160권